Steven Lewis
Zen und die Kunst der Vaterschaft

Steven Lewis

Zen und die Kunst der Vaterschaft

Aus dem Amerikanischen von
Michael Benthack

Kabel

Die amerikanische Originalausgabe
erschien 1996 unter dem Titel
»Zen and the Art of Fatherhood«
bei Dutton (Dutton Signet/Penguin Books USA)
in New York

ISBN 3-8225-0454-8

Illustrationen von Harry Trumbore

Gesetzt aus der Baskerville
Gesamtherstellung: Kösel, Kempten
Printed in Germany

Widmung

Zuerst für Patricia –
wen sonst? Immer, immer.

Dann für meine lieben Kinder:
Elizabeth Bayou-Grace
Bay Steven
Daniel Clay
Clover Anne
Adelyn Patricia
Nancy Eleanor
Cael Devin

Dann für meine Eltern:
Lillian A. Lewis
Samuel I. Lewis

Und schließlich für einige gute Väter und Freunde:
Duke Snider
Richard Gaynor
Harold Colby Wells
Jim Hazard
Diamond Jim Hillestad
Van Morrison
David Ray
Hiob
Raymond Carver
Abraham
Für den, der dicke Zigarren rollt,/den Muskulösen

Inhalt

4 Das Sosein des Lebens mit kleinen Kindern

5 Frühzeit des Satori: Das Zeitalter des Friedens vor den Teenagerkriegen

6 Nanto (oder das schwer begreifliche Koan) und Jungen im Teenageralter

10 Mehr ist weniger: Zen – oder das Leben mit einer großen Familie auf einem kleinen Planeten

Vorwort

Die Vaterschaft gleicht einer Fahrt ins Blaue, während der man träumerisch den Widersprüchen und Paradoxien des Lebens nachhängt. Da sitzt man hinter dem mit Leder überzogenen Steuer eines grünen Alfa Romeo und fährt über sommerliche, leere Landstraßen, und plötzlich überquert man – ehe man sich's versieht – in einem beigefarbenen Großraumwagen voller quengelnder Kinder windige, spiegelglatte Bergpässe. Immer wenn man meint zu wissen, wo man sich befindet, ist man nicht mehr da.

Während meiner Vaterschaft hatte ich manchmal das Gefühl, mich im New Yorker Stadtteil Queens verfahren zu haben. Man ist in New York, aber die Gegend sieht ganz anders aus, als man erwartet hatte (und mindestens die Hälfte der Leute auf der Straße spricht eine andere Sprache oder einen anderen Dialekt). Doch der Stolz verbietet einem, vor der finsteren Gestalt zur Rechten zuzugeben, daß man die Orientierung verloren hat. Und überhaupt, man hat sich ja nicht verirrt, sondern muß nur einen vertrauten Orientierungspunkt finden. Deshalb setzt man seine Fahrt einfach fort. Wie sagt doch der ratlose Stiefvater in Tobias Wolffs Roman *This Boy's Life:* »Ich weiß ein, zwei Dinge über ein, zwei Dinge ...«

Ein, zwei Dinge ...

Die Vaterschaft ist für mich ihrem Wesen nach ein makelloses Oxymoron, der reine Widerspruch. *Zen.* Und so wie man das Zen nicht definieren kann, läßt sich auch die Vaterschaft nicht hinreichend beschreiben. Alan Watts schreibt: »Der Zen-Buddhismus ist ein Weg und eine Sicht im Leben und läßt sich mit keiner der formalen Kategorien des westlichen Denkens von heute begreifen. Es handelt sich weder um eine Religion noch um eine Philosophie, weder um eine psychologische Lehre noch um eine Wissenschaft…« Das gilt auch für die Kunst des Vaterseins.

So fahre ich also, aufgrund einer Art Spürsinn und mit mehr Glück als Verstand, plötzlich am Steuer eines Großraumwagens auf einer breiten, unbekannten Straße. Auf diesem Weg bin ich dazu verurteilt zu suchen, was ich niemals finden werde, auf ihm erweisen sich alle ehrgeizigen Ziele und Bestrebungen meines Lebens täglich als eitel und ärgerlich. Aber meine rastlose Familie sorgt dafür, daß sich mein Gefühl düsterer Sinnlosigkeit in kristallhelle Freude verwandelt.

Im Laufe der letzten sechsundzwanzig Jahre ist unser Familienleben mit der Geburt jedes der sieben Kinder exponentiell schwieriger und geschäftiger geworden.

Paradoxerweise ist mein Innenleben seitdem unkomplizierter und ruhiger. Ist das Zen? Ich weiß es nicht. 1977 kam meine dritte Tochter zur Welt. Als die Anzahl der Kinder die der Eltern im Verhältnis von zwei zu eins übertraf, ging mir allmählich auf, daß wir allen Illusionen zum Trotz die Familie nicht mehr im Griff hatten. In dieser Zeit stürzten alle meine Vorstellungen über den Sinn des Vaterseins in die Tiefe hinab, wie ein Spielzeugboot in einem tosenden Wasserfall; und ich trieb mit vielen anderen auf einem vollbesetzten Schlauch einen langsam dahinströmenden Gebirgsbach hinunter und fühlte mich dabei ausgesprochen frei. Nun begriff ich die so schwer verständliche Idee, die Alan Watts zum Ausdruck bringt, nämlich daß man die »Perfektion des Zen« – und auch der *Vaterschaft* – »dann erreicht, wenn man auf vollkommene, einfache Weise menschlich ist«. Nichts mehr. Außerdem ist »alles notwendig«, wie Hermann Hesse an irgendeiner Stelle in *Siddhartha* schreibt. Alles.

Manchmal sagt man mir, ich, als Vater von sieben Kindern, verströme eine jahrhundertealte Weisheit. Aber in den Augen meiner Kinder bin ich nicht nur ein weiser Mann, sondern auch ein großer Narr. Und in meinem inneren Selbst (und häufig auch für meine Frau Patti) bin ich der reinste Tor, der sich bei den vielen Versuchen, die Rolle des Weisen zu spielen, ständig selbst im Wege steht.

Letztlich, etwa am Ende eines Tages, an dem ich wieder einmal über die Unwägbarkeiten eines Lebens mit sieben Kindern nachgrübele, glaube ich aber, daß ich anderen Vätern, die sich in diesem unerforschlichen Leben ebenso verloren vorkommen, ein paar erleuchtete Erfahrungen mitteilen sollte.

1

Die Zeit vor der Vaterschaft

Mein Vater, ich selbst

Wie mir durch einen Vater, der selten da war, klar wurde, wie wichtig es ist, präsent zu sein

Keine Schneeflocke fällt dorthin, wo sie nicht hingehört.

ZEN-SPRICHWORT

Mein Vater war nicht gerade das, was man einen New-Age-Dad der neunziger Jahre nennt. Wenn ich das Video meiner Kindheit zurückspule, taucht immer wieder ein Bild auf. Es zeigt meinen Vater, den Geschäftsmann, wie er jeden Morgen in seinem typischen Aufzug und mit dem unverkennbaren Geruch der fünfziger Jahre zur Arbeit geht: die Reihe brauner und grauer Anzüge im Schrank, der weiße, gestärkte Hemdkragen, der Duft des Rasierwassers, der dunkle, vom dichtbehängten Krawattenträger herabgezogene Schlips, der große Windsorknoten, der schwere Mantel mit dem Fischgrätmuster und die Sammlung von Hüten auf dem obersten Regal im Flurschrank. Dann schließt sich die Tür. Nach einem langen Tag, an dem mein junges Leben mehr Wandlungen durchlief als ein Chamäleon – und sich dennoch nicht änderte –, erinnerte ich mich noch Stunden später an sein kratziges Gesicht, als er aus der Kälte nach Hause kam.

Er war ein Dad. Ein Mann. Er arbeitete in New York. Sechs Tage in der Woche arbeitete er von frühmorgens bis spät in den Abend. Nach der Arbeit aß er allein, setzte sich vor den Schwarzweißfernseher und erledigte den Papierkram. Sonntags mähte er den Rasen, reparierte die Heizung oder brachte im Bad neue Kacheln an. Anschließend erledigte er weitere Schreibarbeiten. Am ehesten »machten wir noch etwas zusammen«, wenn er mich von einem Baseball- oder einem Football-

Match, das gerade auf der Kippe stand, ins Haus rief und sagte, ich solle ihm einen Schraubenschlüssel oder einen Hammer aus dem Keller holen.

So war das.

Zumindest habe ich kaum andere Erinnerungen an mich und meinen Dad aus der Zeit, in der ich im grünen, vorstädtischen Roslyn Heights in New York aufwuchs. Immerhin: Wenn wir schweigend gemeinsam Auto fuhren, faßte er mich immer bei der Hand.

Nicht, daß ich mehr erwartet hätte. Meine Onkel (Mac, Murray und Herman), die verstreut auf Long Island lebten, waren genauso wie er. Er unterschied sich auch nicht von Mr. Jayson, der weiter unten im Westwood Circle wohnte, oder Mr. Weil und Mr. Diamond gegenüber in der Candy Lane (ja, Candy-»Süßigkeiten«-Lane). Diese ehrbaren Männer verirrten sich kein einziges Mal in die Spiele, die Jungen spielen, um das Mannsein zu erlernen. Sie waren »echte« Männer. Dauernd arbeiteten sie.

In meinem Viertel gingen die Männer mit ihren Söhnen nicht angeln. Sie spielten auch nicht mit hochgekrempelten Ärmeln Punchball in den ruhigen Straßen. In den Sommernächten lagen sie nicht ausgestreckt im Gras, während Glühwürmchen die Luft erhellten. Sie hielten nicht nach Sternschnuppen Ausschau und führten auch keine ernsthaften Gespräche, ob Leben auf anderen Planeten möglich sei. An kalten Winterabenden saßen sie nicht auf der Bettkante und lasen aus Jack Londons *Der Ruf der Wildnis* oder aus Jugendbüchern vor. Sie besuchten keine Baseballspiele in der Jugendliga. Jahre später, lange nach der ersten einsamen Rasur und dem letzten unschuldigen Kuß, nahmen sie ihre Söhne auch nicht mit in die Kneipe um die Ecke, um ihnen zur Volljährigkeit zu gratulieren, ein Bier zu spendieren und Männergespräche über Mädchen und Frauen, Kinder und Arbeit zu führen. Sie arbeiteten.

Nachdem ich von zu Hause ausgezogen war, in Wisconsin das Studium aufgenommen und festgestellt hatte, daß sich die

Textur des Lebens je nach geographischen und sozialen Gegebenheiten unterscheidet, rekonstruierte ich irgendwann das Gefühl der Einsamkeit in meiner verlorenen, vergessenen Jugend, in der es keinen Vater gegeben hatte, wie ihn Norman Rockwell in seinen Bildern humorvoll zeichnete. Sollte ich jemals heiraten und Kinder haben, würden meine Tage und Nächte ganz bestimmt nicht von der Arbeit aufgezehrt werden – egal, um welchen Preis. Das schwor ich mir. Ich würde nicht in die Falle gehen und den Broterwerb mein tägliches Dasein bestimmen lassen. Frei würde ich sein und immer für meine Kinder da, ich würde ihnen einen Kuß auf die Stirn geben, die Hand um die Schulter legen und gelegentlich einen aufmunternden Klaps auf den Allerwertesten verabreichen. Ich würde mir die Spiele der Jugendmannschaften ansehen und mit meinen Kindern Konzerte besuchen, mit ihnen Ball spielen und angeln gehen, mich in ihren Betten ausstrecken und ihnen jeden Abend ein Kapitel aus einem Buch vorlesen. Ich würde mit ihnen herumalbern, bis ich mir den Bauch hielte vor Lachen. Kurzum: Ich würde meinen Kindern ein Kumpel sein.

Dann heiratete ich, wir hatten Kinder und bekamen weitere (und noch mehr). Ich wechselte die Windeln und tanzte mit den Kleinen, während sie auf meinen Füßen standen. Spielte Ball, ging angeln und litt Qualen, wenn sie in der Schulaula einen Soloauftritt hatten oder bei Fußballspielen mit vielen Zuschauern mitspielten. Lachte, bis ich mich nicht mehr halten konnte, leistete ihnen Gesellschaft, kratzte das Innere aus Doppelkeksen und grübelte über das Leben und die Liebe nach. Doch kam mir auch zu Bewußtsein, daß ich nie ihr Kumpel sein würde.

Diese beunruhigende Erkenntnis kam mir, als mein Ältester, Cael, und Randy McCrory in der Scheune ein geheimes Klubhaus bauten (und mir den Zutritt verwehrten); als meine Älteste, Nancy, und ihre Freundin Eva von abends bis morgens hinter geschlossenen Türen flüsterten und kicherten (und mir nicht sagten, worüber sie sich amüsierten); als sich die siebzehnjährige Addie Hals über Kopf in einen Mann (Tony Ciliberto) verliebte; als meine Kinder, eins nach dem anderen, erwachsen wurden und außerhalb der festen Mauern des Elternhauses (in dem ich jetzt schreibe) ihre Freunde fanden, mit denen sie zu Recht ihr privates Leben teilten.

Aufgrund dieses Schweigens fand ich heraus, daß das Kumpelsein nicht die Essenz – das A und O – der Vaterschaft ist. Die Freundschaft mit den Kindern ist etwas Schönes, wie Zuckerguß oder Fleischsoße, aber nicht das Wesentliche. Wie sich herausstellte, ist etwas anderes entscheidend: daß man zur Arbeit fährt und am Abend nach Hause kommt. Daß man für die Kinder da ist. Wie ein Vater. Wie mein Vater.

Irgendwo auf dem gewundenen Weg der Elternschaft begriff ich, daß sich Kinder vor allem eines wünschen, abgesehen von Geld, elterlichen Chauffeurdiensten und der *carte blanche,* alles tun zu dürfen: Ich soll da sein, wenn sie keuchend, schwitzend und hungrig in die Küche kommen und Abendessen haben wollen, zu Hause sein, wenn sie Freitag abends spät anrufen und man sie mit dem Wagen abholen soll, und ihnen als Sofakissen dienen, während der Fernseher seine gedankenlose Arbeit verrichtet. Oder, wie mein Vater es tat, ihnen während der Fahrt im Auto die Hand halten, wenn man einander überhaupt nichts zu sagen weiß.

Inzwischen sind über vierzig Jahre vergangen. Aber ich spüre immer noch seine große rauhe Hand, die meine kleine weiche Hand während unserer schweigenden Fahrten in seinem Chevrolet-Kombi hält. Die Wahrheit ist: Ich wußte nicht, was ich mit meinem Vater reden sollte. Soweit ich weiß, galt das gleiche für ihn. Als ich klein war, kannten wir uns vermutlich kaum. Aber er hielt meine Hand. Ich bedeutete ihm ungeheuer viel. Er zeigte mir, daß keine Schneeflocke an einen Ort fällt, wo sie nicht hingehört, und daß ich zu ihm gehöre.

Mein Vater, der scheinbar nie da war, lehrte mich die Zen-Bedeutung der Präsenz, daß man nämlich einem Menschen fern und zugleich sehr nahe sein kann.

Etwas an der Art, wie sie sich bewegt

Ich komme vom rechten Weg ab – und finde die Liebe

Wind, der durchs Gras streift, so daß es erzittert. Das rührt mich, und ich spüre etwas, das ich im Grunde nicht verstehe.

KATHERINE MANSFIELD

Patti entstammt einer der alten Patrizierfamilien im Süden der USA. Sie wuchs im vornehmen Garden District von New Orleans auf und wurde an der Miss Edith Akins Little School erzogen. Den letzten gesellschaftlichen Schliff erhielt sie an der Luise S. McGhee School in der Prytannia Street. Patti weiß, was die Worte *noblesse oblige* bedeuten.

Ich komme aus New York, meine Vorfahren waren Brooklyner Juden. Meine Kindheit und Jugend verbrachte ich in einer kleinbäuerlichen Vorstadtgegend, die aus einem Boden gestampft wurde, auf dem es bis dahin nur Kartoffeläcker gegeben hatte. Zum Unterricht bin ich in einem quietschenden gelben Schulbus gefahren, und während meiner Zeit auf der Wheatley High-School habe ich gräßliche Mohairpullover getragen. Was es heißt, sich einem Menschen verbunden zu fühlen, lernte ich durch das Zusammensein mit der reizvollen Judy Goldstein.

Patricia Charlee Henderson lernte ich zufällig kennen, im September des Jahres 1964. Wir studierten im ersten Semester an der Universität von Wisconsin. Ich fand sie wunderschön: tolles Gesicht, langes brünettes Haar und ein Wiegen des Rückens, das ein dauerndes Sehnen in mir hinterließ. Was sie von mir hielt, weiß ich nicht. Erst drei Jahre später – eine lange, uninteressante Geschichte – hatten wir unser erstes Rendezvous. Das war am 10. Dezember 1967.

Ich erinnere mich deshalb so genau an das Datum, weil ich zwei Karten für ein Konzert des großartigen Otis Redding besorgt hatte. Es war der Tag, an dem der Soulsänger mit dem Flugzeug über dem zugefrorenen Lake Montana abstürzte. Das mag kein verheißungsvoller Beginn für eine Beziehung sein, doch im folgenden August heirateten wir.

Sechsundzwanzig Jahre später begreife ich immer noch nicht, wie es dazu kam. Patti und mich verbinden keinerlei gemeinsame Interessen. Überhaupt keine. Keine Sportarten, Spiele, Musikstile ... nichts. (Wie sich später herausstellte, mag sie nicht einmal Otis Redding.) Ich spreche also nur für mich, wenn ich sage, daß ich mich täglich auf unaussprechliche Weise zu ihr hingezogen fühle und ein vages Gefühl biologischer Unvermeidlichkeit spüre, wenn wir in zwei Autos aneinander vorbeifahren. Oder später, wenn ich ihren Duft einatme. Ihren Atem in meinem Ohr spüre.

Ich mag sie. Mir gefällt ihre Art. Irgendwie haben wir die gleiche Vorstellung vom Leben. Darüber hinaus ist unsere Verbindung das reine Mysterium.

Wenn man mich vor sechsundzwanzig Jahren gebeten hätte, meine ideale Partnerin zu beschreiben, hätten fast alle Frauen meinen Vorstellungen entsprochen, nur nicht Patti Henderson. (»Sie ist schön, aber nicht mein Stil.«) Doch als ich sie zum erstenmal zögernd auf den Mund küßte, war mir klar, das ist die Frau, mit der ich immer zusammenbleiben will. Mit keinem anderen Menschen. Mit keiner anderen Frau. Ich kann das gar nicht oft genug wiederholen.

Meinen Freunden, sogar einigen neugierigen Fremden, habe ich vergeblich versucht zu erklären, worin die Sehnsucht und die Zwiespältigkeit unserer Beziehung besteht, die uns beide nicht nur auf Dauer verbindet, sondern uns auch so sehr erfüllt, daß wir sieben Kinder bekommen haben. Wie Stella zu Blanche in *Endstation Sehnsucht* sagt: »Es gibt Dinge, die sich zwischen einem Mann und einer Frau im Dunkeln abspielen ...«

Dinge...

Diese Dinge spielen sich tatsächlich großenteils im Dunkeln ab. Aber ich meine damit nicht nur das Sexuelle. Das Ganze reicht viel tiefer, sehr viel tiefer. Es fällt mir schwer, eine genauere Beschreibung zu geben. Wir sind so viele Jahre zusammengeblieben *und* haben sieben Kinder, weil wir sind, wer wir sind, und wegen dem, was wir einander bedeuten. Soweit ich sehe, gibt es keine einzelne akzeptable Erklärung für unsere Entscheidung, ebensowenig wie man begründen kann, warum manche Leute am liebsten Austern aus der Cheseapeakebai oder aus den Rocky Mountains essen.

Und um unserer seltsamen Verbindung eine wirklich bizarre Note zu verleihen, lassen Sie mich noch folgendes hinzusetzen: Zwar wollte Patti immer viele Kinder haben – das geht auf die ganz frühe Erkenntnis zurück, daß sie sich erdverbunden fühlt –, ich kenne mich aber gut genug, um zu wissen, daß aus einer Ehe mit einer anderen Frau bestimmt nicht so viele Kinder hervorgegangen wären. Vielleicht hätte ich sogar eine Frau geheiratet, die keine Kinder will, und würde jetzt eine Betrachtung über unsere Harley-Davidson-Motorräder im Partnerlook schreiben.

Aber natürlich habe ich keine andere Frau geheiratet.

Cael wurde geboren, als wir noch in Madison studierten. Zwei Jahre nachdem Nancy unser Leben in Milwaukee verschönerte, kam Addie im Staat New York zur Welt. Dann folgten Clover, Danny und Bay. Vor sechs Jahren komplettierte schließlich Elizabeth Bayou-Grace die Reihe. (Glaube ich.) Jeden Tag wache ich auf und staune.

Wahrscheinlich ergibt das alles einen Sinn.

Aber so ganz habe ich es auch nach all den Jahren noch nicht verstanden.

Berühmte letzte Worte des Zen (I)

»Ich heirate erst, wenn ich mindestens fünfunddreißig bin.«

Worte sind, wie jeder weiß, große Feinde der Wirklichkeit.

JOSEPH CONRAD

Anfang November 1967. Ich sitze mit meinem Zimmergenossen vom College im »Ella's Delicatessen« in der State Street in Madison, Wisconsin. Ich weiß nicht mehr genau, ob es sehr früher Morgen oder sehr später Abend ist – wahrscheinlich beides. Jedenfalls ist es kalt und düster, vor mir steht meine fünfte oder sechste Tasse Kaffee, ich rede und rede und denke über den Sinn des Lebens nach, so wie Studenten das nur im zweiten Jahr können, ohne sich dafür total zu schämen.

Ich bin zwanzig Jahre alt. Die unerwiderte Lust zu einer aufreizend undurchschaubaren und mürrischen Brünetten bestimmt mein Leben. Jodi hat mir gerade den Laufpaß gegeben, weil ich nicht undurchschaubar oder mürrisch genug bin. Lassen Sie mich das Bild vervollständigen: Ich beuge mich in meiner schönsten Pose als empfindsamer Dichter über den Tisch, sauge an meiner Lucky Strike, trinke Kaffee in kleinen Schlucken und zitiere ausgiebig aus Hermann Hesses Hippie-Klassiker *Siddharta*, dem Buch, das ich zwischen 1965 und 1968 wie einen Flachmann in der Gesäßtasche bei mir trug.

Vielleicht saß in dem Augenblick keine ernstere Person im »Ella's«. Möglicherweise hat noch nie ein ernsterer Mensch dort gesessen. Wenn ich mich recht entsinne, entwickelte sich das Bramarbasieren in den späten sechziger Jahren zu einer öffentlichen Kunstform.

Jedenfalls tranken wir Kaffee und pusteten Zigarrenqualm

in die Gegend. Und bestimmt drehte sich das Gespräch um unsere drei Lieblingsthemen: den grausamen, sinnlosen Kreislauf des Lebens, die hochmütige, hoffnungslose Verzweiflung des bürgerlichen amerikanischen Materialismus und – natürlich – um die Freiheit. Da fragte mich mein Zimmergenosse, was ich von der Ehe halte.

In diesem Moment leistete ich unbestreitbar einen Schwur, den ich mit der Überzeugungskraft eines Antikriegsplakats vorbrachte: »Die Ehe ist eine Mittelschichtsfalle. Ich heirate erst, wenn ich mindestens fünfunddreißig bin. Das garantiere ich dir.«

Das sagte ich, ohne mit der Wimper zu zucken und ohne auch nur einen Augenblick an meinem Vorsatz zu zweifeln. Ich war mir völlig sicher. Schließlich war ich zwanzig, meine Ausbildung und die Miete bezahlten meine völlig verwirrten Eltern, die 1500 Kilometer entfernt wohnten. Ich war so frei wie der kalte Wind in Wisconsin, der über die weiten Grassteppen fegt, entschlossen, wie bisher weiterzuleben, bis ich so alt wäre, daß das alles ohnehin keine Rolle mehr spielte. Und das wäre mit fünfunddreißig der Fall.

Bis zum schicksalhaften Zeitpunkt der Eheschließung sah ich in der Freiheit den einzigen Zustand, den es im Leben anzustreben gelte. Meine wichtigste Verpflichtung bestand darin zu leben. Wahrhaft zu leben. Lebendig zu sein. Unterwegs zu sein. Ich zu sein.

Damals ging man im allgemeinen davon aus, das Leben sei mit dem dreißigsten Geburtstag mehr oder weniger zu Ende. Entweder man stieg aus, oder man wurde hereingelegt. Auf alle Fälle war man nicht mehr vertrauenswürdig. Mit fünfunddreißig war man derart erledigt – so unfrei, so uncool –, daß es unerheblich war, ob man heiratete oder nicht. Ich sah, wie zahllose Freunde und Bekannte ihre schwarzen T-Shirts, die schwarzen Jeans und Arbeitsstiefel gegen weiße Unterhemden mit V-Ausschnitt, Wildlederschuhe und weit geschnittene Hosen eintauschten. Ich beobachtete, wie die außergewöhnlich coolen Hipster, die besonders von Angst Geplagten meiner Generation der Leidenden den schicksalhaften Berg emporkletterten und auf der anderen Seite in Polyesteranzügen und mit eingefrorenem Lächeln auf den glattrasierten Gesichern hinabstiegen und hoffnungsvoll ihrem Angestelltenleben, Ehefrauen mit Lockenwicklern, zwei, drei Kindern, Chevrolet-Kombis, Einfamilienhäusern, Motormähern, Golf in buntkarierten Hosen und, alles in allem, der dickbäuchigen Seite des Lebens zustrebten.

Mit fünfunddreißig höre ich mit dem Rauchen auf, sagte ich. Auf Alkohol würde ich verzichten und nach den Abendnachrichten ins Bett gehen. Dann würde ich heiraten, eine Familie gründen – und sterben.

Mein Zimmergenosse nickte. Er wirkte ganz verloren.

Da ich gerade so schön in Schwung war, nahm ich einen tiefen Zug aus der Lucky, ließ den Qualm in die Nase steigen und brummte wie einer von Hemingways Helden aus der »Verlorenen Generation«: »Und Kinder setze ich garantiert nicht in die Welt. Niemals.« Mit hoch moralischem Ton – möglicherweise das Nützlichste, was ich während des Studiums erlernte – stellte ich fest: »Es wäre ganz schrecklich, ein besonders grausamer Scherz, ein unschuldiges Kind zu zeugen und einem so schmerzlichen Dasein auszusetzen. Einer Welt, die so beladen ist mit Kriegen, Krankheiten, Unaufrichtigkeit. Absoluter Sinnlosigkeit. (Ich benutzte tatsächlich das Wort *beladen.*) Niemals.«

Mein Zimmergenosse verstand mich vollkommen. Natürlich. Es ging ihm ja genauso schlecht wie mir. Damit war alles gesagt. Ich drückte meine brennende Kippe im überquellenden Blechaschenbecher aus und ließ ein paar zerknitterte Dollarscheine auf den Tisch fallen, dann gingen wir gemeinsam durch die stillen Straßen zu unserer kleinen Wohnung zurück und schliefen bis mittags um zwölf.

Drei Wochen später verliebte ich mich Hals über Kopf in die ehemalige Freundin meines Zimmergenossen, in das Mädchen, das er nie mehr wiedersehen wollte. Patti. Die gegenseitige Anziehungskraft war ebenso persönlichkeitsverändernd wie unbeabsichtigt. Allerdings bedeutete sie auch das Ende des tiefen gegenseitigen Einverständnisses zwischen meinem Zimmergenossen und mir und das Ende unserer Freundschaft. Zum Teufel mit der Freiheit! Ich war verliebt! Neun Monate später war ich in New Orleans. Dort stand ich mit frisch geschnittenen Haaren, getrimmtem Bart und in einem weißen Leinenanzug in einem Wohnzimmer und sah, wie mir die schönste Frau, die ich je gesehen hatte, im weißen Hochzeitskleid entgegenkam.

Zehn Monate später, am 17. Juli 1969, drei Tage bevor ein Mensch auf dem Mond umherspazierte, kam Cael Devin Lewis im St.-Mary's-Hospital in Madison zur Welt. Womit bewiesen wäre, daß Worte in der Tat große Feinde der Wirklichkeit sind. Dieselbe Vorstellung steckt wohl auch hinter folgendem Zen-Koan: Sag niemals nie, ohne nie zu sagen.

Im Laufe der Jahre habe ich diese Geschichte allen meinen Kindern sowie Tausenden Studenten erzählt. Alles im Namen der Wahrheit. Sie finden sie komisch, ulkig, was immer – oder tun wenigstens so. Und danach werfen sie den Aphorismus auf den Müll zu den anderen: »Trocken Brot...«, »Je eher davon...« und zu den bürgerlichen Sprüchen, mit denen ihnen die Erwachsenen kommen. Sie werden schon noch dahinterkommen.

Hmm, der hier riecht gut

Die irdische Weisheit der Großmütter und die Kraft einer guten Gumbosuppe

Alles im Universum ist verbunden, alles ist Osmose.

TAISEN DESHIMARU

Kaum war ich aus dem Flugzeug gestiegen, schlug mir schwülheiße Luft entgegen. Im Nu fühlte ich mich wie ein Fisch auf dem Trockenen, oder besser gesagt, da Fische im feuchten Klima des Missippideltas wahrscheinlich überlebt hätten, ich war einfach nicht in meinem Element, sondern ein verwirrter, keuchender Esel, der bei jedem Schrittversuch im sumpfigen Schlamm steckenblieb.

Mir war schwindlig. Ich schwitzte am ganzen Körper. Ich war einer außerkörperlichen Erfahrung nahe.

Ich befand mich in Louisiana und sollte Pattis Eltern kennenlernen, dazu ihre Großmütter und Onkel und Tanten und Cousinen, Vettern und Freunde und ehemaligen Freunde. Eine beängstigende Aufgabe für einen aggressiv-schüchternen Beatnik-Dichter, dessen Umgangsformen man bestenfalls als unterentwickelt bezeichnen konnte.

Schon bald sollte ich kläglich scheitern, als es galt, die Mitglieder von Pattis Familie für mich einzunehmen. Ihrer Mutter, Nancy, gefiel ich sofort, aus Gründen, die mein Begriffsvermögen übersteigen, als ich jedoch mit Vetter Bobby oder Onkel Bruce und dessen Frau, Red, Konversation machen sollte, versagte mein Mundwerk. Als ich dem Gespräch zwischen Pattis Freunden, Clydia, Kingsley und Amalie, die im fröhlichen Akzent der Südstaaten daherredeten, folgen wollte, hatte ich einen Schleier vor den Augen. Als wir beim Nachmittagstee im Salon im Haus von Pattis Großmutter zusammensaßen, wand ich mich schwitzend wie ein Malariapatient. Meine langen Haare kräuselten sich zu einer Afro-Frisur kontinentalen Ausmaßes. Das scharf gewürzte Shrimps-Jambalaja, das Pattis Mutter zubereitet hatte, schmeckte mir wie heißer Teer, schließlich war mein Gaumen an Fleisch und Gemüse gewöhnt.

Den letzten Schlag bekam ich versetzt, als ich einige Tage darauf Pattis Vater kennenlernte. Ein passionierter Angler, der es bis auf den heutigen Tag fertigbringt, 365 Tage im Jahr zu angeln (im Meer, in Flüssen, Teichen oder in Regenpfützen). Bei meiner Ankunft machte er gerade Ferien im Golf von Mexiko, und deshalb hatte Pattis Mutter ein Picknick im Kreise der Familie am Lake Pontchartrain arrangiert. Dort wollte er auf dem Rückweg zu uns stoßen.

Charles Crawford Henderson traf in einem grauen Chevrolet-Kombi ein. Mit langen Schritten kam er mitten über den Rasen auf mich zu. Seine Arme schwangen hin und her, das Gesicht war von tiefen Falten zerfurcht und sonnengegerbt. Und dieses Bild von einem Südstaatenmann streckte mir seine Hand entgegen. Als ich den mannhaften Händedruck erwiderte, wirkte meine Rechte in seiner rötlichbraunen, derben Hand wie ein toter Weißfisch.

Zur Begrüßung richtete er folgende Worte an mich: »Sie fischen also?«

Wäre es möglich gewesen, noch blasser zu werden, als ich es bereits war, hätte ich sicher gebleicht ausgesehen. »Ja, nein, also, ich habe schon mal geangelt, aber eigentlich bin ich kein ...«

Er machte ein zorniges Gesicht. »Dann gehen Sie also zur Jagd?«

»Hmmm, nein ...«

Jetzt war er durcheinander. Die Kehle schnürte sich mir zu, meine Gedanken glichen einem Sumpf. Schließlich brachte ich einen Satz hervor, der sich als einziger durch das Gestrüpp in meinem Kopf geschlagen hatte: »Patti und ich sind heute im Audubon-Park ausgeritten.«

»Aha.« Seine Miene hellte sich auf. »Dann reiten Sie?«

»Nein, eigentlich nicht.« Ich versank in dem Sumpf. »Es war das erste Mal.«

Kopfschüttelnd warf er Onkel Bruce einen hilflosen Blick zu. »Sie fischen nicht, Sie gehen nicht zur Jagd, Sie reiten nicht – was machen Sie eigentlich?«

Ich hielt nach einem Baum Ausschau, gegen den ich mich lehnen könnte, falls ich ohnmächtig werden oder angegriffen würde. Ich kramte in meinem Gedächtnis und suchte verzweifelt nach einem mannhaften Gesprächsthema, das dem alten Herrn zusagen könnte. Der Student im höheren Semester, der vor ihm stand, machte offenbar keinen besonders guten Eindruck auf ihn. Der Schüler, der an der High-School Leichtathletik betrieben hatte und in den letzten drei Jahren nicht einmal über die Straße gelaufen war, schien ihm nichts zu sagen. Vielleicht hätte ich mich als Bourbon-Trinker vorstellen sollen, aber das Risiko war mir zu hoch.

Ich machte den Mund auf, brachte aber keinen Ton heraus. Die Mitglieder von Pattis Familie beugten sich in meine Richtung und warteten. Pattis Vater stemmte die Hände in die Hüften und wartete. Ich verlor den Boden unter den Füßen.

Als wäre es die Stimme der guten Fee aus dem Märchen, ertönte plötzlich rechts hinter mir eine freundliche Südstaatenstimme. Da war Pattis Mutter: »Versteh doch, Charles, er ist ein Dichter.«

Er rollte die Augen. Das Stöhnen, das er unterdrückte, hätte im See eine Flutwelle auslösen können. An das, was danach kam, kann ich mich nicht mehr erinnern.

Stunden später. Ich war allein im Gästezimmer und schmiedete Pläne. Am besten, ich packte meine Sachen und flog auf schnellstem Wege zurück nach New York. Ich hatte den Schwanz eingekniffen. In kinogerechtem New Yorker Slang murmelte ich: *Ich gehör' hier nich hin... nie und nimmer... Ich hätt' doch zu Haus in Brooklyn bleibn solln... Da hätt' ich 'ne echte Chance.*

Aber am nächsten Morgen wurde ich schon früh geweckt. Man gab mir eine Tasse starken Kaffee und verfrachtete mich auf den Rücksitz des Familienwagens, ehe ich wieder einen klaren Gedanken fassen und allen mitteilen konnte, daß ich nach New York zurückkehren wolle. Daß wir nach Biloxi fuhren, begriff ich erst, als wir den Mississippi überquert hatten. Dort wollten wir Pattis Großmutter besuchen.

Die Großmutter bewohnte einen kleinen braunen Bungalow in der Lee Street, ungefähr eineinhalb Querstraßen von der alten Bundesstraße 90 und vom Golf von Mexiko entfernt. Als der Wagen auf die schmale, sandige Auffahrt einbog, stand sie mit einem fast blinden alten Mann namens Sam vor dem Haus, der ihr die recht magersüchtig aussehende Hecke stutzen sollte. Die kleine, großmütterlich wirkende Frau mit dem großen, schiefen Turm weißen Haars auf dem Kopf und dem enormem Busen kam direkt auf mich zu, packte mich am Unterarm, riß meinen Kopf nach unten und gab mir einen feuchten Kuß.

Ich hielt den Kopf immer noch gebeugt, als sie zu Patti gewandt sagte: »Hmm, der hier riecht gut. Den würde ich behalten.« Augenzwinkernd fügte sie hinzu: »Der letzte hat mir nicht gefallen. Und der alte – wie hieß er noch? – war ein guter Junge, aber der hier gefällt mir besser. Er riecht so gut.«

So wurde ich begrüßt. Pattis Großmutter ließ mich los, und ich reckte den Kopf, ein Mitglied der Familie. Alles andere schien unwichtig.

Wir gingen ins Haus. Es gab dicke Gumbosuppe aus einer randvollen Terrine. Ein dunkler Teich, der meinen gereizten Magen füllte, Fische, Austern, Garnelen, Okraschoten und was immer sonst sie gefunden und in dieses Hexengebräu geschnitten haben mochte.

Noch nie hatte ich etwas so Dunkles, so Würziges gegessen,

etwas, dem ein so intensiver, sinnlicher Geruch nach Meeresboden entströmte. Je mehr ich davon aß, desto klarer wurde mir, was Patti während der Monate, als wir uns richtig kennenlernten, gemeint hatte. Ich kostete, was sie geschmeckt hatte. Ich erlernte ihre Sprache. Ich aß gut. Ich roch gut. Ich liebte Patti mehr denn je. Plötzlich fühlte ich mich mit allem verbunden.

Tags darauf fuhren wir nach Pascagoule. Dort wollten wir uns bei Onkel Jimmy und Tante Jane (und Covington, Brucie und Lucie) vorstellen. Dort konnte ich sogar ein wenig das Bild korrigieren, das sich Pattis Vater von mir gebildet hatte. Da ich der höflichen Konversation überdrüssig war, erfand ich nämlich eine Ausrede, den forschenden Blicken der Erwachsenen zu entkommen, und bot an, mit Onkel Covington ein paar Körbe zu werfen. So stellte mein zukünftiger Schwiegervater fest, daß ich an der High-School im Basketball-Team gespielt hatte. Folglich war ich keine so große Niete, wie er vermutet hatte.

So wurde ich ein ernstzunehmender Bewerber um die Hand seiner Tochter.

Der Vermählung von Nord und Süd

Jüdische Ehepaare aus New York, angetan mit dunklen Anzügen und Korsetts und mit toupiertem blauem Haar vermischten sich mit Mitgliedern der Episkopalischen Kirche aus New Orleans in weißen Leinenanzügen und mit wettergegerbten Gesichtern und roten Nasen

Es sind Gegensätze – Lockungen
Mißgestaltete Menschen – Gedanken an die Gnade
Helle Lichter – die Menschen, ohne Obdach
Die Verlorenen – das Antlitz des Tages

EMILY DICKINSON

Der erste Eindruck, der jeden, der im August New Orleans besucht, übermannt, ist die intensive, schwindelerregende Schwüle. Wenn die Besucher die Gangways der klimatisierten Flugzeuge heruntergestiegen oder aus Greyhound-Bussen ausgestiegen sind, sehen sie aus, als würden sie im nächsten Augenblick ohnmächtig.

Als nächstes blähen sich die kunstvoll gestalteten Frisuren auf, wie Tüten mit verbranntem Mikrowellen-Popcorn, und zwar ehe die Reisenden das Flughafengebäude oder den Busbahnhof verlassen haben.

So erging es auch der Levy-Lewis-Sippe, als sie die Mason-Dixon-Grenze überschritten hatte wie Hannibal die Alpen. Sie wollte dabeisein, wenn Sammys Sohn Stevie – so nannten sie mich auch noch mit zweiundzwanzig – diese Schhh... Schickse aus dem tiefen Süden heiratete.

New Orleans (die Betonung liegt auf dem »Or-«) ist anders als Florida, dessen Einwohner im Grunde alle aus New York stammen. Die Stadt gleicht auch nicht einem der verschlafenen Nester abseits der Bundesstraße 95, wo man mit dem Wagen nur langsam vorankommt und wo alle, die im Winter New York entfliehen, ein paar kostspielige Stunden auf dem Weg nach Florida verbringen. New Orleans ist anders als alle Orte der Welt. Wer dort ankommt, betritt eine Art ausländisches Schutzgebiet.

Während der Hochzeit, die in Pattis Elternhaus im vornehmen Garden District stattfand, war allen klar, wer zu wem gehörte. Hätte es ein »Thema« gegeben, so wie auf manchen modernen Hochzeiten, dann hätte man es »kognitive Dissonanz« nennen können. Die Einheimischen trugen saloppe weiße Leinenanzüge und -kleider, unterhielten sich mit amüsierter, zurückhaltender Lässigkeit, hielten perlende Drinks in Händen, verziert mit kleinen Servietten, und sahen beherrscht, aber erschrocken zu, wie die Eindringlinge schwitzend und laut redend und lachend im wunderschönen (*wunder-schönen,* wie Tante Betty sagte), aber nicht klimatisierten Haus umhereilten.

Die Mitglieder meiner Familie kamen tatsächlich ins Schwitzen und Reden. Sie trugen dunkle Anzüge und schwere, mit Pailletten besetzte Kleider, die sie auch auf einer neotraditionellen Bar-Mizwa, einer Hochzeit oder zu einem anderen großen Ereignis getragen hätten. Die Frauen hatten ihr Haar zu großen Pelikannestern hochtoupiert, die Männer hoben die buschigen Brauen.

Ich sah Onkel Max – der Mann, der auf einem der sommerlichen Barbecues den Schottenmuster-Look mit Argyle-Kniesocken kreiert hatte. Eine dicke Zigarre im Mund, unterhielt er sich mit dem Rohstoffhändler Sam Livaday, dessen geplatzte Äderchen die blassen Wangenknochen und die blasse Nase betonten. Jedem Vorübergehenden mußte klar sein, daß die beiden Männer nicht die gleiche Sprache sprachen. Max spuckte die Wörter aus der Mundecke wie Gewehrfeuer. Sam nickte höflich, aber verwirrt und nuschelte eine eher langsame, aber angemessen unverbindliche Antwort, die sich auf jeder gesellschaftlichen Veranstaltung hören lassen konnte.

Und da war Tante Betty. Sie steckte in ihrem Korsett, wie meine übrigen Tanten, und zwickte weltgewandten Erwachsenen in die Wange, denen niemand seit ihrer Zeit als Knirpse mehr in die Wange gezwickt hatte. Das warmherzige, runde Gesicht, der herrlich ausladende viktorianische Busen, diese enormen Fettwülste, die von den Oberarmen schwangen ...

Dann war da noch Pattis Großonkel Charlie, der allein in seinem Haus in der First Street wohnte. Mit Spucke auf seiner hellblauen Krawatte schlenderte er mit verwirrtem Gesichtsausdruck umher und fragte sich bestimmt, ob das hier eine Kostümprobe war. Pattis Onkel Bruce ließ sich gegenüber meinem Trauzeugen und offiziellen Nichtjäger und Nichtangler, Richard Gaynor, über Fischn und Krabbenfischn und Jagn und Krebsfischn – »Jesus Christus, einmal ist mir einer entwischt« – aus und, natürlich, auch über Crabmeatbällchen und Pekannußtorte.

Am besten fand ich aber den Augenblick, als Onkel Murray sämtlichen zutiefst verblüfften Mitgliedern von Pattis Oberschichtsfamilie seine Visitenkarte überreichte – MURRAY A. LEVY, BRANDSCHÄTZER. (»Man weiß ja nie ...«) Die glaubten, sie hätten einen Bourbon zuviel getrunken.

Und da waren natürlich Patti und ich, der lebende Beweis für das oxymoronartige Wesen der Liebe, das Yin und Yang der irdischen Gesetze, das Zen-Paradigma, wonach Gegensätze Zwillinge sind. Stundenlang steckten wir im Defilee fest, und mit jedem anmutigen Händedruck und jedem artigen Glückwunsch wurden wir betrunkener – Patti schüttete sich Champagner aufs Hochzeitskleid und steckte beim Anzünden einer Zigarette die Blumen in Brand. Das Fest war noch längst nicht vorbei, als wir den Hochzeitsempfang endgültig verließen.

Wir übernachteten im noblen Royal Orleans Hotel im französischen Viertel. Dort bestellten wir das Frühstück beim Zimmerservice, so wie es sich für junge Leute gehört, und sahen in den Fernsehnachrichten, wie Hubert Humphrey in Chicago die Nominierung zum Präsidentschaftskandidaten der Demokraten annahm.

Alles war perfekt – vollkommen bizarr –, genauso wie wir es erwartet hatten. Nichts paßte, nicht einmal der weiße Leinenanzug, den mir Pattis Mutter gekauft hatte, nachdem sie den Wollanzug gesehen hatte, den ich extra zur Hochzeit mitgebracht hatte. Ich fühlte mich wie ein Mißgestalteter und dachte über die Gnade nach.

Das tue ich noch immer.

Berühmte letzte Worte des Zen (II)

»Warten wir mit dem Kinderkriegen bis nach dem Studium.«

Widerspreche ich mir?
Na und – dann widerspreche ich mir eben.

WALT WHITMAN

Ende September 1968, drei oder vier Wochen, nachdem wir aus den Drei-Dollar-pro-Tag-Flitterwochen in Wales, London und Paris zurückgekehrt waren, warfen Patti und ich die zerknitterten Laken unserer ehelichen Glückseligkeit zur Seite und führten das erste sehr ernste Gespräch über unsere Zukunft. Über DIE ZUKUNFT, das heißt, wir sprachen darüber, was wir tun wollten, wenn wir älter wären, einen richtigen Beruf hätten und Autokredite und eine Hypothek zurückzahlen müßten. Darüber, was geschähe, wenn wir eine Familie haben würden.

Es war irre.

Für zwei junge Hippies, denen es schwerfiel, um die Ecke des nächsten Wochenendes zu schauen, war es reichlich verwegen, ans Kinderkriegen zu denken. Wir studierten im vierten Jahr, die inoffizielle Studiendauer an der Universität von Wisconsin betrug damals sechs bis sieben Jahre. (Man schrieb sich ein Semester ein, ließ ein, zwei Seminare ausfallen, stieg ganz aus und schrieb sich wieder ein.) Patti studierte im Hauptfach Psychologie und verspürte keinerlei Neigung, als Psychologin in einer Einrichtung des öffentlichen Gesundheitswesens zu arbeiten. Ich hatte als Hauptfach Englisch belegt und fand es gar nicht schlecht, wenn ich als Dichter den Lebensunterhalt verdiente. Gleichzeitig arbeitete ich als Topfwäscher im »Mama Brava's« in der State Street in Madison.

Man könnte durchaus vermuten, daß Patti und ich schlecht beraten waren zu heiraten – ja mehr noch: aufs College zu gehen. Damals vermuteten das wohl alle Freunde und Bekannte – nur nicht die eine Kommilitonin, die im Hauptfach Psilocybin studierte. Aber wir waren verliebt und verschlossen die Ohren vor den Warnungen der anderen. Wir waren derart geblendet von unserer Begierde, daß wir die Warnschilder auf der vor uns liegenden Straße völlig außer acht ließen. Wir stürzten uns einfach über die Klippe.

Da waren wir also in Wisconsin. Wir wohnten zur Miete in einem Häuschen, das so groß ist wie das kleine Zimmer, in dem ich jetzt schreibe, kamen verspätet in die abendlichen Seminare und diskutierten mit größter Ernsthaftigkeit über das Thema, von dem wir am wenigsten verstanden: die reife Ehe.

Die Frage der Karriere war einfach zu abstrakt. Deshalb übergingen wir das Thema in einer Art dummem, blindem Glauben (einem Achselzucken und einem Grinsen) und hofften, am Ende werde schon alles ins Lot kommen. Wie Konfuzius schrieb: »Es ist nicht wichtig, wie langsam du gehst, solange du nicht stehen bleibst.«

Dann war da noch die Kinderfrage. Oberflächlich betrachtet, war sie einfach zu lösen. Die meisten Leute finden es am vernünftigsten, wenn man mit dem Kinderkriegen wartet, bis man in gefestigten emotionalen und wirtschaftlichen Verhältnissen lebt, da sonst Eheschwierigkeiten und die Scheidung programmiert seien. Wir hatten dem nichts entgegenzusetzen und versuchten statt dessen, uns ganz erwachsen zu geben.

Wir wollten einfach warten, bis wir soweit waren. (Dies wäre nach dem Abschluß unseres Studiums der Fall, wie ich glaubte.) Allein der Gedanke, in meinem zarten Alter Vater zu sein, kam mir ein wenig grotesk vor. Wie sollte *ich* Vater sein, wenn ich immer noch gegen meinen Vater kämpfte? Das war an jenem Abend die reife, von Vernunft geleitete Seite der Diskussion.

Allerdings schlich sich in unsere überaus vernünftigen Gespräche eine spürbare Traurigkeit ein. Wie es sich für ein junges Liebespaar gehört, hatten wir uns während der kurzen, aber wunderbar romantischen Fern-Werbungsphase (die neun Monate verbrachte ich überwiegend in Cambridge im Bundesstaat Massachusetts, Patti lebte in Madison) immer wieder unser künftiges Zuhause ausgemalt. Es sollte ein großes Haus mit weißgestrichenem Holz und Tapeten in allen Zimmern sein, mit Veranden und Schaukelstühlen, das Ganze würde an einem Bach liegen, mitten in einer saftig grünen Wiese, und dazu würden die herzerwärmenden, seelenvollen Laute unserer zwölf Kinder erklingen, die in einem Garten voller Blumen jauchzten und tanzten. Ja, sie haben richtig gelesen: zwölf Kinder.

Da wir beide nicht aus kinderreichen Familien kommen, war die Vorstellung, ein Dutzend Kinder zu haben, nichts weiter als Phantasie. Tatsächlich hing diese Idee großenteils mit Pattis tiefsitzendem Glauben an die Vorsehung zusammen, den sie von Kind auf hatte. Ich, der ich früher davon geträumt hatte, als Einsiedler im hohen Norden Kanadas, in Neuschottland zu leben, übernahm diesen Traum nur und gab ihn später als meinen eigenen aus. Das lag zweifellos daran, daß ich sie mehr liebte, als ich jemals irgend jemanden oder irgend etwas geliebt hatte. Patti machte die Vorstellung glücklich. Und wenn sie glücklich war, war ich es auch. So einfach war das.

Daß wir unseren Traum vom Paradies verschieben mußten, zumindest für einige Jahre, stimmte uns einfach nur traurig.

Plötzlich neigte Patti den Kopf und blickte mich aus zusammengekniffenen, blitzenden Augen an. Achselzuckend streckte sie mir die schlanke Hand entgegen. Als ich ihr über die Wange strich, liebte ich sie auf ganz neue Weise. Es war wie im Traum. Plötzlich öffnet sich eine Tür, die man bislang übersehen hat, man sieht vor dem Schlafzimmer eine schöne Veranda im Sonnenschein und fühlt sich so zu Hause wie noch nie.

Im selben Augenblick hielten wir uns an der Hand wie zwei Kinder am Rand der Wildnis. Schweigend einigten wir uns darauf, daß wir, solange unser Leben derart von Fragen und Widersprüchen, fragwürdigen Motiven und unglaublich schlechten Entscheidungen beherrscht war, noch keine Kinder haben wollten. Wir kamen uns unendlich groß und erwachsen vor. Bestimmt boten sich noch unzählige Möglichkeiten.

2

Zen-Schwangerschaft, Zen-Geburt

Mondgeburt

Cael kommt zur Welt, ein Mensch geht auf dem Mond spazieren

Nichts wird geboren, nichts geht zugrunde. Du mußt auf deine Zerrissenheit, deine Vorlieben und Abneigungen verzichten. Hast du das erkannt, dann wirst du den Wagen der Buddhas bestiegen haben.

HUANG PO

Zu meiner großen, jugendlichen Verwunderung bewegte am 17. Juli 1969 nicht die Nachricht von der Geburt meines Sohnes die Welt.

Die Schwestern im Kreißsaal des St.-Mary's-Hospital in Madison, Wisconsin, lächelten hinter ihren grünen OP-Masken. Der väterliche Gynäkologe tätschelte Pattis Knie und schüttelte dann meine zitternde Hand. Dabei blieb's.

Es gab keine von Herzen kommenden Umarmungen. Keine Tränen. Keinen Champagner. Es war eine Geburt wie jede andere auf der Kinderstation in dem Krankenhaus. Nach der Art zu urteilen, wie alle aus dem Kreißsaal hinauseilten, spielten sich draußen vor der Tür wichtigere Dinge ab.

Auf den Fluren war es stiller als in der Weite des Alls. Ich weiß nicht, was ich erwartete, als ich mit knabenhaft geschwellter Brust durch die Drehtür ging, doch bestimmt spielte da draußen keine Musikkapelle. Man veranstaltete auch kein Feuerwerk. Es waren auch keine Reporter von der *Capital Times* herbeigeeilt.

Als ich an diesem Nachmittag über den Krankenhausflur ging und in die Zimmer spähte, deren Türen offenstanden, sah ich, was die Stille ausgelöst hatte: Patienten und Personal sahen fern, blickten in den Kosmos, wo Neil Armstrong in weniger als 72 Stunden auf dem Mond spazierengehen würde.

Offen gestanden haben mich Raketen und die Weltraumfahrt noch nie sonderlich interessiert. Die Faszination, die von Superman oder Captain Kirk ausgeht, ist mir fremd. Sie ist an mir vorbeigesaust wie eine ferne Sternschnuppe, als ich gerade zu Boden schaute. Ich habe das Leben immer lieber in irdischen – erdverbundenen – Kategorien gesehen. Mein Interesse galt den Brooklyn Dodgers, Camp Deerwood, dem Aufprall eines ledernen Basketballs, meinem Kumpel Richard. Später waren es Muddy Waters, ein grüner Morgan 4/4, William Carlos Williams, ein Krug Bier, der Vietnamkrieg, Patti, Patti, Patti.

Und dann war da noch Cael. Mein Sohn hatte ein bläuliches Gesicht, einen zerknautschten Schädel und heulte wie eine Polizeisirene. Mutter und Kind hatten gerade zwölf überaus strapaziöse Stunden Wehen und Entbindung hinter sich gebracht. Ein prächtiger Bursche.

Zunächst rief ich meine Mutter an, die zu meinem Erstaunen weinte, dann jeden, den ich mein ganzes Leben im ganzen Land kannte. Aber die meisten waren nicht zu Hause. Anschließend lief ich zum »Ratskeller« des Studentenvereins, wo Art Ohlman, ein Student mit Heiligenscheinfrisur mit ein paar Freunden an einem der Metalltische auf der Terrasse vor dem Lake Mendota saß. Ich berichtete von dem Wunder – von Caels Geburt. Art grinste, antwortete mit seinem besten »Ist ja irre!« und umarmte mich. Aber dann wußten wir nicht mehr viel zu sagen. Ihm war das Gefühl, plötzlich Vater geworden zu sein, genauso fremd wie mir das Spazierengehen auf dem Mond.

Stunden später wurde es dunkel in Madison. Die Grillen zirpten, der Mond schien durchs Fenster. Da saßen Patti, Cael und ich allein in einem halb öffentlichen Krankenzimmer. Das starke, furchterregende Gefühl, Leben geschaffen zu haben, überkam uns. Und dieses Leben war mitten unter uns. Es kam nicht in neun Monaten oder in der nächsten Woche und nicht einmal – wie es manchmal scheint – in Gestalt eines Messias.

Cael hatte einen Namen, und er schrie und nuckelte an Pattis Brust. Im Zeitraum eines jaulenden Augenblicks verwandelte sich das ungeheuer weite Universum in einen Raum, der so klein war wie das Krankenhausbett, auf dem wir drei aneinandergekuschelt lagen und ängstlich und ehrfürchtig darüber nachsannen, was Patti gerade vollbracht hatte.

Am nächsten Morgen hielt ich vor meinem Besuch im Krankenhaus vor »Rennebohm's Drug Store« in der State Street an, weil ich noch einen Kaffee trinken wollte. Auf dem Hocker, der neben meinem stand, lag ein Exemplar des *Wisconsin State Journal*. Alle Meldungen auf der Titelseite, auch die auf Seite zwei und drei, handelten von Apollo 11, sogar den Vietnamkrieg hatte man auf Seite vier verbannt. Geräuschvoll schlug ich die Seiten um, bis ich zu den Geburtsanzeigen kam. Ich fuhr mit dem Finger das Kleingedruckte hinab und suchte verzweifelt nach unseren Namen.

Natürlich stand dort nichts. Heute weiß ich, daß solche Ankündigungen erst eine Woche oder mehrere Wochen nach der Geburt abgedruckt werden. Jedenfalls war ich höchst verwundert, daß weder die unglaublichen Anstrengungen meiner Frau, neues Leben in die Welt zu bringen, noch Caels mutige Präsenz unter den Neugeborenen Erwähnung fanden. Ich war Zeuge geworden, wie dieses jahrtausendealte Wunder mitten in der Stadt geschehen war. Fast ebensosehr staunte ich darüber, daß die Lokalzeitung ein paar Astronauten, die zu einem toten, 380000 Kilometer entfernt vom Krankenhaus liegenden Planeten emporjagten, soviel Platz einräumte und dabei die wichtigen Neuigkeiten völlig übersah.

Zwei Tage darauf war der 20. Juli 1969. Staunend sahen Patti und ich vom Krankenzimmer Neil Armstrong zu, der von der Landefähre sprang und sofort seinen unsterblichen Satz sprach. Auf den Fluren brach Jubelgeschrei aus. Patti jubelte. Cael schrie. Selbst mich rührte dieses große Ereignis, auch wenn ich mich ein wenig darüber ärgerte, daß die Feuerwerke, die Musikkapellen und knallenden Sektkorken im ganzen

Land der Besatzung von Apollo 11 und nicht Patti und Cael galten.

Am Abend saß ich allein auf dem wackligen Steg vor unserem Häuschen am Kegonsa-See, Sonnenbarsche sprangen aus dem Wasser. Als ich zum Mond emporblickte, begriff ich – vielleicht zum erstenmal –, wie absurd und wunderbar doch ein Menschenleben ist.

Ich tauchte die nackten Füße ins kalte Wasser, das Mondlicht kräuselte sich im Wasser unter dem Steg. Dann gratulierte ich uns allen und brachte Hochrufe aus: auf die Feuerwerke, Amerika und Neil Armstrong, doch in erster Linie auf Cael und Patti, die allen Dualismus aufgegeben hatten und in den Wagen der Buddhas gestiegen waren.

Kein Sex, keine Lügen, kein Video

Zen-Tatsachen über das Leben einer Schwangeren, für Väter

Alles, was körperlich möglich ist, ist natürlich.

RICHARD BRINSLEY SHERIDAN

Gewiß, ich sollte in diesen Dingen ein bißchen hochherziger sein. Doch wie jeder weiß, geht es in Beziehungen zunächst um das Körperliche. Um Haut und Fleisch. Darum, sich im Dunkeln aneinanderzureiben. Um das Ooooooh. Und das Aaaaaaaaaaah. Um die ganz ungewöhnliche Lust, die man durch das Zusammenkommen in der körperlichen Liebe erlebt.

So soll es sein. Es ist, deshalb soll es geschehen. So wie Siddharta der Welt nicht entfliehen konnte, indem er sich einer Gruppe von Asketen anschloß, die im Wald lebten und die Verleugnung des Selbst predigten; so wie er die Wege des Körpers erlernen mußte, damit er den Weg zu seiner Seele fand, so ist, wie ich glaube, die Sexualität eine Möglichkeit – unter vielen anderen –, sich auf wahrhaft spirituelle oder transzendente Weise mit einem anderen Menschen zu vereinigen. Letztlich ist das Wissen des Fleisches eine Form der Erkenntnis.

Deshalb erkannte ich Patti, und Patti erkannte mich, so wie es in der Bibel steht. Es machte uns große Freude, einander auf diese Weise kennenzulernen. Sogar sehr, sehr große Freude. Außerdem war es ziemlich lehrreich. Zwar waren Patti und ich schon lange gut befreundet, bevor wir ein Paar wurden, doch mit dem Herzen kannten wir uns noch nicht besonders gut.

Im Grunde bezweifle ich, daß wir uns in dieser Hinsicht von anderen frischgebackenen Eheleuten oder frischgebackenen Irgendwas unterscheiden. Junge Paare haben Sex an jedem Ort, zu jeder Zeit, in jeder Stellung und mehrmals täglich. Wir waren keine Ausnahme.

Bis Patti mit Cael schwanger war. Dann verwandelte sich das Video (nur für Erwachsene) der ehelichen Glückseligkeit in ein Video für Kinder ab sechs Jahren (Morgenübelkeit, Müdigkeit, keine jugendgefährdende Ausdrucksweise). Der Sex war ganz gut, aber er fand nicht mehr spontan, an jedem Ort, zu jeder Zeit statt, so wie früher. Für mich war das Ganze ein kleiner Schock. Ich konnte mir das alles nur schwer vorstellen und wohl auch nur schwer eingestehen – aber manchmal war Patti in Gedanken anderswo als mit mir im Bett.

Im ersten Schwangerschaftsdrittel verdiente der Sex die Note »Ab 18«. In den folgenden drei Monaten trat jedoch ein unerfindlicher, tiefreichender Wandel ein. Patti bekam leichte Rückenschmerzen, ihr Hormonhaushalt änderte sich, und sie entwickelte zunehmend eine enge Bindung zu dem winzigen

Leben, das in ihrem jungen Körper heranwuchs. Das Interesse an mir schwand. Sie wies mich ab und führte uns die nächsten drei Monate ins Reich der Empfehlung »Ab 12«, das heißt, es wurde mehr geredet als gehandelt.

Ende April oder Anfang Mai machte Patti nochmals eine Veränderung durch. Sie war nicht mehr sinnlich und auch nicht mehr stolz auf ihren runden, vorgewölbten Bauch, sondern klagte, sie fühle sich wie eine watschelnde Guernseykuh (die rechte Hand ins Kreuz gestemmt, mit der linken Hand wischte sie sich den Schweiß von der Stirn, ständig Ausschau haltend nach einem Platz zum Hinsetzen). In dieser Zeit hätte man unser Liebesleben mit einem »Ab 12« einstufen und trotzdem noch als eheliche Beziehung bezeichnen können: Überwiegend Händchenhalten, Schultermassagen und verträumte innere Monologe, die von den guten alten Zeiten handelten.

Dann kamen natürlich noch die absolut zölibatären sechs Wochen, Einstufung »Ab 6«, vor und nach der eigentlichen Geburt. Über diese Zeit muß ich wohl kein Wort verlieren.

Den neuesten wissenschaftlichen Erkenntnissen zufolge denken junge Männer alle fünfzehn Sekunden an Sex. Also hatte ich während der Schwangerschaft genügend Zeit, über Pattis mangelndes Interesse nachzudenken (und immer schlechtere Laune zu bekommen). Und Patti konnte ausgiebig über meinen pickligen, pubertären und miesepetrigen Gesichtsausdruck nachgrübeln.

So lernte ich auf dem überraschend hügeligen Weg, den wir während der vierzig zunehmend enthaltsameren Wochen zurücklegten, neun wichtige Zen-Fakten über die Schwangerschaft für Ehemänner kennen. Nach siebenundzwanzig Ehejahren und sieben vollständigen Schwangerschaften lassen sie sich noch präziser fassen.

1. Neun Monate mögen einem wie eine Ewigkeit vorkommen, aber es ist keine sehr lange Zeit.
2. Außergewöhnliche Erotik kann ohne Sex auskommen.
3. Wir Männer sind nicht annähernd so unwiderstehlich, ver-

ständnisvoll, empfindsam oder einzigartig, wie wir denken – weder innerhalb noch außerhalb des Bettes.

4. So komisch es klingen mag – Männer sind nicht mit ihrem Penis gleichzusetzen.
5. Männer überleben sexuelle Frustrationen.
6. Männer überleben es, wenn sie die aus der Jugend stammenden sexuellen Illusionen hinter sich lassen.
7. Schmollen ist nicht nur unmännlich, man erreicht damit auch nichts – erst recht nicht in Sachen Sex.
8. Der Wollust eines Mannes sind keine Grenzen gesetzt. Alles ist natürlich, was körperlich möglich ist.
9. Die Sexualität wird, wie guter Wein und tiefe Liebe, mit der Zeit besser.

Blutzeiten

Affirmationen des Lebens und der Liebe nach zwei Fehlgeburten

Die Welt ist nicht von Dauer. Du solltest dich stets an den Tod erinnern.

SRI RAMAKRISHNA

In unserer Wohnung im ersten Stockwerk in der North Newhall Street in Milwaukee tobte das Leben. Wir wohnten dort mit drei Hunden, zwei Katzen sowie dem wuschelköpfigen Cael. Er war fünfzehn Monate alt und stärkte seine beträchtliche Lungenkraft. Nicht mehr lange, und er hatte das schreckliche Alter zwischen dem zweiten und dritten Lebensjahr erreicht. Man könnte sagen, daß unser Dasein voller Leben war. Das gleiche galt für Patti: Sie war schwanger, eine Blüte in voller Pracht.

Im Frühherbst des Jahres 1970 wurde der dunkle Lake Michigan täglich kälter. Es sollte nicht mehr lange dauern, bis sich das Wasser in helles Eis verwandelte. Der viel zu frühe Tod ihrer Mutter (einen Monat vor Caels Geburt) hatte Patti und mich auf schmerzliche Weise an den furchterregenden, paradoxen Kreislauf des Lebens erinnert. Doch über dem Arbeiterviertel dieser übermäßig gewachsenen Industriestadt strahlte blau der Himmel, und alles war in so warme Farben getaucht, daß man hätte meinen können, der Winter werde niemals Einzug halten.

In den kleinen, struppigen Gärten, die auf die Hintergassen führen, sprossen Büschel von Zwiebelgras, wie schütteres Haar auf dem Schädel eines Mannes. Selbst an den rissigen, verwitterten Backsteingrundmauern des Zweifamilienhauses, in dem wir zur Miete wohnten, standen dicht gedrängt kleine Chrysanthemen und wärmten das kalte Erdreich. Bei den Brewers hatte man die Sitze im großen Baseball-Stadion mit Abdeckplanen winterfest gemacht. Aber an sonnigen Nachmittagen hielt immer noch ein Holzkeil die fensterlose Tür zu »Tony's Bar« offen.

Das Leben meinte es gut mit uns. Verdammt gut. Der Blick auf den Kalender verhieß zwar etwas anderes, aber alles blühte und gedieh, glitzerte und vibrierte. In jenem Herbst unterrichtete ich in einem Heim für straffällig gewordene Mädchen und studierte an der Universität von Wisconsin in Milwaukee. Da uns die Dreizimmerwohnung zunehmend beengter vorkam, träumten wir vom Kauf eines der kleinen, reizvollen älteren Häuser in unserem Stadtteil. In einem absolut furchtbaren Lied aus jener Zeit heißt es: »Alles ist schön auf seine eigene Art.« Das war auch meine feste Überzeugung. Alles, was ich täglich auf dem Rückweg vom College nach Hause sah, erinnerte mich an die lebendige, atmende, ewige und unsterbliche Natur, die allem Leben innewohnt. (Habe ich erwähnt, daß ich ein angehender jugendlicher Dichter war?)

Als Patti also eines Abends mit einer Miene aus dem Bad kam, die verriet, daß sie sich wegen irgend etwas Sorgen machte, vermutete ich, es gehe um etwas Banaleres als um die Frage von Leben und Tod. Selbst als sie einige Augenblicke später sagte, sie verliere Blut, bekam ich keinen Schreck. Statt dessen legte ich ihr den Arm um die Schultern und flüsterte in besonders männlichem Tonfall, es werde schon wieder alles gut. Das meinte ich völlig ernst. Ich kam mir so unbesiegbar vor wie der Frühling, der es offenbar vermochte, in einem großen Satz den vor uns liegenden Winter zu überspringen. Tief im Inneren *wußte* ich, daß alles ins Lot kommen würde. Warum nicht? Jungverliebte sehen in einer Schwangerschaft nichts anderes als das sichere Anzeichen, daß in der Welt alles zum besten bestellt ist. Wir lebten im Einklang mit der Natur, und die Natur war die höchste Lebensmacht. Wir waren unbezwingbar.

Wie wir jedoch erneut erfahren sollten, geht es in der Natur nicht nur um Leben und Erneuerung, sondern auch um die unerforschlichen Rhythmen des Daseins. Zu ihnen gehören auch Vergehen und Sterben. In der Natur geht es um dunkle Flecken auf weißem Toilettenpapier, das sich hellrot verfärbt; um schweigsame Fahrten zum Whitefish-Bay-Krankenhaus, wo man feststellt, daß die Ärzte in weißen Kitteln ebenso machtlos und unwissend sind wie die Leute in Flanellhemden, die sich mit der unerforschlichen Logik der Natur befassen; um Blut, das an alabasterweißen Oberschenkeln hinuntertropft; um das einsame Wehklagen nach einer Fehlgeburt und darum, daß man Tag für trauernden Tag ziellos durch die immer gleichen Straßen geht.

Nach einer Fehlgeburt trauert der eine Partner einem Traum nach, und der andere beweint, was einst wirklich war und plötzlich verschwunden ist. Wir schalten in den Korridoren der Trauer ein Licht an und stellen fest, daß wir am Ende in unserem Alleinsein alle zusammengehören.

Und einige Monate später – nach einer angemessenen Zeit

– heilt die Natur etwas, man verliebt sich von neuem und gibt sich weiter seinen schrankenlosen Hoffnungen hin (diesmal jedoch mit etwas weniger Überschwang). Man pflanzt Samen, telefoniert, überlegt, wie man das Kinderzimmer einrichtet, und wiegt sich wieder im Glauben an die unbezähmbare Kraft des Lebens …

Und dann sieht man hoffnungslos, verzweifelt und zornig zu, wie die dunklen Flecken erneut auftauchen, sich hellrot verfärben und abermals, gleich einem Fluß, über den einstürzenden Damm der jugendlichsten, lebensbejahendsten Annahmen treten. Und die Annahmen einstürzen, die man beim erstenmal überwunden glaubte.

Es sind Meinungen, die man von neuem entdeckt hat – so, als hätte man sie zum erstenmal. Und plötzlich ist Patti wieder schwanger, ihre Augen sind blauer als blau, ihr Bauch ist rund wie eine Frucht. Dann weiß man, daß es im Wesen der Natur liegt, uns mitzuteilen, daß wir ebenso unsterblich wie sterblich sind. Wir sterben und sterben auch wieder nicht.

Deshalb lehrt uns die Natur, wie zerbrechlich wir sind – und wie stark. Das Leben wird uns brechen, wie Nietzsche einmal schrieb, doch wenn es uns nicht umbringt, stärkt es uns an den Stellen, an denen wir zerbrochen sind. Das wichtige ist, daß wir tragische Ereignisse durchstehen und im Herzen erkennen, daß wir einander immer wieder brauchen. Nur so verkraften wir die Fährnisse des Lebens. Entscheidend ist, daß es nur eine erlösende Kraft gibt – die Liebe.

Und schließlich bewirkte die Natur, daß ich mich verdammt freute, als ich die dicke kleine Nancy, unser drittes Kind, schreien hörte. Immer wenn ich sie sehe, erinnere ich mich an unser befristetes Leben auf Erden, doch ich erblicke auch den ewigen, von Liebe erfüllten und weiten Raum, den sie in meinem Leben einnimmt. In diesem Augenblick fühle ich mich besonders lebendig.

Nichts hat schuld

Ich gerate in unpoetische Stimmung

Ein Gedicht soll nicht bedeuten, sondern sein.

ARCHIBALD MCLEISH

Zur Geburt jedes meiner Kinder habe ich ein Gedicht geschrieben. Wenn ich freundlich zu mir war – und das sollte jeder Zen-Vater zu sich sein –, schrieb ich die Gedichte während eines Ansturms der liebevollen Gefühle, die das erstaunliche Bild von Patti, meiner ewigen anderen, begleiteten, die ein Kind gebar, bei dessen Zeugung ich mitgeholfen hatte und das aus dem Leib der Mutter in die dünne Luft des irdischen Daseins trat.

Wenn ich unfreundlich zu mir war – und auch das sollte jeder Zen-Vater zu sich sein –, schrieb ich die Gedichte, wie ich heute weiß, weil ich Patti, deren Schöpfungsakt so viel tiefer und zauberhafter war als alles – alles –, was ich machte oder tat, ein wenig Rampenlicht stehlen wollte (Hallo, seht her zu mir!). Im einen wie im anderen Fall – genauer gesagt: in beiden Fällen – verraten die sieben Gedichte bei nochmaliger Lektüre im Grunde mehr über meine Entwicklung als Vater als über eine Geburt oder irgend etwas anderes. Beim Lesen des ersten Gedichts (für Cael) habe ich noch die gleichen abgründigen Gefühle wie bei der Lektüre des letzten (für Elizabeth). Allerdings läßt sich anhand des Stils der jeweiligen Gedichte kaum erkennen, daß es sich dabei um Texte von ein und derselben Person handelt.

Am Gedicht für Addie kann man ablesen, daß ich des ganz einfachen, normalen, irdischen Wesens des erhabensten Augenblicks im Universum gewahr werde.

Als Addie gezeugt wurde, lebten wir im Staat New York in einem zweihundert Jahre alten Backsteinhaus, ungefähr eineinhalb Kilometer von den felsigen Ausläufern der Shawagunk-Berge entfernt. So wie andere »Alternative« waren auch wir während der sechziger Jahre zurück »aufs Land« gezogen.

Zum Grundstück gehörten eine Scheune, ein baufälliges Kutscherhaus, ein verfallener Hühnerstall sowie eine eingezäunte Weide, die uns im ersten Augenblick so groß wie die Ponderosa-Ranch vorkam. (Später schrumpfte sie wundersamerweise auf die Größe eines halben Hektars.) Außer den Hunden und Katzen hatten wir noch Kaninchen und Ziegen. Obendrein ließen wir das Pferd des Nachbarn auf der Weide grasen.

Ich schrieb am sprichwörtlichen großen amerikanischen Roman und fühlte mich vorzeitig gealtert durch die Schrecken des Vietnamkrieges, die Enthüllungen des Watergate-Skandals und das seßhafte Leben (eher symbolisch, als real) in einer Gegend, in der wir keine Menschenseele kannten. So naiv und idealisiert meine Vision vom Leben damals auch gewesen sein mag, ich erkannte doch zum erstenmal das tägliche Dasein in seiner ganzen rohen Schönheit. Cael ging zur Grundschule, Nancy war noch in den Windeln, und wir hatten Schmutz unter den Fingernägeln. Deshalb gaben wir uns auch keinen Illusionen hin, wie die Welt auszusehen habe. Keine von Marihuanaqualm vernebelten Träume von ganz anderen Lebensweisen mehr. Kein Zeitalter des Wassermanns mehr.

Während der Popsänger Aaron Neville alle, die ihn hören wollten, geradezu anflehte, wollte ich nichts weiter als »sagen, wie es ist«. Ich fühlte mich stark, denn ich hatte ja die Freude und den Schmerz des menschlichen Lebens empfunden, das Patti zur Welt gebracht hatte. Der Titel des folgenden Gedichts stammt aus »Warum ich lache, wenn Kai weint« von Gary Snyder.

Nichts hat schuld...

Oh Addie,

Du kamst so schnell, so leichthin zur Welt,
dein erster Atemzug, ein Schrei, ein Schreien
zwischen den Schenkeln deiner Mutter. Dein Körper
noch ungeboren in ihr,
schoß hervor und troff,
bedeckt mit dem Schmutz, den wir
unter unserer Haut haben, verborgen
hinter geschlossenen Augen, fortgewischt
mit weichen Tüchern. Und wie ulkig
du aussahst, die dünnen Beinchen gefaltet,
wie ein Kringel an deinem dicken Bauch,
und dich strecktest,
von oben nach unten auf dem Kopf,
an den Knöcheln,
um den Schmutz
aus deinen Lungen zu entfernen: das Rosa
in deinem Mund. Was für
ein liebloses Wort: *absaugen,*
aber wie schön es ist, die Saugwirkung zu beobachten,
durch die die Lungenkanäle frei werden und die Luft
hineinströmt,
die kurz vorher noch so aseptisch roch,
und dann und wann roch es ganz deutlich
nach dir und deiner Mama, und die Luft wurde klar, oh
Addie, ich hätte dich sauber geleckt. Während du
dein Lied über glänzendem Gaumen sangst und
die Zunge in deinem Mund wackelte, zitterte
vor unbändiger Wut. Sechseinhalb Pfund
geballte, rasende Wut,
die mich bereits zweimal zuvor in den Knochen durch-
gerüttelt hatte,

mich geschüttelt hatte, wie ein zorniger Vater,
und ich hatte Angst, wollte mich rechtfertigen, ich
mußte lauthals lachen,
und zwar dir zu Ehren, Addie,
denn es stimmt: Am Ende hat nichts schuld,
die geschwollene Ausdrucksweise, es ist ganz einfach so:
Hier ist ein Mensch,
der sich dreht, windet, drückt und
in dieses Leben gleitet – nackt.
Nicht mehr. Nicht weniger. Ganz plötzlich.
Einfach so.

Der lange Weg zurück nach Hause

Wie Clover zu Hause zur Welt kommt

Betrachte die Dinge, wie sie sind, und achte nicht auf die andern.

HUANG PO

In der Zeit zwischen dem Ende der sechziger und dem Beginn der siebziger Jahre verliefen Geburten nicht ganz so unbeschwert, wie uns wohlmeinende Menschen einzureden versuchten. Meinen Berichten über die freudigen Geburten von Cael, Nancy und Addie sollte ich deshalb hinzufügen, daß Patti (überarbeitet, unwohl, frustriert, gedemütigt) wegen der kompromißlosen, bevormundenden Haltung, die ihr in allen Aufnahmebüros, auf jeder Kinderstation und in jedem Satz der Ärzte in drei verschiedenen Krankenhäusern in zwei Bundesstaaten begegnete, zornig war.

Es ärgerte sie nicht nur zutiefst, daß sie unser warmes, behagliches Zuhause verlassen mußte und mit Beginn der Wehen in die kalte Atmosphäre eines Krankenhauses eingeliefert wurde; es widerstrebte ihr auch, ein Kind bei einem Babysitter zurückzulassen, solange sie einige Tage von zu Hause fort war, um ein weiteres Kind zur Welt zu bringen. Die damals üblichen, aber sinnlosen und unmenschlichen Prozeduren, die Rasur und die Einläufe, waren ihr zuwider. Die gynäkologischen Untersuchungen, die während der Wehen durchgeführt wurden, machten sie wütend. Daß man sie auf einer schmalen Trage von einem Krankenzimmer über den Flur in einen kahlweißen Kreißsaal schob, während die Geburt in vollem Gange war, konnte sie nicht ausstehen. Sie empfand einen tiefen Widerwillen gegen den mittelalterlich wirkenden gynäkologischen Stuhl und die furchtbaren Steigbügel. Und sie erschrak über die unbekümmerte Haltung der Frauenärzte, die gerade rechtzeitig erschienen, um einen Dammschnitt vorzunehmen und das Kind aufzufangen, ehe sie sich das Ganze als eigenes Verdienst anrechneten.

Aber auch wenn sie sich über die Zustände in den Krankenhäusern beklagte, freute sie sich natürlich unbeschreiblich über die Geburt jedes ihrer Kinder.

1977 war Patti dreißig Jahre alt, Mutter dreier Kinder. Da sie sich nun stark genug fühlte, genug gelesen hatte und genug über Schwangerschaften und Geburten und die Arroganz allzu vieler Frauenärzte wußte, gab sie sich das kühne Versprechen, das nächste Kind zu Hause zur Welt zu bringen. Das war wirklich mutig. Denn außer in den Kommunen in Nordkalifornien und der »Farm« in Tennessee praktizierten nur wenige Frauen Hausgeburten.

Beinahe alle Leute, von den besorgten Schwestern über die zornigen Gynäkologen bis zu den Bekannten, die uns nur als Caels Eltern kannten, behaupteten, wir täten das Falsche. Meinten, wir würden die Konsequenzen nicht bedenken. Teilten uns mit, wir seien egoistisch. Sagten, die Krankenhäuser hätten sich geändert und die Kreißsäle unterschieden sich im Grunde nicht mehr vom Schlafzimmer zu Hause, außer daß sie mehr Sicherheit böten.

Patti sah die Dinge, wie sie waren, und hörte auf niemanden. Und praktisch alle hatten unrecht.

Clover, der vor dem Kamin im Wohnzimmer gezeugt worden war, kam im Schlafzimmer im ersten Stock des Hauses in der Coffey Lane zur Welt. Dabei umgaben ihn huckelige Wände aus Rauhputz und eine gelbgeblümte Tapete, und die Sonne schien durch die alten Fenster ins Zimmer.

Es war ein schöner, sonniger und warmer Tag. Während der ersten Wehen ging Patti auf dem Grundstück umher, pflückte wilde Blumen, mit denen sie das Zimmer dekorieren wollte, und atmete den betörenden Duft des großen Flieders an der Ecke der Scheune ein. Als die Wehen stärker wurden, riefen wir Pattis Freundin Cathy Fosnot an – sie sollte als Hebamme fungieren – und unseren Hausarzt Herb Weinman, der sich »wider besseres Wissen« zur Hilfestellung bei der Geburt bereitgefunden hatte. Herb brachte seine Frau Arlene mit, sie sollte ihm assistieren. Sie hatte noch nie eine Geburt miterlebt, nicht einmal selber Kinder.

Es war wirklich Pattis großer Tag. Sie sagte uns, was sie brauchte – und wann –, und fand allein die bequemste Stellung für die Geburt. Während sie in den Wehen lag, kochten wir für die Helfer. Cathy badete die Kinder, ich kümmerte mich um die Tiere. Später brachte ich die Kinder ins Bett und versprach ihnen, morgen, wenn sie aufwachten, würden sie ein kleines Schwesterchen oder ein kleines Brüderchen haben.

Ich möchte mich hier nicht in noch idyllischeren Schilderungen ergehen, auch nicht über Pattis glanzvolles Aussehen (sie strahlte) sprechen. Ich will nicht einmal das unvergeßliche Gefühl zu beschreiben versuchen, als ich Clover mit den Händen auffing, nachdem sie das Licht der Welt erblickt hatte (kurz nach der Geburt tauschten Herb und ich die Plätze). Es soll reichen, wenn ich sage, daß ich immer noch eine Gänsehaut bekomme, wenn ich an das sonnendurchflutete Schlafzimmer denke, den Augenblick der Geburt und die außergewöhnliche Kraft der Frau, die ein Kind zur Welt brachte.

Woran ich mich aber ebenso genau wie an alles erinnere, das an diesem Tag und in dieser Nacht geschah, das war der nächste Morgen, als Cael, Nancy und Addie verlegen ins Schlafzimmer trotteten und Mutter und Kind begrüßten.

Sie kletterten ins Bett und kuschelten sich an. Patti hielt alle drei Kinder in den Armen, und sie nahmen ihr Schwesterchen in den Arm. Und alle zärtelten mit Clover, lachten und zogen Grimassen, während sie ihr winziges Gesicht verzog und die Windel vollmachte.

Besonders freuten wir uns, daß sich die Kinder nicht allein gelassen vorkamen und verwirrt waren, so wie Nancy und Cael bei den früheren Geburten. Niemand war wütend, zeigte manische Verhaltensweisen oder zuckersüße Liebenswürdigkeit. Alle konnten Klein-Clover sehr gut leiden.

Weil die Kinder klein waren und sich nicht länger als fünf Minuten konzentrieren konnten – vielleicht langweilten sie sich auch und bekamen Hunger, weil das Baby steif wie ein Sack dalag – und wohl auch weil sie wußten, daß Patti und das kleine verschrumpelte Neugeborene nicht fortgehen würden, brachte ich sie in die Küche, wo ich ihnen das Frühstück machte, so wie an einem ganz normalen Morgen.

In der Schule erzählte Cael, er habe ein Schwesterchen bekommen – und es sei zu Hause zur Welt gekommen. Am Nachmittag sprang er aus dem Schulbus und rannte die Treppe hinauf. Als er sah, daß seine Mutter und sein Schwesterchen noch da waren, lächelte er, daß es die Polarkappen zum Schmelzen hätte bringen können. Er begrüßte die beiden, pusselte ein wenig herum und lief dann wieder ins Erdgeschoß. Schließlich aß er ein paar Kekse und ging zum Spielen nach draußen. So wie an einem ganz normalen Tag. Offenbar sah er in der Geburt keinen Grund, in Freudenschreie auszubrechen.

Aber für uns gab es keinen größeren Anlaß zur Freude.

Bitte nehmen Sie sich eine Zigarre!

Zur Verteidigung des Bombasts angehender Väter von heute

Selbst wenn es möglich wäre, mit einem Ungeborenen zu sprechen, man könnte ihm nicht erklären, was es bedeutet, am Leben zu sein, da das Leben vom sprachlosen Realen umspült wird.

JAQUES BARZUN

Bei Caels Geburt war ich ungefähr genausosehr mit mir selbst beschäftigt wie meine junge Ehefrau mit dem Neugeborenen. Ich war der erste Vater, dem man im St.-Mary's-Hospital Zutritt zum Kreißsaal gewährt hatte, und zu Recht stolz darauf, Patti zwölf Stunden während der äußerst schmerzhaften Wehen begleitet zu haben.

Allerdings kann ich von Glück reden, daß ich mich selber nicht gehört habe und nicht begriff, was ich so redete. Man hätte meinen können, *ich* hätte in den Wehen gelegen. Schamlos ist das einzige Wort, das mir in den Sinn kommt. Nach der Geburt der ersten fünf Kinder, in den Jahren 1969 bis 1979, sprintete ich aus den verschiedenen Geburtszimmern. Zwar hatte ich absichtlich keinen Vorrat an Zigarren mitgenommen, dafür aber hatte ich mich mit einem Riesenarsenal einfühlsamer Sätze ausgestattet und schwärmte leise und vernehmlich vom Wunder und der Schönheit »unserer« Geburten.

Bei jeder Geburt sprach ich in einem Tonfall, der mir heute fremd ist. Ausgesprochen emotional schilderte ich, wie wir uns durch die ersten Stadien der Wehen bewegten, unsere Geburt fast nicht schafften, dann das Kind hervorpreßten, und ich den sicherlich »schönsten Augenblick in meinem Leben« erlebte. Und bestimmt setzte ich jedesmal hinzu: »Es ist wie ein Wunder.«

Was es ja tatsächlich gewesen wäre.

Natürlich saß ich nicht auf einem Gummischlauch, während ich so daherredete. Auch war mir in den ersten drei Monaten »unserer« Schwangerschaft nicht andauernd übel. Außerdem schlief ich nicht ein halbes Jahr auf dem Rücken, kam mir in den letzten Wochen vor der Geburt nicht wie eine Guernseykuh vor, hatte nicht zehn Stunden lang Muskelkontraktionen im Bauch und ertrug auch nicht das Engegefühl in der Brust während der Geburt. Ich mußte keinen Dammschnitt an mir vornehmen lassen und hatte – wenn ich schon mal davon rede –, sicherlich nicht vor, sehr oft aufzustehen und *unseren* Kindern zwei-, vier-, sechs-, achtmal die Brust zu geben.

Offen gestanden weiß ich nicht, wie Patti das alles verkraftete und dabei noch lächelte, als ich fast allen Leuten erzählte, daß ich ihre Arbeit erledigte. Eine Bekannte sagte mir einmal: Männer sind es nicht gewohnt, eine Nebenrolle zu spielen, und deshalb muß man das Gerede von der »gemeinsamen Geburt« wohl als verschleierten Versuch deuten, der Frau die Schau zu stehlen. Dem kann ich nur zustimmen.

Tief im Inneren war mir immer bewußt, daß etwas am unsinnigen Gerede vom »Teilen« nicht stimmt. Das gilt selbst für die Zeit, als ich mich daran beteiligte und man mir gelegentlich Komplimente wegen meiner einfühlsamen Art machte. Doch erst als Patti Bay (Nummer sechs) bekam, hätte ich es als unangebracht empfunden, wenn ich von unseren aufgesprungenen Brustwarzen gesprochen hätte. Ich hatte den rhetorischen Bogen überspannt. Vielleicht hatte ich auch mit neununddreißig Jahren den rhetorischen Berg überwunden und, wie viele Männer in diesem Alter, meinen Platz im Leben gefunden. Jedenfalls war es eine völlig neue Erfahrung für mich, der sich in solchen Dingen eigentlich gut hätte auskennen müssen.

Im Laufe jener neun Monate begriff ich allmählich, daß ich vernachlässigt hatte, was mir als Vater und Mann tatsächlich zustand. Indem ich mich weigerte, den angestammten Platz an der Seite meiner Frau einzunehmen, brachte ich mich um die

Erfahrungen, die mich nicht nur mit meinem Vater, sondern letztlich mit allen Männern zu allen Zeiten verbanden.

Langsam ging mir auf, welchen besonderen Platz ich in der Generationenfolge einnahm. Schmerzlicher denn je wurde mir bewußt, welch zerbrechliches Leben in meiner Frau heranwuchs; und meine unermeßliche Verantwortung gegenüber der Frau und dem Kind, die ich auf unauslöschliche Weise berührt hatte.

Und deshalb respektierte ich den Schmerz als Quelle meiner Stärken und stolzierte über die Main Street in New Paltz (im Staat New York), so wie mein Vater es getan hatte, der zu Frühlingsbeginn 1946 auf der 172. Straße in Queens Zigarren verteilt hatte. Ich fühlte mich fast wie neu geboren. Oder als sei ich zum erstenmal im Leben ein richtiger Vater.

3

Zen und die unbekümmerte kleine Person in meinem Bett

Diese Träume, in denen ich falle

Nicht immer bilden drei im Bett eine *ménage à trois*

Die Wirklichkeit ist dort, wo wir uns von Augenblick
zu Augenblick befinden.

ROBERT LINSSEN

Stellen Sie sich vor, Sie sind die letzten eineinviertel Stunden (nicht, daß Sie gezählt haben) im Wohnzimmer auf und ab gegangen und haben den Daddy-Wiegeschritt vollführt. Das ist dieser schlenkernde, großaffenartige Gang, der einem die Hüfte auskugelt und den die Männer wundersamerweise mit der Geburt der ersten Kinder erwerben: hin und her, hin und her, hin und her. Dabei ruht Ihre große Hand auf dem winzigen, so empfindlichen Kopf, und der milchige Sabber durchweicht Ihnen das Hemd. Gleichzeitig summt man immer wieder eine unentzifferbare Version von Bob Marleys *Redemption Song*, bis sich das schreiende, von Koliken geplagte Kind beruhigt und lange genug geschlafen hat, daß man die kleine Puppenhand anheben kann, um nachzusehen, ob sie in völliger träumerischer Unbewußtheit herunterfällt. Endlich ...

Danach muß man natürlich mit dem Geschaukel und Geschlenker fortfahren, während man über den langen Flur bis ins dunkle Kinderzimmer geht. Die Luft duftet nach Babyöl und einem Hauch Ammoniak, während man die ganze Strecke bis zum Kinderbett summt und das Baby in den Armen wiegt. Dort nimmt man das kleine Äffchen sanft von der Schulter und legt es auf die Häschen-Kätzchen-Matratze. Diese scheint ein, zwei Meter unter einem zu liegen, wobei man aufpassen muß, daß man das verdammte Flugzeug-Mobile nicht anstößt, und gleichzeitig summt man, wiegt und tätschelt, tätschelt und tätschelt noch sanfter, bis man nur noch Luft tätschelt und auf Zehenspitzen und rückwärts das Zimmer verläßt, als wäre man eine trottelige Comicfigur, und die Tür einen Spalt breit offen läßt, um alle 25 Minuten nachsehen zu können, ob das Kind noch atmet.

Dann liegt man endlich selbst im Bett. Nichts steht mehr zwischen einem und der schönen nackten Frau, die einem vor langer Zeit das Herz gestohlen hat – der Frau, die einen immer noch sexuell reizt und die man im übrigen seit über zwei Monaten nicht mehr (im biblischen Sinne) erkannt hat. (Nicht daß man die vier Wochen vor der Geburt zählt, als sie einem deutlich zu verstehen gab, der Begriff Beischlaf sei aus ihrem Wortschatz gestrichen – und auch nicht die sechs Wochen hinterher, als Wörter wie Dammschnittnarben, Hämorrhoiden und wunde Brustwarzen das außergewöhnliche »Hmmm« im selben Wörterbuch ersetzten.)

Heute abend jedoch hat Patti mich mit unmißverständlichen Worten wissen lassen, daß sie das Buch wieder aufgeschlagen hat. Die Blätter flattern im Hauch ihrer Worte. Auf einmal bin ich wieder genauso aufgeregt, wollüstig und nervös (ja, nervös) wie mit fünfzehn, als ich mich dauernd im Zustand der leichten Erregung und Lust befand. Ganz bestimmt liegt es an meiner nervösen Erregtheit, gepaart mit dem fünfundsiebzigminütigen Babyschaukeln, daß ich vorher unbedingt noch einmal ... nun ja, Sie wissen schon ... ins Bad laufen muß – aber hey! – endlich schläft das Baby, die Nacht ist noch jung, und Musik liegt in der Luft ...

Leider hat sich das Lied in der kurzen Zeit, während der man ins Bad geht, sein Geschäft verrichtet (wobei man darauf achtet, nicht zu spülen, da man das Kerlchen im Nachbarzimmer ja nicht aufwecken will) und nackt zum Ehebett und seinen seidenweichen Tröstungen zurückeilt, aus Bob Dylans *Lay Lady Lay* in Simon und Garfunkels *Cecilia* verwandelt, die Ode an das Scheitern romantischer Ideen und die demütigende Liebe. Denn wenn man ins Bett zurückkehren will, hat ein anderer unseren Platz eingenommen.

Er hat einen nicht nur vom eigenen Platz verdrängt, er drängt sich sogar an den üppigen, nackten Leib des Eheweibs! Er saugt an ihrer großartigen Brust! Schlimmer noch, sie sieht rundum glücklich aus, ist nicht so straff und angespannt wie die kreischenden Geigenklänge, die sich soeben in meinem Kopf festgesetzt haben und dafür sorgen, daß mir bei jedem Bogenstrich die Haare zu Berge stehen.

Die Ehefrau lächelt mich an und schenkt mir einen gehauchten Kuß, als wollte sie sagen: »Es dauert nur fünf Minuten, bitte bleib in Stimmung, Liebling…« Man rutscht unter die Decke und macht es sich auf dem offiziell genehmigten sechs Zentimeter breiten Streifen des Ehebettes bequem. In beinahe hysterischer Erwartung wartet man fünf, zehn, fünfzehn, zwanzig Minuten (nicht, daß man zählt). Und plötzlich merkt man, daß die Schlürflaute längst verklungen sind und an deren Stelle ein melodiöses Duett rhythmischen Atmens getreten ist. Und dann blickt man absolut verzweifelt zur Seite und stellt fest, daß der kleine Ödipus und seine Mutter fest schlafen.

In diesem Augenblick wirft man sämtliche Bilder wollüstigen Liebesspiels, die einen so viele Wochen umgetrieben und ganz nervös gemacht haben, auf den Müllhaufen, und man verbringt eine weitere kalte, einsame Nacht, in der man träumt, man stürze in die Tiefe. Aus dem Fenster. Von den Klippen. Aus dem letzten Waggon eines fahrenden Zuges.

Nur ist diesmal der Traum Wirklichkeit geworden. Man ist tatsächlich gestürzt, und zwar aus dem Bett. In einem unüberbietbar herrschaftlichen Akt hat sich Ödipus, der Gernegroß, völlig gesättigt mit Brustnektar, auf einmal zur Seite gedreht, mir die stummeligen, aber stahlähnlichen Zehen in die Rippen gedrückt und mich auf den Boden gestoßen.

Fast wünschte ich, ich könnte sagen, wodurch ein junger Vater das Gefühl der Enttäuschung und Demütigung, das sich unweigerlich einstellt, vermeiden kann. Aber wie heißt es doch: »Die Wirklichkeit ist dort, wo wir uns Augenblick für

Augenblick befinden.« In Wahrheit ist das Leben nie mehr das gleiche, nachdem ein Baby die Symmetrie der Liebe geändert hat.

Das muß man akzeptieren und zur nächsten Realität weitergehen. Der Sex kommt wieder. In vielerlei Hinsicht wird er tiefere Befriedigung spenden als vorher, doch nie wird man mit der Einzigen wieder ganz allein sein. Und das gilt auch, wenn die Tür verschlossen ist und die Kinder schlafen (oder erwachsen sind und nicht mehr zu Hause wohnen).

Als »es« mir schließlich aufging

Die »Mitheit« des ersten Abends zu Hause

> Weder haben wir das Recht anzunehmen, es gebe in der Physik Gesetze, noch – wenn sie denn bis heute existiert hätten –, zu glauben, daß sie auf ähnliche Weise in der Zukunft fortbestehen werden.
>
> MAX PLANCK

Vermutlich wurde Patti während der neun Monate, in denen sie mit Cael schwanger war, erwachsen. Gleichzeitig rief der tiefe Wandel in der Seele einer Frau, der naturgemäß mit dem heranwachsenden Leben in ihrem Leib einhergeht – ich zitiere Alfred North Whitehead –, ein außergewöhnliches Gespür für die »Mitheit des Körpers« und ein tiefes, dauerhaftes Bewußtsein für die Verbundenheit mit dem Werden und Vergehen in der Welt hervor.

Eigentlich konnte ich mit Begriffen wie »Mitheit« und Verbundenheit wenig anfangen, und das verabscheuungswürdige

Wort *Reife* sagte mir auch nicht viel. Das liegt wohl in erster Linie daran, daß ich während Pattis Schwangerschaft im Zustand derselben, jungenhaften, hormongetriebenen, heroischen Umnebelung weiterlebte, in dem ich die vorherigen vierundzwanzig Jahre verbracht hatte. Ich war immer noch ein Kind. Ich war nicht nur ohne Verstand, sondern auch ohne Verbundenheit.

Während sich Patti geistig, seelisch und körperlich auf die bevorstehende, wenn auch stark idealisierte Geburt und das Zusammenleben mit einem Kind vorbereitete, machte ich mir überhaupt kein Bild. Wahrscheinlich meinte ich, nach der Geburt werde das Leben wieder mehr oder weniger in normalen Bahnen verlaufen. Das heißt, bis weit nach zwölf Uhr nachts aufbleiben, bis mittags schlafen, am Nachmittag Seminare besuchen, auf Partys gehen, arbeiten, wenn es absolut notwendig ist, und sich amüsieren. Wenn mir überhaupt irgendwelche Vorstellungen in den verwirrten Sinn kamen, dann drehten sie sich wohl darum, es sei »cool«, einen kleinen Sohn, angetan mit einem Designer-Overall, einer blauen Baseball-Mütze und einem riesigen Baseball-Handschuh, an der winzigen Hand zu halten.

Ich kann mich noch gut daran erinnern, daß ich schon zu einem frühen Zeitpunkt der Schwangerschaft die ersten kleinen, aber bedeutsamen Veränderungen (abgesehen vom wassermelonendicken Bauch, der Pattis Bauchnabel nach außen stülpte) bemerkte. Dazu gehörte auch Pattis seltsam mütterliche Stimme, die ich manchmal während unserer Telefonate vernahm, sowie ihre neuerworbene Neigung, zu Verabredungen pünktlich zu erscheinen. Am meisten erschrak ich jedoch, weil sie plötzlich mehr als drei Stunden Schlaf benötigte. Allerdings handelte es sich um vorübergehende Irritationen, die nach Ablauf der neun Monate wieder verschwanden.

In den folgenden Monaten kauften wir ein Kinderbett und die Babyausstattung (überall im Haus lagen puppengroße Kleidungsstücke herum, Patti nahm Arzttermine wahr, besuchte

Kurse zum Erlernen der sanften Geburt, während die riesengroße Wölbung zwischen uns lag und ich mich tapfer um die Fortführung unseres Liebeslebens bemühte). Das alles hätte mich darauf aufmerksam machen müssen, daß sich mein Leben von Grund auf gewandelt hatte. Dennoch war ich absolut ahnungslos.

Ohne Mitheit. Und zwar selbst noch an dem Frühlingsmorgen, als wir uns beeilen mußten, um rechtzeitig ins Seminar zu kommen, und Patti mißbilligend unseren zweisitzigen, renngrünen P 1800 betrachtete, in den sie ihre nicht unerhebliche Leibesfülle fallen ließ – und aus dem sie sich wieder herausschälen mußte.

»Wie bitte?« fragte ich.

Sie sah mich finster an – als wäre ich ein brabbelndes Kind. »Wir brauchen einen neuen Wagen, Steven... er muß Rücksitze haben und höher als fünfzehn Zentimeter über der Straße liegen.«

Ich sah unseren Zweisitzer an: Der 1800 war ein wirklich flottes Automobil, als es noch Spaß machte, schwedische Autos zu fahren. Ich überlegte, ob es finanziell machbar wäre, den Wagen aufzubocken und eine alte Klapperkiste zu kaufen, bis Patti wieder bei Verstand war? Wie gesagt – ich war ahnungslos.

Deshalb wurde der Abend des Tages, als wir Cael aus dem Krankenhaus (im funkelnagelneuen gebrauchten Kombi!) nach Hause brachten, für mich zu einem überwältigenden Erlebnis. Zu dritt saßen wir auf dem Boden im unmöblierten Wohnzimmer des Häuschens am Kegonsa-See, dort, wo es einige Tage zuvor nur Patti und mich gegeben hatte. Die Grillen zirpten in der lauen Sommernacht, kleine Wellen schwappten an den Strand. Und während wir den leise wimmernden Hosenscheißer betrachteten, kam mir zu Bewußtsein: Ich war sein Vater. Sein Paps. Sein alter Herr. Vati. Papi. Seine Geldquelle. Der blöde Kerl, der ständig das Bad besetzt. Der Chauffeur, der einen von der Party nach Hause fährt. Niemals wieder würde ich dieser unschuldige, kindische, leichtlebige, verantwortungslose und unwissende Hipster sein, der ich immer hatte werden wollen.

Ich geriet ins Schwitzen und wandte mich an Patti: »Komm, wir fahren in die Stadt und essen etwas.« Damals gingen wir oft – zumal als die Schwangerschaft weit fortgeschritten war und Patti immer einen Riesenappetit hatte – zu völlig verrückten Zeiten aus dem Haus und kauften in einem Restaurant in Madison, das vierundzwanzig Stunden geöffnet hatte, Doughnuts.

Sie sah mich böse an – als hätte ich nicht mehr alle Tassen im Schrank. »Es ist fast Mitternacht. Gerade habe ich es geschafft, daß der Kleine schläft. Ich bin total erledigt. Komm, wir gehen ins Bett.«

Es war, als sei der Racheengel auf Stoughton, Wisconsin, herniedergefahren und hätte mir den klebrigen Schleier der Kindheit von den Augen gerissen. Vor mir lagen Windeln, das Stillen um zwei Uhr morgens, Babysitter, Arbeit und Beruf, Krankenversicherung, Kindergarten, Karriere, Konzerte des Schulchors, die Finanzierung des Studiums, spärlich werdendes Haar und ein Bauch. Eine Eigentumswohnung in Florida. Die Ewigkeit.

Doughnuts um drei Uhr morgens würde es bestimmt nicht mehr geben.

Bald darauf waren Patti und Cael im Ehebett eingeschlafen. Ich ging barfuß zum See, setzte mich auf den wackligen Steg und ließ die Füße im dunklen Wasser baumeln. Plötzlich fühlte ich mich alt, so müde und erschöpft, wie ich es um ein Uhr in der Früh in meinem jungen Leben noch nie gewesen war, gedankenschwerer denn je. Früher glaubte ich, übers Wasser gehen zu können. Es lag erst ein paar Tage zurück, daß Menschen auf dem Mond spazierengegangen waren, und mir wurde klar: Wenn ich mich jetzt erhöbe, würde ich in den finsteren See gleiten und wie ein Stein auf den schlammigen Grund des Sees sinken.

Das Wasser fühlte sich kühl an auf meiner warmen Haut,

meine Füße lösten sich aus dem schlammigen Grund, und mein Körper stieg zu der mondbeschienenen Wasseroberfläche empor und entschwebte in ein außergewöhnliches neues Leben.

Zirkumzision

Einige Gedanken zur Beschneidung

Strebe nicht danach, in die Fußstapfen der Männer aus vergangener Zeit zu treten; suche nach dem, was sie suchten.

MATSUO BASHO

1979, als Danny geboren und routinemäßig vom Arzt beschnitten wurde, warf Patti einen Blick auf die schmerzhafte Verletzung an seinem winzigen Penis. Tränenerstickt schwor sie, sie werde nie wieder zulassen, daß man eines ihrer Kinder auf so brutale, barbarische Weise verstümmele, das heißt, falls wir *jemals* wieder einen Jungen haben sollten. Es gebe nämlich keinerlei medizinischen Grund für die Beschneidung, so Patti.

Zwar widerstrebte es mir, ihr zuzustimmen. Doch aus Gründen, die ich bis heute nicht ganz durchschaue, nickte ich zustimmend – und wandte den Blick ab. In Wirklichkeit hielt ich das Thema Beschneidung für irrelevant. Danny war unser fünftes Kind – und sollte das letzte bleiben.

Obwohl das Dickerchen schrie, die Spitze des Penis ganz rot war und eine unangenehme, besorgniserregende Infektion hinzukam, heilte die Wunde schließlich. An die Stelle der schmerzlichen Erfahrung traten die Freuden und Ängste, einem Kind beim Aufwachsen zuzusehen. Als Danny 1984 in den Kindergarten kam, war mir das Thema Beschneidung schließlich so fern wie der Wunsch nach einem sechsten Kind.

Größere Gedanken machten wir uns nicht, nachdem wir zugeschaut hatten, wie Danny mit einem Riesenschritt in den Schulbus stieg – und wir in ein leeres Haus zurückgekehrt waren. 1985, als Patti in der sechsten Woche schwanger war, wurde die Thematik also plötzlich wieder relevant.

Ganz schnell kamen ihr die schmerzlichen Erinnerungen an Dannys erste Tage in diesem Leben. Ich pflichtete ihr eilfertig bei, wir müßten die Angelegenheit durchsprechen. Irgendwann einmal. Was soll man auch zu etwas sagen, das einem so richtig und zugleich so falsch vorkommt?

Fast an jedem Abend wollte ich meiner Verwirrung Ausdruck geben, doch immer wenn ich den Mund aufmachte, nisteten sich die Stimmen zorniger alter Männer in meinen Stimmbändern fest und brüllten mich nieder. Eines Abends schloß ich die Augen, weil ich das Geschrei nicht mehr hören wollte, und hoffte, es werde sich eine überirdische Lösung einstellen – oder irgend etwas. Als ich die Augen aufschlug, stand Clover Anne vor mir. Die Lösung.

In diesem hoffnungsvollen Moment redete ich mir ein, daß wir bestimmt ein Mädchen bekommen würden. Während der Winter widerstrebend in den Frühling überging und der Frühling zögernd in den Sommer, schwieg ich fast ein halbes Jahr zu dem Thema.

Anfang September jedoch, als die Hebamme in unserem »Auffrischungskurs« der Lamaze-Gruppe BESCHNEIDUNG auf die Tafel schrieb, mußte ich endlich mein beunruhigend beruhigendes Schweigen brechen. Nachdem sie ein einigermaßen triftiges Argument gegen das vorgebracht hatte, was sie als »kosmetische, mit großen Gesundheitsrisiken verknüpfte Prozedur« beschrieb, drehte sich Patti zu mir um, als wollte sie sagen: »Nun?«

Auf der Rückfahrt herrschte Schweigen. Ich fuhr auf den nachtdunklen Landstraßen und suchte unter all dem Geschrei in meinem Kopf meine Stimme. Als ich sie gefunden hatte, sagte ich Patti zögernd, es bereite mir große Sorge, daß das Kind – so es ein Junge würde, wobei ich mir da nicht sicher sei –, weder mir noch seinen beiden älteren Brüdern, noch der großen Mehrheit der Jungen in der Schule ähneln würde. Natürlich hätte ich seit meinem dreizehnten Lebensjahr keinen Gottesdienst mehr besucht, dennoch betrachtete ich es als Verrat, gegen das zu verstoßen, was man seit Jahrtausenden mit jüdischen Knaben täte. Es bereite mir Sorgen, meine Eltern könnten unsere Entscheidung mißverstehen. Im Laufe der Zeit, als die Benzinanzeige in den roten Bereich fiel, gestand ich sogar ein wenig dümmlich, daß ich einen beschnittenen Penis schöner fand. Dennoch erschien mir selbst keiner dieser Gründe stichhaltig.

Später am Abend unterbrach ich mein peinliches, mehrere Stunden währendes Schweigen und sagte Patti, was ich tatsächlich dachte: daß ich trotz meines offenkundigen Wunsches, das Thema ganz zu vermeiden, der Vater sei und die Last der Entscheidung auch auf mir ruhe. Mit *mir* müsse sich mein Sohn messen, und in Auseinandersetzung mit *mir* müsse er seine Identität als Mann finden.

Ich rechnete mit einer stichhaltigen Widerlegung – Patti ist eine selbstbewußte, willensstarke Frau. Aber nachdem sie eine Weile nachgedacht hatte, gab sie mir widerstrebend recht. Allerdings erinnerte sie mich nochmals an die Schreie, die Schnittverletzung und die gefährliche Infektion. Ich nickte.

Wäre ich an diesem Abend absolut aufrichtig gewesen, hätte ich zugegeben, daß es zwar richtig ist, die Vorhaut unversehrt zu lassen, es *mir* aber richtig erschien, unseren Sohn beschneiden zu lassen. Aber den Satz brachte ich nicht über die Lippen. So blieb mir nur die Hoffnung, daß es ein Mädchen werden würde.

Am 6. Oktober wurde Bay Steven geboren. Es war eine wunderbare Geburt. Seine drei Schwestern, ein Bruder, eine Tante, seine Patin und ich waren im Geburtszimmer. Meine Freude war so ungetrübt wie bei jeder Geburt.

Natürlich wartete ich bis zum allerletzten Augenblick, ehe ich vor mir und vor Patti zugab, daß ich mich (längst) entschlossen hatte, den alten Männern zu folgen. Am Abend des zweiten Tages stand mein Entschluß, meinen Sohn beschneiden zu lassen, fest.

Als ich am nächsten Morgen im Krankenhaus eintraf, hatte man die Zirkumzision bereits vorgenommen. Patti war den Tränen nahe und wütend. Bay schrie. Als ich das kleine Stück Gaze hochhob, sah ich einen winzigen, roten und wunden Penis. Warum? Weil ich den alten Männern folgen wollte, die uns sagen, die Beschneidung sei ein Zeichen der Aufnahme in die Gemeinschaft?

Mir blieb nichts anderes übrig, als den Knaben im Arm zu halten, seinen Schmerz als meinen zu akzeptieren und ihn in der verwirrenden Gemeinschaft von Männern – allesamt Jungen – willkommen zu heißen, die in die riesengroßen Fußstapfen ihrer Väter treten. Als ich Cael an jenem Abend in meinen Armen wiegte, dachte ich daran, daß er eines Tages im Unterholz mit seinen besten Freunden spielen würde ... an die Nachmittage in feuchten Umkleideräumen mit Freunden und Feinden ... an das dunstige Licht der Laternen, in dem er mit seinen Kumpeln an Straßenecken herumlungern würde ... an die stille Dunkelheit, wenn er mit *seinem* Sohn im Schaukelstuhl sitzen würde. In jener Nacht kam mir zu Bewußtsein, daß die alten Männer nicht unrecht, aber auch nicht recht haben. Die Aufnahme des Knaben in die Gemeinschaft der Alten vollzieht sich jeden Tag – dann, wenn wir finden, was sie gesucht haben.

Bayou-Grace – oder das Kind am Wasser des Flusses

Wie man die größte Furcht im Leben von Eltern erträgt

Das Zen ist eine Stimme, die ruft: Wach auf! Wach auf!

MAHA STHAVIRA SANGHARAKSHITA

Auf Pattis Frisierkommode steht eine Ultraschall-Polaroid-Aufnahme, die man während einer der Fruchtwasseruntersuchungen gemacht hat. Ich erinnere mich nicht mehr im einzelnen, was an jenem Tag geschah, nur an mein Wohlbehagen, als ich die Klinik in New Haven verließ und mit dem Wagen losfuhr. Natürlich zweifelte ich, ob es richtig sei, zum siebtenmal Vater zu werden. Da ich aber tief im Inneren immer das Gefühl hatte, daß man auf uns Menschen auf irgendeine Weise aufpaßt, meinte ich, meine Familie werde *immer* von allen zu schmerzlichen Erlebnissen und Ereignissen verschont bleiben.

Einige Wochen später teilte mir ein Arzt mit, das Kind sei gesund. »Alles perfekt«, sagte ich zu Patti – obwohl es sich längst nicht mehr um eine vollkommene Schwangerschaft handelte. Inzwischen war Patti zweiundvierzig und fast ständig müde. Ihr war übel, sie besaß auch nicht mehr soviel Widerstandskraft wie mit zweiundzwanzig, als sie mit Cael, oder mit zweiunddreißig, als sie mit Danny schwanger war. Zu meinem Erstaunen nahmen die älteren Kinder die Vorstellung, es werde sich ein weiteres Geschwister in unser ohnehin schon überfülltes Haus drängen, mit wenig Begeisterung auf. Der zweijährige Bay lebte im Stande unwissender Glückseligkeit, doch Danny und Clover, damals acht und zehn Jahre alt, machten sich Sorgen wegen der neuen Verteilung der Kinderzimmer. Addie, zwölf, kam sich – wieder einmal – fehl am Platze vor. Die vierzehnjährige Nancy, die schon lange bezweifelte, daß ihre Eltern irgendeine Form der Selbstbeherrschung kannten, hatte für uns nur ein Schulterzucken übrig. Und Cael, achtzehn, fand das alles ganz peinlich. Als ich ihn im College anrief, rief er: »O nein!«

Doch nichts konnte mein Selbstvertrauen erschüttern. Inzwischen hatten wir sechs Kinder. Blutvergiftung, Wehen, Krankenhausgeburten, Hausgeburten, Beschneidung, Koliken, Kehlkopfdiphterie, Geschwisterrivalität und mehr – das alles hatten wir heil überstanden.

Elizabeth Bayou-Grace kam an einem warmen Tag im Mai zur Welt. Deshalb stellte ich mir vor, sie sei im Zustand der Gnade geboren, im gekräuselten Wasser eines Bayou, eines Flußarms, wie es sie in Louisiana gibt, wo meine Frau aufwuchs. Elizabeth war ein prächtiges Kind. Alles in unserem Leben schien gut. Als der Kinderarzt eine Krankheit mit Namen Hüftdysplasie – ausgerenkte Hüften – diagnostizierte, reagierte ich daher einigermaßen gelassen, und zwar selbst dann noch, als man Elizabeth ein Gestell anpaßte, das die Knie an die Brust drückte, als wäre sie ein Frosch. Als ich im Laufe des Sommers einen Spezialisten in einer New Yorker Fachklinik für Gelenkerkrankungen aufsuchte, freute ich mich, daß es nichts Ernsteres war. Meine Zuversicht stieg, so wie die Lufttemperaturen.

Im Herbst begann es stark zu regnen, und die relativ einfache Hüftgelenkserkrankung entglitt rasch unserem schwachen Einfluß. Zunächst teilte man uns mit, das Gestell funktioniere nicht; beide Hüften seien immer noch ausgerenkt. Dann folgte die entmutigende Streichung mehrerer diagnostischer Tests, weil man eine schleichende Infektion entdeckt hatte. Und schließlich erklärte der Kinderarzt mit so leiser, gesetzter Stimme, daß ich meinen Ohren nicht traute, die Blutuntersuchungen deuteten auf ein Problem hin, das mit der Hüfterkrankung in keinerlei Verbindung stehe: vielleicht akuter

Lymphkrebs. Man könne das aber nicht mit absoluter Sicherheit sagen.

Zwanzig Jahre lang hatte ich in dunklen Nächten fiebrige oder verletzte Kinder in Notaufnahmestationen in den Armen gehalten, doch noch nie hatte ich eine solche Hilflosigkeit oder Angst – nicht einmal einen solchen Verrat – gespürt wie in diesem Augenblick. Wieso hatte ich das Leben nur mit einer solchen Selbstverständlichkeit und Gewißheit betrachten können?

Dann ging der Regen in Eis und Schnee über, und man empfahl, daß wir uns wieder mit Elizabeths problematischen Hüften befaßten und die Blutwerte weiter genau im Auge behielten. Elizabeth kam in einen Streckverband. Zwei Wochen lang sollte sie darin liegen. Patti warnte mich telefonisch vor dem, was mich im Krankenhaus erwartete. Aber wie stellt man sich darauf ein, einen wunderschönen, unschuldigen fünf Monate alten Säugling zu besuchen, der flach auf dem Rücken liegt und dessen kleine Beine auseinandergespreizt an einen mit Gewichten beschwerten Apparat angeschnallt sind, der oben an einem Metallgerüst angebracht ist? Ich mußte auf den Flur gehen. Dort holte ich tief Luft und verbarg meine Tränen, während meine heroische Ehefrau in das Gerüst stieg, sich barbusig über Elizabeth lehnte und den jammernden Säugling stillte.

So hatten wir uns das bestimmt nicht vorgestellt. Während der folgenden zwei Wochen blieb Patti rund um die Uhr in dem beengten Krankenhauszimmer und kümmerte sich um unser trauriges, enttäuschtes Kind, und ich legte mörderische viereinhalbtausend Kilometer zurück und pendelte zwischen unserem Haus, meinem Arbeitsplatz und dem Krankenhaus.

Unterdessen sorgten die älteren Kinder dafür, daß ich nicht völlig verzweifelte. Während der Wochen, die ich nicht zu Hause war, übernahmen Nancy, Addie, Clover und Danny für Bay (und füreinander) mütterliche und väterliche Verantwortung. Cael rief oft aus dem College an. Und wir verbanden

Wochenendausflüge in den Zoo und zum Moskauer Zirkus mit Besuchen im Krankenhaus, ausgestattet mit Ballonen, Kuscheltieren und Zeichnungen, die die Kinder angefertigt hatten. Bald wirkte das Krankenzimmer fast wie ein behagliches Zuhause. Wenn Elizabeth trotz ihrer Qualen lächelte und gute Laune verströmte, hatten wir das Gefühl, alles werde wieder gut.

Weit gefehlt. Der Zugapparat konnte die Hüftgelenke nicht am richtigen Ort fixieren, so daß Elizabeth unmittelbar nach der Röntgenuntersuchung operiert wurde. Auch Stunden später war unser kleiner Liebling noch ganz benommen und litt große Schmerzen. Die Einstichstellen der Injektionsnadeln, die blauen Flecken und schrecklichen Nähte lieferten mir den endgültigen Beweis, daß es die Sicherheit im Leben, die ich mir einmal erträumt hatte, niemals gegeben hatte.

Als ich am Abend nach Hause fuhr, hielt ich am Straßenrand an, legte die Stirn auf das Lenkrad und weinte, so wie ich seit der Zeit, als ich in Dannys Alter war, nicht mehr geheult hatte. Ich habe immer geglaubt, meine wichtigste Aufgabe als Vater sei, meine Familie vor Schaden zu bewahren. Aber während ich allein in dem kalten Auto saß, kam mir zu Bewußtsein, wie wenig Macht ich besaß und daß ich weder Elizabeths Schmerzen noch dem Krebs Einhalt gebieten konnte. Ich hatte kein Recht auf eine Sonderbehandlung – egal, was ich tat, wen ich kannte oder wie laut ich protestierte.

Ich fühlte mich so einsam und allein wie der kleine Bay, der jeden Morgen aufwachte und die immer gleiche Frage stellte: »Ist Mami schon zu Hause?« Die älteren Kinder, die es leid waren, sich Sorgen zu machen, bei den Nachbarn zu essen, vom Babysitter beaufsichtigt zu werden und darum zu bitten, im Auto chauffiert zu werden, zogen sich allmählich aus dieser täglichen Seifenoper zurück und schlossen die Türen ihrer Zimmer hinter sich. Sie konnten es gar nicht erwarten, bis endlich Weihnachten war, aber ich wanderte durch das große Haus, und mich fröstelte in den kalten Räumen des Schweigens.

Rückblickend betrachtet, kamen Elizabeth und Patti gerade rechtzeitig nach Haus, um uns alle zu retten. Sosehr sie sich danach sehnten, wieder von der Familie, den Hunden, Katzen, Enten und den zwölf Hektar roten und goldenen Laubs umgeben zu sein, sosehr brauchten auch wir eine Mutter und ein Kind, die uns Halt gaben. Und da sie uns Kraft schenkten, konnten wir unsere Energien darauf verwenden, es Elizabeth in dem unförmigen, von den Achseln bis zu den Knöcheln reichenden Gipsverband so bequem wie möglich zu machen. Wir stellten Autositze aus Hundekörben her, Kindersitze, indem wir die Seiten der üblichen Seitenverstärkungen absägten, sowie einen Hochstuhl, den wir aus einem Hackklotztisch auf Rädern herausschnitten. Gleichzeitig dekorierten wir das Haus für Elizabeths erstes Weihnachtsfest.

Während die Mädchen telefonierten oder Hausaufgaben erledigten, nahmen sie sie mit in ihr Zimmer. Danny las ihr vor, und Bay hielt sich immer in der Nähe auf – so, als sei das Schwesterchen sein bester Freund. Am meisten wunderten wir uns aber über Elizabeth, die jeden Morgen gutgelaunt aufwachte und sogar lernte, in dem schweren Gipsverband zu krabbeln und zu klettern, indem sie sich mit den Händchen am Teppich, an einem Stuhl- oder menschlichen Bein festhielt und sich voranschleppte.

Das Kind, dem meine größte Angst galt, sorgte dafür, daß unser Weihnachten 1988 so lärmend und wundervoll wie kaum ein anderes wurde. Während überall im Haus Papier und Papierschlangen umherflatterten, setzten wir Elizabeth in den Hochstuhl, den wir aus dem Hackklotz gezimmert hatten, und den ganzen Morgen lachte und juchzte sie in lautesten Tönen. Daß ihre Qualen noch nicht vorüber waren, kam ihr dabei gar nicht zu Bewußtsein. Ganz und gar nicht.

Inzwischen sind sieben Jahre vergangen. Aus dieser sicheren Distanz kann ich sagen, daß sie noch sehr viel mehr zu verkraften hatte: eine zweite Hüftoperation, weitere langwierige Blutuntersuchungen, die aufregende Neuigkeit, daß sie keine

Leukämie hatte, die eisige Enttäuschung, als wir erfuhren, daß nach allem, was sie durchgemacht hatte, nur eine Hüfte eingerenkt war, sowie die Tatsache, daß sie drei Jahre einen schweren Stützapparat tragen mußte, der die Beine so weit spreizte, daß die Fußspitzen fast in entgegengesetzte Richtungen wiesen. Heute ist mir klar, daß die Gelenke nie völlig heilen werden und Elizabeth zeit ihres Lebens auf physikalische Therapie angewiesen sein wird.

Dennoch kam die kleine Elizabeth, die das kalte Weihnachtsfest 1988 zu einem schönen Erlebnis machte, auf die Beine. 1989 fing sie an zu krabbeln. Danach kletterte sie in Bays Tretroller und begann, die Beine wie Delphinflossen einsetzend, verwegen im Haus herumzujagen. Sie rollerte, polterte die Treppe hinunter, robbte auf ihren wunden Hüften und dirigierte uns mit ihrem aus Notwendigkeit geborenen Vokabular. So zeigte sie uns, wie man sich in einer Welt bewegt, in der nichts gewiß ist.

Zu Weihnachten 1990 spazierte sie im Stützapparat durch das festlich geschmückte Wohnzimmer. Wir jubelten ihr zu, weinten und feuerten sie an. Im Januar 1992 kam sie in den Kindergarten – ohne das Gestell. Es war nicht nur ein großer Tag, sondern fast ein Wunder, insbesondere für mich, der früher auch ganz normale Wunder unbeachtet gelassen hatte.

Wenn also nun Weihnachten wieder näher rückt und der Energiepegel des Vaters gefährlich nahe am roten Bereich schwankt, wundert es mich gar nicht mehr, daß sich alles in verrückter Vorfreude um unsere Siebenjährige dreht, die zwar immer noch recht unsicher geht, sich aber so weit recken kann, daß sie die untersten Kerzen der dicht geschmückten Tanne in der Zimmerecke entzünden kann. Inzwischen ist Elizabeth der gute Geist unserer Weihnachtsfeste, das Kind, das uns zeigt, wie ungewiß unser Platz in diesem Leben ist, in dem man sich auf nichts verlassen kann: In dieser schneekalten, schlüpfrigen Welt ist Elizabeths Dasein eine heilsame Mahnung an jeden Vater, die Aufforderung zu beherzigen: »Wach auf!«

Zen und die Unschuld der Namensgebung, Teil I

Was ist in einem Namen? Das, was wir eine Rose nennen, würde mit jedem anderen Namen ebenso süß duften.

SHAKESPEARE

Am 14. Mai 1979, als Patti auf meinen Oberschenkeln saß, genauer gesagt: auf dem Rand unseres Himmelbetts hockte, gab sie einen ihrer typischen Mammutstöhner von sich und drückte zwischen den gepreizten Beinen einen kleinen dicken Jungen hervor. Obwohl er glitschig war, schrie und eine Glatze hatte, sah er sehr niedlich aus.

Pattis Schwester Leigh war bei uns, außerdem Pattis Freundin Kitty und Dr. Wooten, Hausgeburtenarzt des berühmten Woodstock (wo, um dem Zencharakter des Buches zu entsprechen, das Woodstock-Festival gar nicht stattfand). Im orangefarbenen Jogginganzug kniete er auf dem Teppich und fing mit geübten Händen das Neugeborene auf, gerade als der kleine Kerl zum erstenmal die Schwerkraft in seinem jungen Leben spürte. Es war alles ziemlich ungewöhnlich.

Und, ja doch, auch ganz normal. Ein einfacher, heiliger Augenblick. Wie der in Milwaukee lebende Dichter James Hazard sagt: »Heilig zu sein ist etwas ganz Normales. Wir tun solche außergewöhnlichen Dinge, um nicht zu sein.« Und dabei blieb's.

Das heißt, normal. Cael, damals zehn Jahre alt, war am nächsten Morgen zwar ziemlich aufgeregt, denn nach den vielen Schwestern bekam er ja nun ein Brüderchen, doch vermutlich war er eher aus dem Häuschen, weil es Samstag war und er deshalb nicht zur Schule mußte. Nancy und Addie, sechs beziehungsweise vier Jahre alt, gingen in ihren Fuß-Pyjamas im Haus herum und fanden es »ganz toll«, ein lebendiges Puppenkind zu haben. Und die zweijährige Clover war – wie jeden Morgen – ratlos, aber einigermaßen zufrieden, daß ihre Mama da war. Dabei blieb's. Das Leben ging unbehindert weiter.

Nun war das Baby, das so lange im Mutterleib gewesen war, draußen. Ganz einfach. Plötzlich – und eigentlich ohne besondere Vorkommnisse – hatte sich die Zahl der Familienmitglieder von sechs auf sieben erhöht. Im Haus war es so heimelig und unordentlich wie immer. Emma, die Hündin, rollte sich auf den Rücken und bettelte ohne jede Scham, man möge sie kratzen. Die Ziegen mußten gefüttert, das Gras mußte gemäht werden. Alles war in Ordnung und prima – und ganz normal.

Bis Nancy und Cael auffiel, daß wir dem Kind keinen Namen gegeben hatten. Auf einmal war die Hölle los. Offen gestanden, ist mir schleierhaft, warum wir das vierzig Wochen lang versäumt hatten. Aber wie Sie inzwischen wohl vermuten, sehen wir in unserer Familie einige Dinge ziemlich locker. Zwar hatten wir mehrere Namen für beide Geschlechter ausgesucht, uns am Ende jedoch auf keinen einigen können.

Und so plötzlich, wie das Kind zur Welt gekommen war, kam mir die hübsche Idee, für die ersten paar Tage ein paar Namen auszuprobieren, um herauszufinden, wie sie »paßten« – sozusagen zur freien Anprobe daheim. Patti fand meine Idee ganz gut.

Die Kinder meinten allerdings, wir seien nicht mehr ganz bei Trost. Am Sonntag, dem Tag nach der Geburt, fanden sie das eklatante und unbestreitbar unverantwortliche Verhalten ihrer Eltern erschreckend. Sie flehten uns geradezu an, »ihm« einen Namen zu geben.

Am frühen Montagmorgen hatte der kleine pummelige Kerl immer noch keinen Namen. Es hätte nicht mehr viel gefehlt, und die Kinder hätten uns wegen der Vernachlässigung der elterlichen Fürsorgepflicht angezeigt. »Es braucht einen Namen«, rief Cael selbstgerecht über seinem Müsli und klang ganz wie sein Vater.

»Ja, wieso hast du ihm bloß keinen Namen gegeben?« fragte Nancy schroff und mit Verachtung ob unserer Unreife und bekleckerte sich mit Müsli. Sie ist die einzige in der Familie, die wirklich Ordnung halten kann, und hat die unordentlichen Verhältnisse in unserer Familie noch nie gutheißen können.

»Jaa«, setzte Addie hinzu, unser kleiner Bulldozer, der immer die Wahrheit sagt. »Wie sollen wir es den anderen in der Schule erklären?«

Aha, das war das eigentliche Problem. Die lieben Kleinen machten sich gar keine Sorgen wegen des bedauernswerten, namenlosen Neugeborenen, sondern fürchteten, in der Schule zugeben zu müssen, ihre Eltern seien stillose Trottel. Als das langsam herauskam, setzte sich Cael an die Spitze der Oppositionsbewegung und verkündete eine Lebenshaltung des Entweder-Oder, die mein Vater perfektioniert hatte. »Wir können in der Schule nicht erzählen, daß es unsere Eltern nicht fertiggebracht haben, unserem neuen Bruder einen Namen zu geben.« Dabei krauste er die Nase und sah uns finster an. »Entweder kriegt er einen Namen, oder wir bleiben zu Hause.«

»Jaa«, mischte sich Nancy ein, die bezweifelte, ob das Ganze so funktionierte. »Jeder Mensch braucht einen Namen.«

Normalerweise können es Patti und ich nicht besonders gut vertragen, wenn uns die Kinder unter Druck setzen – siehe das Kapitel über das Schlagen als Zen. In diesem Fall gebe ich allerdings zu, daß wir für die elende Erniedrigung und die Scham unserer Kinder Verständnis hatten. Ob es nun vernünftig war oder nicht, es wäre tatsächlich peinlich, erzählen zu müssen, die Eltern hätten auch zwei Tage nach der Geburt für das Brüderchen noch immer keinen Namen gefunden. Endlose Hänseleien wären die Folge.

Kurz bevor Nancy und Cael aus der Küche trotteten, wurde also das dicke kleine Baby auf den Namen Daniel Clay Lewis getauft. (Nur der Ordnung halber sei angemerkt: Keiner der beiden Vornamen hat eine persönliche, auch keine andere Bedeutung.) Er gefiel allen, doch sicherlich hätte auch niemand etwas eingewandt, wenn wir das Kind Rin Tin Tin getauft hätten.

Aber es kam noch besser: Es wurde ein ganz normaler Name daraus, nicht etwas so Verrücktes wie Cael oder Clover oder Adelyn. Sondern Danny, ein typisch amerikanischer Vorname, mit dem man sich in der Schule sehen lassen und über den man weder kichern, hämische Bemerkungen machen noch tuscheln würde.

Und außerdem roch er gut.

Zen und die Unschuld der Namensgebung, Teil II

Unsere Namen sind wie das Licht, das nachts auf den Wellen des Meeres erglänzt und dann verlischt, ohne einen Fingerzeig zu hinterlassen.

RABINDRANATH TAGORE

Natürlich war das Thema Namensgebung noch nicht abgeschlossen, nur weil Danny seinen Namen bekommen hatte. Zu den Dingen, die man in einer Großfamilie bereits früh und eindrücklich lernt, zählt, daß es für nichts eine einfache Lösung gibt.

Meine Kinder sind mit einem Vater geschlagen, der sie aus für sie (und ihn selbst) unerfindlichen Gründen nur selten mit dem Namen anredet, der auf der Geburtsurkunde steht. Darum konnten sie es kaum erwarten, bis wir Danny endlich einen Namen gaben.

Als Danny geboren wurde, nannte ich Clover beispielsweise Poochie – eine Abkürzung für das etwas umständliche Perchmont Robert Haldanish. Man frage mich nicht nach den Gründen. Zen-Namen entziehen sich dem Verständnis. Seit dieser Zeit hat sie eine ganze Reihe von Decknamen bekommen, vom kernigen Flodunkus, über das eher *je-ne-sais-quoi* Florky-Dorky (oder auch Flumkin-Dumkin) bis zum erhabenen Foofie.

Ehrlich gesagt, ich weiß nicht, warum ich das mache. Clover antwortet aber auf alle Namen.

Selbstverständlich haben wir nicht nur Clover mit ungewöhnlichen Namen versehen. Cael heißt außerdem Bubba, war aber jahrelang Ralph Barco. Nancy hat sich zu Turtle entwickelt, nach den vorigen Inkarnationen als Puppy Turtle, Turkey Puddle, The Scooper und Woopy Woop for A Full Year till She's Full Grown (was ich schließlich zu Wooper abkürzte). Addie hat unter anderem folgende Kosenamen gehabt: Aderlwyn Yacht, Yetso Yurt, YD, The Bulldozer und als letzter: Al-Edward, kurz: Edward. Danny, der Graybadge und E-Man (Enzyklopädie-Mann), Danzek, Dansak und jüngst Darzulu oder Zulu heißt heute Donald. Ja, Donald.

Bei den beiden jüngsten Kindern wurde alles etwas leichter. Vielleicht werde ich einfach alt, doch die Namen passen so gut zu den Kindern. Jedenfalls ich habe keinerlei Neigung verspürt, die Namen wieder zu ändern. Bay heißt The Boofer, zum ersten, zum zweiten und für immer. Er kann einfach nicht anders heißen. Und Elizabeth Bayou-Grace trägt seit der Geburt einen schlichten (aber recht eleganten) Namen, wie ich finde: Bishy.

Mit einem Gemisch aus Schrecken und einer komischen Art Zartgefühl haben die Kinder meine Schrullen ertragen. Allerdings muß ich zugeben, daß ich die Kinder manchmal mit den Namen ihrer Geschwister anrede – »He, hm, Nancy, Addie, Clover, Danny, wie immer du heißt, mach bitte das Licht aus«. Doch nie strauchele ich bei den Geheimnamen, die nur verlegen flüsternd wieder ausgesprochen werden, wenn die Kinder selbst Kinder haben und über ihre verlorene Jugend nachdenken.

Ja, alles kommt und geht, auch die Namen, so wie das Licht,

das nachts auf den Meereswellen glitzert. Namen wecken plötzlich unsere Aufmerksamkeit, sie klatschen an den Schiffsrumpf, aber sie sind nicht, wer wir sind – außer für denjenigen, der uns im Dunkeln ruft. Vielleicht dann.

Das Zen des Windelwaschens

Es gibt eine richtige Methode des Windelwaschens.

Der Weg ist nicht der Weg.

GARY SNYDER

Ich bin kein Mann, der sich vor unangenehmen Aufgaben drückt. Seit einundzwanzig Jahren wechsele ich Windeln. Nach sieben Kindern und unzähligen schmutzigen Allerwertesten bin ich inzwischen ein waschechter Experte auf diesem Gebiet. Wenn man von der Geburt bis zum Zeitpunkt, da das Kind trocken ist, zehntausend Windeln veranschlagt, haben Patti und ich wahrscheinlich mehr Hinterteile angehoben als die gesamte akademische Gesellschaft aller Schönheitschirurgen.

Wir benutzten die ersten Versionen der neuentwickelten Papierwindeln schon damals, während unser Hippie-Zeit, als die Erde so groß erschien, als könnte sie den gesamten Müll unseres Planeten schlucken. Nach heutigen Maßstäben waren sie ziemlich primitiv – recht unförmig, ohne Gummibänder oder Klettverschlüsse, nicht besonders saugstark, und sie hielten auch kaum etwas zurück. Aber man konnte sie wegwerfen. Und noch wichtiger war, man mußte sie nicht in die Klosettschüssel tauchen. Eine wirklich gräßliche Arbeit, die den meisten erwachsenen Männern in der Tat große Probleme verursacht. Wir fanden die Wegwerfwindeln phantastisch, insbesondere auf Reisen. Wären sie nicht so kostspielig gewesen (im Vergleich zum Waschen der Baumwollwindeln im Waschsalon), hätten wir sie immer verwendet.

Doch als sich im Laufe der Jahre das Familieneinkommen und die Kinderzahl proportional erhöhten, fingen wir an, nur noch Papierwindeln zu benutzen. In den siebziger Jahren, als die »Einwegwindel« die Leistungsfähigkeit und Handhabbarkeit erreichte, wie sie dem Raumfahrtzeitalter entspricht, wurden wir zu Großlieferanten von Sondermüll auf der örtlichen Müllkippe. Inzwischen ist es zwölf Jahre her, daß ich meine letzte Stoffwindel ins Klobecken tauchte (und tauchte und tauchte und tauchte) und Bay (Nummer sechs) in eine Welt geboren wurde, in der ein geschärftes Bewußtsein für die Krise der Abfallentsorgung besteht.

Inzwischen sind die Fakten über das Müllproblem auf unserem Erdball – und die Rolle der Einwegwindel bei der Verschmutzung von Wasser und Erdreich – auf dem Tisch. Darum soll es also jetzt nicht gehen, ich möchte nur folgendes betonen: Nachdem Patti und ich beschlossen hatten, zu Baumwollwindeln zurückzukehren, weil wir fanden, die Erde müsse sich weiter sauber um die eigene Achse drehen, tauchte ich plötzlich wieder Windeln in die Klosettschüssel.

Und erhob ein überaus abstoßendes Gejammer.

Eigentlich wollte ich nur nicht als gebildeter Mittvierziger gesehen werden, der sich über den Porzellanthron beugt, die saubere Ecke einer schmutzigen Windel zwischen Daumen und Zeigefinger hält, eintaucht und wedelt (eintaucht und wedelt) und dabei überlegt, wie er nach getaner Arbeit das überschüssige Wasser auswringen soll, ohne sich die Hände schmutzig zu machen. Ich gestehe, daß ich gelegentlich eine Windel in die Klosettschüssel fallen ließ, dann aus dem Bad ging und so die gräßliche Arbeit der nächsten ahnungslosen Person überließ, die das Bad aufsuchte, um ausgerechnet die Toilette zu benutzen.

Ich entwickelte eine erbärmlich große Sehnsucht nach der alten Wegwerflebensweise. Da ich Englisch unterrichte, hätte ich aufstöhnen können: »Etwas ist faul im Staate Dänemark«, sobald sich der altbekannte Duft im Zimmer ausbreitete. Laut und vernehmlich äußerte ich, das Leben sei bereits schmutzig genug, in der Hoffnung, es werde mir jemand zu Hilfe eilen und mir dieses schmutzige Geschäft abnehmen.

Während die Monate ins Land gingen, in denen ich weiter versuchte, mich davor zu drücken, Bays Windeln zu wechseln, betrachteten mich die Meinen zunehmend mit Verachtung. Wenn Nancy die Stirn runzelte, fiel mir Claudius' Äußerung über den melancholischen Hamlet im faulen Staate Dänemark ein. «'s ist unmännlich Trübsal.«

Das stimmte sogar. Obwohl Shakespeare auf sehr viel gewichtigere Fragen anspielt als den Inhalt einer Kinderhose, bleibt die Bedeutung des Satzes für alle Väter bis heute die gleiche: Ob es nun um die Rache für den Mord am Vater, um das Abwischen des Schmutzes von einem Hinterteil oder um das Sauberhalten der Umwelt geht, es gibt eine richtige Methode, mit der man sich den unangenehmen Realitäten der Vaterschaft stellen kann.

Leider besteht keinerlei Möglichkeit, eine tropfnasse Windel zwischen zwei spitzen Fingern auszuwringen. Ich habe es versucht. Man macht sich zwangsläufig die Hände schmutzig. Diese Tätigkeit ist keine Kunst, wie Mütter schon immer gewußt haben.

Das Eintauchen muß im Zustand der Gedankenlosigkeit durchgeführt werden. Man holt tief Luft und stürzt sich in die Arbeit. Eintauchen und wedeln, bis nichts mehr an der Windel klebt. Dann packt man, ohne auch nur eine Sekunde innezuhalten, das Mistding mit beiden Fäusten, faltet es einmal, wringt es aus und knallt es in den Windeleimer. Das war's.

Und bitte nicht vergessen, sich hinterher die Hände zu waschen – und die Fingernägel kurz zu halten.

4

Das Sosein des Lebens mit kleinen Kindern

Was Eltern alles überstehen – die schrecklichen Zweijährigen

Eine Straßenkarte für die Verwirrten und Müden

Extreme Situationen erdulden ist menschlich, vergeben ist göttlich.

JOHN FORD

Jedes Paket mit Windeln und Cremes, die den Eltern von Kinderstationen zugeschickt werden, sollten einen Dreijahresvorrat an Glückskuchen enthalten. Diese müssen zwei Merksätze enthalten.

> Werfen Sie alle Elternratgeber weg. Denken Sie nur daran, wer die Eltern sind und wer das Kind ist. Alles andere ist unwichtig.

> Jedes zweijährige Kind will einzig und allein Ihre Vernunft auf die Probe stellen. Seien Sie also still und ruhig wie das Universum, aber nicht so grenzenlos.

Zweijährige können wirklich süß sein. Echt niedlich. Wuschelige Haare und Overalls, funkelnagelneue, stummelige Zähnchen und kurze, knuffige Beine und ein niedliches, fröhliches, heiseres Stimmchen, das einen mit Papi anredet. Sie sind so niedlich, daß man, wenn sie so vor einem stehen, die Hände in die nicht vorhandenen Hüften stemmen und ein unerbittliches NEIN! rufen, tatsächlich lacht. Sie sind so süß, daß meines Erachtens irgendein Darwinscher Mechanismus zu ihrer Niedlichkeit beiträgt. Sonst hätten sie nämlich überhaupt keine Überlebenschance.

Es liegt also keine Ironie und auch kein Doppelsinn in der Bezeichnung »die schrecklichen Zweijährigen«. Zweijährige sind furchtbar anstrengend. Man erlebt ja, wie sie sich aufführen, in Supermärkten und Einkaufspassagen, in Kirchen und Synagogen, im eigenen Wohnzimmer. Sie greifen nach allem, was sie erreichen können, machen alles kaputt, was sie berühren können, und wenn sie an etwas nicht herankommen, um es zu vernichten, bekommen sie jedesmal einen Wutanfall.

Und sagen NEIN! zu allem und jedem.

Ich möchte das Psychogeschwätz, dieses Gerede von Unabhängigkeit und innerem Kind, von Selbstachtung und Trennungsangst und Geschlechtsidentität an dieser Stelle übergehen und lediglich zwei Arten des kleinkindlichen Wutanfalls definieren: Es gibt, wie im Sport, einen *Heim-* und einen *Auswärts*-Wutanfall.

Zum Heim-Wutanfall gehört, daß man auf dem Boden liegt, mit den Beinen ausschlägt, schreit (oft kreischt) und manchmal die Luft anhält, bis das Gesicht einen seltsamen Blauton annimmt. Die meisten Erwachsenen machen sich deswegen keine Sorgen. Jeder vernünftige Vater und jede vernünftige Mutter verläßt einfach das Zimmer, womit der Wutanfall beendet ist. Denn dazu gehören immer zwei, wie zum Tango.

Man gestatte mir eine Zwischenbemerkung: Wer glaubt, er könne den Wutanfall eines Zweijährigen überschreien oder ihn in seiner Wut übertreffen, irrt gewaltig. Ein Sprichwort könnte lauten: Jeder Zweijährige mit Selbstachtung kann jeden erwachsenen Mann unter den Tisch wüten, wo ihn dann die Ehefrau beim Nachhausekommen brabbelnd findet, als wäre er Tony Perkins in *Psycho.*

Und noch eine Bemerkung sei erlaubt: Mit einem Zweijährigen, der gerade seinen Koller hat, argumentieren zu wollen ist so absurd, daß es keines weiteren Kommentars bedarf.

Ein Auswärts-Wutanfall ist etwas ganz anderes. Zu ihm gehört, daß das Kind auf dem Rücken auf dem Boden im Supermarkt, im Einkaufszentrum oder im Wohnzimmer eines Freundes liegt, gegen die elterlichen Beine kickt und kreischt, bis man völlig entnervt ist, und die Luft anhält, so wie beim Heim-Wutanfall. Der Unterschied ist natürlich, daß neben den Eltern noch andere Erwachsene da sind, die über die Szene offen oder heimlich höhnische Bemerkungen machen.

Den meisten Eltern ist es äußerst peinlich, mitansehen zu müssen, wie sich ihre Kinder auf schmutzigen Fußböden winden. Darum bringen sie lahme Ausreden vor und selbstgefällige, mißbilligende Aussagen wie: »So habe ich sie ja noch nie erlebt« oder »Er muß irgend etwas haben«. Danach versuchen sie, den ungebärdigen Kleinen Einhalt zu gebieten und sie zur Räson zu bringen, entweder indem sie nicht durchsetzbare Drohungen ausstoßen (»Der Marktleiter holt gleich die Polizei.«) oder indem sie in diesem ekelhaft flötenden Tonfall daherreden, wie man ihn aus Sendungen im Kinderkanal kennt. In beiden Fällen unterliegt der Elternteil. Das Kind hat ein gespanntes Publikum und die völlige, ungeteilte Aufmerksamkeit der bedrängten Eltern, aber der Wutanfall hört erst dann wieder auf, wenn man oder frau über die Machtbefugnisse eines Staatsanwalts verfügt.

Ich lasse mich nur höchst ungern zu so definitiven – und so traditionellen und dem Zen so deutlich entgegenstehenden Aussagen hinreißen: Aber es gibt nur zwei Möglichkeiten, die einen vor abgrundtiefer Demütigung bewahren und mit denen man dem Kind sogar einen Gefallen erweist. Die eine besteht darin wegzugehen, so wie man's zu Hause auch macht. (Wer sich dadurch besser fühlt, kann hier eine eindeutig elterliche Bemerkung anfügen, beispielsweise: »Wenn du dich so benimmst, höre ich dir nicht zu.« Was man sagt, spielt im Grunde keine Rolle.)

Können Sie nicht weggehen – zum Beispiel wenn Ihr Kleinkind andere Leute stört, etwa im Kino (ist mir schon passiert), im Restaurant (habe ich schon erlebt) oder im Wohnzimmer eines Freundes (habe ich bereits durchgestanden), dann tritt Plan Nummer zwei in Kraft. Man hebt das Kind vom Boden auf, dreht es zur Seite, hebt es auf die bessere Hüfte (den Kopf nach vorn, die strampelnden Beine nach hinten) und entfernt es aus der Gesellschaft der Zivilisierten. Ein Pkw ist eine gute »Ausnüchterungszelle«, ebenso ein Park oder ein Garten bei gutem Wetter. Zweijährige beruhigen sich sehr schnell, wenn sie merken, daß ihr Wutanfall nichts fruchtet.

Dann aber werden sie reuig – und sehen dabei so süß aus: tränenverschmierte Gesichter, nasses, verfilztes Haar und schmuddelige, emporgereckte Händchen, die flehentlich um eine Umarmung bitten. Das ist ein derart niedlicher Anblick, daß einen sofort zärtliche Gefühle durchströmen und man das Kind in den Arm nimmt, als wäre es tagelang verschwunden gewesen und als hätte man es soeben wiedergefunden. Und in diesem herrlichen warmherzigen (und wahrscheinlich feuchten) Augenblick fragt man sich dann, wieso man kurz zuvor noch derart in Rage war.

Natürlich grinst der kleine Teufel einen über die Schulter an, denn er weiß ja, daß er gerade die Oberhand gewonnen hat und der nächste Wutanfall bestimmt nicht lange auf sich warten läßt.

Wie klingt leichtes Ein-Hand-Schlagen?

Einige politisch unkorrekte Gedanken zur Erziehung

Jedesmal wenn man ihn nach der Bedeutung des Zen fragte, hob der Meister Gutei den Finger. Mehr nicht. Ein anderer Meister kickte gegen einen Ball. Noch ein anderer versetzte dem Fragenden einen leichten Schlag ins Gesicht.

HUSTON SMITH

Befaßt man sich mit den etwas kniffligen Bereichen des Elternseins, zum Beispiel der Frage, ob man die kleinen Rangen für Verbrechen gegen die elterliche Menschlichkeit schlagen darf, wende ich mich zumeist an meine Frau, als Führerin oder Guru. Sie weiß mehr als ich.

Gewiß, ich sollte es nicht sagen, aber es ist wahr: Da es bei Mutter und Kind während der vierzig bedeutungsvollsten Wochen im Leben eines Menschen unbestreitbar zum Austausch von Körperflüssigkeiten zwischen zwei Organismen kommt, ist es eine vernünftige Schlußfolgerung, daß die meisten Mütter mehr über Kinder wissen als die meisten Väter. Was aber nicht immer heißt, daß Frauen die besseren Eltern sind. Ihnen ist nur mehr intuitiv klar. Auf Patti trifft das sicherlich zu, zumal sie keine Frau ist, die mit ihren Meinungen hinter dem Berg hält. Und das hilft mir sehr, da ich vor einem ethischen oder moralischen Schlamassel stehe, wenn es um so strittige Themen geht wie etwa »körperliche Züchtigung«.

Pattis überhaupt nicht sphinxhafter Rat lautet: »Gib ihnen einen Klaps, wenn sie's brauchen.«

Ihr praktisches Wissen bezieht sie großenteils aus der Beobachtung der Tierwelt. Tiere überlegen nicht, ob sie sich korrekt verhalten, meint Patti, sondern leben ihre Gefühle aus, wobei sie aus einem äonenalten Wissensschatz schöpfen, der sie überleben läßt. Um in der Sprache des Zen zu sprechen: Tiere wissen, was *ist* – sie kennen die »Istheit«.

Dagegen behandeln viel zu viele Erziehungsfachleute lediglich das *sollte*. Obwohl es seit Urzeiten Beweise gibt, daß der Mensch sein Territorium aggressiv verteidigt, meinen diese Experten, wir müßten sowohl fleischlos als auch aggressionsfrei leben können. Karen Horney, die Sozialwissenschaftlerin und Psychologin, die mir am liebsten ist, nannte dies die »Tyrannei des Du sollst« und führte die Entstehung selbstzerstörerischer Verhaltensmuster bei Kindern und Erwachsenen direkt auf dieses System des Du-sollst zurück.

Patti findet es jedenfalls in Ordnung, daß man einem Kind einen Klaps gibt – aber nur, wenn es die Situation erfordert und man keine Spuren hinterläßt: »Sieh dir an, wie Hunde und Katzen (und Affen und Löwen) ihre Babys behandeln, wenn sie ungezogen oder unausstehlich sind.« Zuerst knurren sie, dann zuckt die Pfote hervor, und das Junge bekommt einen Hieb versetzt. Nicht so hart, daß es weh tut, aber mit genügend Kraft, um zu zeigen, daß man mit ihnen geschimpft hat. Die Welpen oder Kätzchen reißen sich dann schon zusammen und gehen weg – vermutlich ohne seelische Wunden oder ein geschädigtes Selbstwertgefühl davonzutragen.

Das wichtigste im Zusammenleben mit kleinen Kindern ist, daß es schlechterdings unmöglich ist, sich mit ihnen einzig durch das Mittel der Sprache zu verständigen. Wenn man glaubt, Männer und Frauen sprächen verschiedene Dialekte – und dafür sprechen sehr gute Gründe (lesen Sie Deborah Tannens *Du kannst mich einfach nicht verstehen)*, dann sprechen Kleinkinder und Erwachsene absolut verschiedene Sprachen. Hat Ihr Kind also etwas *wirklich* Ungezogenes verbrochen, ist es beispielsweise auf eine stark befahrene Straße gelaufen, hat es an der Schnur gezogen, so daß die Kaffeemaschine umgestürzt ist, das neue Baby stranguliert oder dem Postboten einen Schlag in den Unterleib versetzt, dann kommt man mit Logik nicht mehr weiter. Man kann einem zweijährigen Kind nicht erklären, was recht und unrecht ist. Es muß nur klipp und klar wissen, daß sein Verhalten nicht in Ordnung ist, egal, worum es sich handelt.

Natürlich klappt es bis zu einem gewissen Grad mit Geschrei (oder einem guten Geknurr), zumal wenn man einen wirklich tiefen, entschlossenen Laut hervorbringen kann. Das gleiche gilt für Bestrafungen. Allerdings haben mir meine erwachsenen Kinder später mitgeteilt, es sei im Grunde gar keine Strafe, wenn man in das Zimmer geschickt werde, in dem sich alle Spielsachen und Bücher befinden. Aber nichts funktioniert so rasch, mit soviel Aussicht auf Erfolg und so eindeutig wie ein leichter Klaps mit der offenen Hand auf einen mit Kleidung bedeckten Allerwertesten.

Die Technik selbst ist ganz einfach. Man nimmt den Oberarm des Kindes in die linke Hand, dreht es zur Seite und schlägt mit der offenen rechten Hand auf den Po. Nie woandershin, niemals auf nackte Haut und auf keinen Fall so fest, daß einem das Hinterteil aus dem festen, aber nicht drückenden Griff rutscht. Manchmal ist es ratsam, ein »Tu das nicht noch mal!« folgen zu lassen. Ob das wirklich eine Rolle spielt, bezweifle ich aber. Wichtig ist nur, daß das Kind versteht, daß es etwas Falsches getan hat.

Irgendwann tritt an die Stelle des Klapses eine verstandesmäßigere Form der Bestrafung, und zwar im allgemeinen bevor das Kind in den Kindergarten kommt. Zu diesem Zeitpunkt kann man mit dem Kind reden, es anschreien und bestrafen – und das bedeutet dann was ... oder etwas anderes.

Danach ist die einzige Form der körperlichen Bestrafung, zu der man nach dem Kleinkindalter greifen darf, der *automatische Klaps*. Er ist dann ein wirksames Mittel, wenn man mit einem oder mehreren kreischenden Kleinen, die sich auf dem Rücksitz raufen, allein ist. Sicherlich haben Sie so etwas schon einmal erlebt – auf dem Rücksitz, in der eigenen Kindheit oder in jüngster Zeit auf dem Fahrersitz.

Auch hier ist die Technik simpel. Man beginnt mit einem gebieterischen Knurrlaut und Schrei, dann brüllt oder knurrt man lauter und schließlich, und zwar genau dann, wenn man glaubt, die Kinder bringen einen gleich um den letzten Verstand – und von der Straße ab –, legt man die linke Hand fest ans Steuerrad, hebt den rechten Arm und streckt ihn nach hinten und während man weiter nach vorn auf die Straße sieht (sehr wichtig), schlägt man dann nach allem, was man trifft.

Fühlen Sie sich frei, so fest zuzuschlagen, wie es geht, denn aufgrund des ungünstigen Winkels sitzt ohnehin keine Kraft hinter den Klapsen. Außerdem ziehen alle Kinder auf dem Rücksitz, nachdem man das erste oder zweite Knie getroffen hat, die Beine an und hocken zusammengekauert in den Gurten, weit außerhalb Ihrer Reichweite.

Manchmal lachen sie die Eltern auch aus, die sich in diesem »Rücksitzschlag« versuchen, weil ein Erwachsener, der sich so verdreht, lächerlich aussieht und der Schlag außerdem ziemlich wirkungslos verpufft. In diesen Fällen muß man es noch einmal probieren, sobald die Kinder die Füße wieder auf dem Boden haben. Und dann ist man wieder in der günstigeren Position.

Und schließlich: Machen Sie sich keine Sorgen, Sie könnten Ihr Kind zum Axtmörder erziehen, nur weil Sie ihm gelegentlich einen Klaps geben. Meines Erachtens kommen Axtmörder aus Familien, in denen Mißhandlungen auf der Tagesordnung stehen, oder aus Familien, wo die gute alltägliche Aggression aggressiv geleugnet wird. Anders als viele gebildete Eltern, die die Verbindung zur »Istheit« des Universums verloren haben, spüren Kinder und Tiere tief in den Knochen, daß Aggressionen eine natürliche Funktion des Lebens sind – die man weder verdecken noch leugnen kann, sondern nur ausreichend steuern. Aufgrund dieses Wissens lernen Kinder, wann Aggressivität in Ordnung ist und wann nicht.

Keine schlechte Lehre in diesen gewalttätigen Zeiten.

Sind Sie ein windelweicher Vater?

Wer hat bei Ihnen die Windeln an?

Sie sind mit Sicherheit ein windelweicher Vater, wenn ...
- Sie Ihr Kind um Erlaubnis bitten müssen, wenn Sie Samstag abends ausgehen möchten.
- jeder zweite Satz während eines Telefonats an die oder den neben ihnen stehenden Kleine/n gerichtet ist.
- Sie nicht genau wissen, ob es richtig ist, Ihr Kind zu bestrafen, das die Wohnzimmerwand vollgemalt hat, weil Sie seine Kreativität nicht unterdrücken wollen.
- Ihr Einkaufswagen voll ist von Keksen, Schokoladen-Müsli, Chips mit Käsegeschmack, Gummibärchen und zuckersüßen Limonaden.
- Ihre Erklärung, warum es nicht geht, daß man Papi schlägt, mehr als folgende vier Wörter umfaßt: »Tu das nie wieder!«
- Sie Ihr Kind bitten, den Tisch zu decken, und es antwortet: »Gleich ...« – und aus dem Zimmer geht.
- es Sie nervös macht, mit den Kindern allein zu sein.
- Sie das Kinderzimmer aufräumen, während Ihr Kind das Zimmer wieder in Unordnung bringt, und umgekehrt.
- sich Ihr Kind unter dem Bett seines/ihres Freundes versteckt, wenn Sie es abholen wollen ... und die Mutter des Freundes die einzige Person ist, die ihn/sie unter dem Bett hervorholen kann.
- Ihr Dreijähriger das Baby an sich drückt, so daß es kaum noch Luft holen kann, und Sie sagen: »Er hat es ja so lieb.«
- Sie tatsächlich glauben, daß die Kindergärtnerin, die sagt, Ihr Kind arbeite schlecht mit, wenig einfühlsam auf dessen Bedürfnisse eingeht.

Das Zen der Sauberkeitserziehung

Träumen und davonschweben

So wie das Essen wider Willen der Gesundheit schadet, verdirbt auch das Lernen, ohne es zu lieben, die Erinnerung, so daß man am Ende nichts behält.

LEONARDO DA VINCI

Die Entwicklung der Sauberkeitserziehung vom ersten Kind bis zu den folgenden gleicht in den meisten Familien sehr dem Phänomen des verschwindenden Schnappschusses.

Man weiß ja, wie das so geht: Beim ersten Kind wird jeder Augenblick des schlaflosen Geplappers und des engelhaften Schlafs noch simultan per Video und Fotokamera aufgezeichnet. Beim Kind Nummer zwei funktioniert der Camcorder vermutlich nicht mehr, das Fotoalbum ist wahrscheinlich weniger ambitioniert und enthält auch keine Kernsprüche des Kleinen mehr. Bei Kind Nummer drei (vier, fünf, sechs) schließlich erlahmt die Bildproduktion zunehmend, bis man das Album irgendwann durch eine Pappschachtel ersetzt, in der sich verschiedene Fotos mehrerer nicht identifizierbarer Kleinkinder befinden, von denen das eine oder andere vielleicht das eigene Kind ist.

Das gleiche gilt für die Sauberkeitserziehung. Bei Kind Nummer eins setzt die Vorbereitung lange vor Beginn des »neuen Semesters« im Leben des Kindes ein. Man liest Bücher, konsultiert Kinderärzte, kauft teure Geräte und entwirft Tagespläne, damit die Bedürfnisse von Eltern und Kind gleichermaßen befriedigt werden, ohne daß die gut definierten Vorstellungen von Selbstbestimmung und Darmkraft den anderen Familienmitgliedern Einschränkungen auferlegen.

Die Sache ist ernst: Jeder Teilnehmer am Spiel der frühen Kindheit stimmt mir zu, daß es sich um eine sehr heikle und wichtige Entwicklungsstufe im Leben des Kindes handelt. Außerdem möchte man das Aa-Produktionsmaschinchen nicht durch eine unangemessene oder unsensible Herangehensweise fürs Leben zeichnen, erst recht nicht in dieser Angelegenheit, die eine ganz natürliche und gesunde biologische Funktion des menschlichen Organismus darstellt.

Bei Kind Nummer zwei sind die Angstzustände schon nicht mehr ganz so groß. Genaugenommen ist man zu müde, denn man hat jetzt zwei Kinder und benötigt alle Kraft für wichtigere Dinge. Eltern mit mehr als einem Kind beraumen immer noch Sitzungen auf dem Töpfchen an, und sie lesen auch vier bis fünf Bärchen-Bücher pro Sitzung vor, doch nicht mehr mit demselben Enthusiasmus und sicherlich nicht mehr mit demselben Grad innerer Überzeugung.

Mit dem Eintreffen von Kind Nummer drei (und vier und darüber hinaus) besteht die Gesamtmenge der elterlichen Beteiligung an der Sauberkeitserziehung häufig darin, eine Trainingshose aufs ungemachte Bett zu werfen und zu sagen: »Deine Windeltage sind gezählt, Bursche. Zieh dich an und komm zum Frühstück – und bitte berichte mir nicht von irgendwelchen Malheurs.«

So erging es jedenfalls uns (sowohl was die Fotos als auch was die Sauberkeitserziehung betrifft). Zählt man die Stunden zusammen, dann verbrachten Cael, Patti und ich wohl Monate im Bad. Wir lasen aus Büchern vor, machten fröhliche, aufmunternde und stützende Bemerkungen, wenn nichts herauskam, und jubelten voll Stolz, wenn etwas herauskam. Bei mehreren Gelegenheiten war Cael so stolz auf seine Hervorbringung, daß wir lange Zeit die Spülung nicht betätigten, damit wir seine gute Tat bewundern konnten. Einmal machten wir uns große Sorgen, Roz und Dennis Reads Überflieger-Sohn Evan war (Tag und Nacht!) windelfrei, während Cael die Welt immer noch als große Toilette betrachtete. Aber schließlich schaffte er's.

Bei Nancy besaßen wir noch die ganze alte Ausrüstung, die sie von Cael geerbt hatte (den Badezimmernachttopf, den Wohnzimmernachttopf, den Autonachttopf usw.). Gelegentlich benutzten wir sie sogar und jubelten, wenn es Nancy bis zum Bad schaffte, ohne daß ihr ein »Malheur« passierte. Auf alle Fälle gaben wir uns nicht mehr der Illusion hin, daß wir ihr Selbstwertgefühl stärkten, und hatten nur noch einen einzigen Wunsch, daß sie nämlich endlich aus den Windeln herauskam, weil Addie bereits geboren war und ihre hingebungsvoll füllte.

Was Addie angeht, so hat sie ihre Sauberkeitserziehung wohl in die eigene Regie genommen. Ich weiß es nicht mehr genau. Dasselbe gilt für Clover. Irgendwie haben es jedenfalls beide fertiggebracht.

Die Erleuchtung über das Zen der Sauberkeitserziehung kam mir bei Danny. Er hatte gerade seinen dritten Geburtstag gefeiert und war vielleicht zu 90 Prozent sauber. Ob er in psychologischer und physiologischer Hinsicht soweit war, eine hundertprozentige Kontrolle seiner exkretorischen Funktion zu erlangen, weiß ich nicht, wir waren soweit.

Wir hatten auf der Insel Hatteras Urlaub gemacht und befanden uns auf der Rückfahrt. Wir hatten angehalten, weil wir noch ein Picknick machen wollten, bevor wir in den Chesapeakebai-Brücken-Tunnel einfuhren, als dem kleinen Danny ein Malheur passierte. Ihn selbst störte das nicht im geringsten. Er lief in der Gegend herum, jagte seine Geschwister, fiel auf seinen Allerwertesten und lachte und strahlte. Die Geschwister waren vollkommen genervt.

»Wechselt seine Windeln!« riefen sie. »Puh, der stinkt ja entsetzlich!«

»Er trägt keine Windeln«, sagte ich gelassen, als hätte das irgend etwas mit dem Aroma zu tun, das in der schwülen Luft unseren Kleinsten umgab.

»Dann zieht ihm eine neue Unterhose an! Bitte – wischt ihn sauber!« Nancy, unser penibles und pingeliges Töchterchen, gab Würgegeräusche von sich, Addi und Clover taten es ihr nach und sahen aus, als wollten sie sich im nächsten Augenblick übergeben. Der dreizehnjährige Cael konnte es nicht fassen, daß er an eine solche Familie gefesselt war.

Also wischte ich Danny den Po ab, allerdings eher lustlos. Und nicht ohne mir erhebliche Sorgen wegen seiner Spätentwicklung in diesem Bereich zu machen. Auf der Brücke geriet ich ins Psychologisieren und überlegte, ob den regelmäßig wiederkehrenden Malheurs vielleicht eine Art passiver Aggression gegen die geschäftige, ihn vernachlässigende Großfamilie zugrundelag. Ich sorgte mich, wir hätten nicht genügend Töpfchensitzungen anberaumt, ihm nicht vorgelesen, nicht laut genug gejubelt, als er Erfolg hatte, ja, daß wir es schlichtweg abgelehnt hätten, seine gigantischen Bemühungen hinterher zu konservieren.

Mitten auf der vierzig Kilometer langen Brücke geriet ich in Panik. Bestimmt würde man Danny im September nicht in den Kindergarten aufnehmen, man würde ihn auf dem Spielplatz und – jetzt verlor ich den letzten Funken Verstand – noch viel später in der Schule schrecklich demütigen. Mir brach der kalte Schweiß aus; vor meinem inneren Auge erschien ein Bild, das einen erwachsenen Mann in Pampers, Gummihose und extragroßem Overall mit Taschen voller Windelabwischtücher zeigte.

Ich nahm mir vor, sofort nach der Rückkehr einen Termin mit einem Kinderpsychologen zu vereinbaren.

Doch als wir uns dem zweiten Tunnel auf dem Brückenbogen näherten, sich vor uns das gesamte Brückensystem erstreckte und uns die weite Chesapeakebai umgab, stellte ich den Rückspiegel erst auf Dannys vier ältere Geschwister (wobei ich dachte, wie schlecht wir sie in den wesentlichen Dingen erzogen hatten) und dann wieder geradeaus auf die endlose Reihe der mit Kindern vollgestopften Autos, die auf den Küstenort Virginia Beach zusteuerten – Autos voller kluger, dummer, spießiger, guter, schlechter Eltern, schwarzhäutiger, gelbhäutiger, weißhäutiger Eltern. Und da ging mir auf, daß wahrscheinlich 99,44 Prozent aller Kinder am Ende sauber werden. Wo liegt der Unterschied zwischen sechsundzwanzig und zweiunddreißig Monaten? Die meisten Menschen werden schließlich in diesem Leben sauber.

Das war eine wahre Erleuchtung.

Während wir Fisherman's Island überquerten, wurde mir klar, daß Danny ganz und gar soweit sein würde, sobald er ganz und gar soweit wäre. Ich erblickte sein Gesicht im Rückspiegel und warf ihm einen Luftkuß zu. Bestimmt war ihm unklar, warum ich das tat, aber es blies mir einen Luftkuß von seinen kleinen molligen Händchen zu. Und danach ist ihm nie wieder ein Malheur passiert.

Ein Toilettenstuhl ist ein Toilettenstuhl ist ein Toilettenstuhl

Eine verspätete Entschuldigung gegenüber dem Kaufhaus Sears

Das Zen hat keine anderen Geheimnisse als das Nachdenken über Geburt und Tod.

TAKEDA SHINGEN

Wie ich bereits andeutete, können Patti und ich jungen Sauberkeitserziehern wenig bieten außer der Überzeugung, daß am Ende alles klappen wird, ganz egal, was wohlmeinende Eltern anstellen, um ihren Kindern behilflich zu sein. Das Problem ist nur – wie die folgende Geschichte zeigen wird –, daß niemand genau weiß, *wann* dieser Fall eintreten wird.

Im Herbst 1971 hatten Patti und ich ein fünfzig Jahre altes, schönes Haus gekauft (ein weißgestrichener Bau im viktorianischen Stil mit grünem Drum und Dran auf einem städtischen Doppelgrundstück in der schlechteren Gegend von Milwaukee). Eines Tages gingen wir stolz los, um bei Sears einen Toilettensitz, einen Handtuchhalter, eine Badewannenmatte und einen Duschvorhang zu kaufen. Unser zweijähriger Schrecken Cael trödelte hinter uns her. Er hatte ziemlich coole Sachen an – Jeans mit elastischem Bund, ein Brewers-T-Shirt und rotblaue Leinenschuhe. Darunter trug er ein nagelneues Pu-der-Bär-Windelhöschen, das zu 50 Prozent als Sauberkeitsutensil funktionierte und zu 50 Prozent als Sieb.

Irgendwann zwischen einer absurd heftigen Diskussion, ob wir einen Keramikhandtuchhalter oder einen aus Plastik oder Metall kaufen sollten, sowie einem Streit über die Vorzüge doppelter oder einfacher Duschvorhänge trottete Cael los, so daß wir den kleinen Sportsmann vorübergehend aus den Augen verloren.

Zunächst machten wir uns keine besonders großen Sorgen, als er aus unserem unmittelbaren Blickfeld verschwunden war. Es war schließlich 1971, wir befanden uns in Milwaukee. Wir wollten ihn aber finden, bevor er etwas kaputtmachte oder plötzlich erkannte, daß wir nicht mehr zu sehen waren und wieder zu heulen anfing, so wie Elmer Fudd, den Bugs Bunny wieder einmal verwirrt hatte. Ich rief nach ihm. Patti rief nach ihm.

Keine Antwort.

Während ich in der Badezimmerabteilung suchte, durchstreifte Patti die Haushaltswarenabteilung. Als wir uns in der Abteilung für Sanitäreinrichtungen wiedertrafen, hatten wir Cael immer noch nicht gesichtet. »Wo ist Cael?« fragte ich Patti, als ob es allein ihre Aufgabe sei, Cael im Auge zu behalten. Dabei hatte sie einen verängstigten Gesichtsausdruck, in dem sich vermutlich meine Miene spiegelte.

Wir drehten uns um, und da erblickten wir den kleinen Prinzen. Ich kann das Gefühl der Erleichterung, das mich sofort überkam, kaum beschreiben, aber es währte nur kurz. Denn dort saß Cael auf seinem Thron – nur war es gar kein Thron, sondern das Ausstellungsstück eines hellblauen Nachtstuhls. Die Jeans war nicht mehr eng um seinen dicken Bauch geschlungen, sondern lag auf dem Boden, auf den rotblauen Leinenschuhen. Und das niedliche Gesichtchen war nicht mehr von der alabasterfarbenen Weichheit, die wir so gern ablichteten, sondern hellrot und verzog sich, als wollte er die Hose vollmachen.

Und genau das tat er, wie wir eine Sekunde später erkannten.

Patti und ich ließen den Duschvorhang und die Handtuchhalter fallen und rannten den Gang hinunter. Wir mußten Cael unbedingt stoppen, bevor er etwas Ungehöriges anstellte. Doch das erdige Aroma, das uns empfing, als wir uns dem lächelnden Knirps näherten, zeugte von unserem Mißerfolg.

»Guckt mal! Guckt mal! Guckt mal!« rief er und hüpfte von seinem Thron herunter. »Ich hab's getan! Ich hab's getan! Ich bin aufs Töpfchen gegangen!« Ich warf einen Blick in die glänzende, trockene Schüssel. Ja, das hatte er, und zwar ganz gehörig, wie ich hinzufügen kann.

Somit standen wir vor einem echten moralischen Dilemma. Unser kleiner Töpfchen-Abiturient war schließlich ganz allein auf den Topf gegangen, nachdem er ihn mehrfach knapp verfehlt hatte. Er hatte den Messingring gegriffen und war hinaufgeklettert.

Was sollten wir tun? Ihn anschreien? Ihn bestrafen, weil er genau das getan hatte, worum wir ihn nun seit Monaten baten? Und wie sollte man ihm den Unterschied zwischen einem echten Nachttopf und einem Ausstellungsstück begreiflich machen?

Und noch etwas: Was sollten wir dem Geschäftsführer sagen? Wie sollte man *ihm* das Ganze erklären?

Wir blickten uns um. Kein Mensch in der Nähe. Wir sahen uns an wie Schüler, die in der Schule ein Fenster eingeworfen hatten, und imitierten stumm den universellen Ätsch!-

Gesichtsausdruck. Und während Patti Cael die Hose hochzog, klappte ich den Deckel auf dem Toilettensitz herunter, dann begaben wir uns zu dritt und im Eilschritt aus dem Kaufhaus, überquerten den Parkplatz und stiegen in unseren Dodge.

Eine verflucht unreife Handlungsweise, gewiß. Ich habe ziemlich oft an die vielen Käufer denken müssen, die meinten, etwas Ranziges zu riechen ... an die unglückseligen Kunden, die nach einem hellblauen Nachtstuhl suchten und den Deckel des Ausstellungstücks hochhoben... und an das erschrockene Gesicht des abgespannten Verkäufers... aber was hätten wir machen sollen?

Ich weiß es nicht. Ich weiß es einfach nicht. *Mea culpa. Mea culpa. Mea maxima culpa.* In diesem Augenblick hatte ich das Herz und die Seele eines kleinen Kindes. Könnten Sie mich jetzt sehen, würden Sie sehen, daß ich die Arme weit öffne und die Handflächen in der universell gültigen Geste der Hilflosigkeit nach oben strecke.

Zen und die Kunst der Selbstbefreiung

Wie man einen eingeklemmten Penis aus einem Reißverschluß befreit

Die Törichten weisen zurück, was sie sehen, nicht, was sie denken.
Die Klugen weisen zurück, was sie denken, nicht, was sie sehen.

HUANG PO

Schmerzen lassen sich in diesem Leben nicht vermeiden.

Ob es sich hierbei um ein Zen-Prinzip oder um eine Grundregel des irdischen Daseins handelt, die in allen Religionen und

Kulturen gilt, weiß ich nicht genau. Doch wie fast alle Eltern wissen, sind keine Schmerzen größer als die eines Kindes. Und es gibt keinen herzzerreißenderen Klang als das Weinen eines schmerzgeplagten kleinen Kindes im Nachbarzimmer.

Kinder, insbesondere kleine Kinder, erleben größten Schmerz zwanzig- bis dreißigmal am Tag. Sie stoßen sich an Tischkanten, verstauchen sich die kleinen Zehen, beißen sich auf die Zunge, verbrennen sich den Mund, schneiden sich, fassen auf heiße Herdplatten, schlagen sich das Knie auf, treiben sich Splitter in die Haut und lassen sich die Plagegeister hinterher von der nadelschwingenden Mutter oder vom Vater herausziehen.

(»Vater« habe ich nur deshalb geschrieben, weil ich fair und aufgeklärt wirken möchte.) Denn anders als mein Freund Bruce Schenker kenne ich keinen Vater, nicht einmal einen Arzt-Vater, der die kleinen häuslichen Operationen selbst vornimmt.

Vielleicht ist das der Grund, warum sie voller Stolz darauf verweisen, daß sie im Haushalt alle Reparaturen vornehmen. Der Schmerz eines Kindes läßt sich hingegen normalerweise erst dann lindern, wenn er von allein weggeht. Mütter wissen das, vielleicht hat es damit zu tun, daß sie aufgrund ihrer Erfahrung des Gebärens verstanden haben, daß Schmerzen – wie alles im Leben – tatsächlich wieder vergehen. Aber, ehrlich gesagt, kenne ich die Antwort nicht. (In meiner New-Age-Zen-Philosophie ist Nichtwissen gleichbedeutend mit Wissen.)

Als Vater von sieben Kindern wurde ich jedenfalls Zeuge zahlloser Unfälle, von kleinen Kratzern, blauen Flecken und blutenden Köpfen über Finger, die in Autotüren eingeklemmt waren, bis zu gebrochenen Knochen und bewußtseinsverändernden Gehirnerschütterungen. Doch es gibt keinen größeren Schmerz, kein größeres Wehgeschrei, kein größeres Gefühl väterlicher Hilflosigkeit, als wenn sich der Kleine den Penis im Reißverschluß eingeklemmt hat und seine Mutter den ganzen Nachmittag außer Haus ist. Glauben Sie mir.

Cael war fünf, Nancy ein Jahr und pummelig. Es war ein kalter Herbstnachmittag, und wir drei trödelten im warmen, gemütlichen Haus herum. Patti war ein paar Stunden fortgegangen. Ich befand mich in der Zen-Zone väterlicher Unbewußtheit, vertrieb mir die Zeit, ohne ein Spiel zu spielen, hörte, ohne zuzuhören, redete, ohne ein Gespräch zu führen, stimmte allem zu, ohne mich an irgend etwas zu beteiligen.

Plötzlich ertönte von der anderen Seite des Hauses ein gellender Schrei. Er schien aus einer anderen Welt zu kommen. Ich versage mir, Ihnen die schrecklichen Szenen zu schildern, die ich mir ausmalte, während ich durch die Küche unseres alten Farmhauses lief, durchs Eßzimmer rannte und die Badezimmertür aufriß, hinter der das Geheul, einem Luftalarm gleich, immer stärker und lauter wurde.

Der Ausdruck im Gesicht meines kleinen Sohnes, der wie gelähmt vor der Klosettschüssel stand, bot ein Bild unsagbaren Schmerzes. Hätte man den Gesichtsausdruck in Worte fassen können, hätte der Text gelautet: »Ich habe nichts Böses getan. Warum ist *mir* diese furchtbare Sache passiert?« Das Wehgeschrei war fast nicht von dieser Welt.

Da ich einem freiwilligen örtlichen Notdienst angehöre, war ich es gewohnt, bei medizinischen Notfällen *dem Anschein nach* die Ruhe zu bewahren. Doch als ich meinen kleinen Sohn sah, dessen Glied sich im Reißverschluß verklemmt hatte (ein kleines Stückchen Haut saß zwischen dem Metallreißverschluß und einem der Stifte fest), war es um meine Gemütsruhe geschehen. Ich wirbelte herum und rief nach Patti (der Nadelschwingerin, der wandelnden, heimlichen Strategin, der Miss-Fels-in-der-medizinischen-Brandung). Plötzlich kam mir eine grauenhafte Erkenntnis: Ich war allein zu Haus. Und deshalb mußte ich selbst etwas unternehmen, damit der Schmerz – und das Geschrei – aufhörte.

Erst dachte ich, ich müsse nur überlegen, was Patti getan hätte. Sie hätte mit einem kurzen, aber äußerst schmerzhaften Ruck am Reißverschluß den Penis befreit. Und Cael wäre erlöst. Bei näherer Betrachtung erwies sich jedoch, daß das Hautstück fest hinter einem der Metallstifte eingeklemmt war. Was würde abreißen, wenn ich daran zöge? Ich war nicht gerüstet, mit den Eventualitäten fertig zu werden.

Ich überlegte, ob ich den Rettungsdienst anrufen sollte. Nachdem ich mir vorgestellt hatte, wie der Einsatzleiter über alle Funkgeräte in der ganzen Stadt verbreitete: »In Coffey Lane Nummer eins Penis in Reißverschluß eingeklemmt«, war ich überzeugt, daß man das Problem am besten ohne fremde Hilfe löste. Während ich in dem kleinen Bad auf und ab ging und betete, der Penis möge sich irgendwie – auf wundersame Weise – von allein lösen, schrie Cael wie am Spieß und drehte sich ständig um die eigene Achse.

Er löste sich nicht. Ich nahm den schreienden Cael in den Arm. Setzte ihn wieder ab. Er schrie weiter. Immer wieder ging mir durch den Kopf, daß das Gewicht der Jeans, das an dem eingeklemmten Penis zog, den stechenden Schmerz sicherlich verstärkte. Schließlich griff ich in die Kommode im Bad und holte eine große Schere heraus. Als Caels Blick auf die langen, glänzenden Klingen traf, wurde aus dem Geschrei ein Gekreische.

Er wollte weglaufen, aber wenn ein Penis im Reißverschluß festklemmt, na ja, Sie wissen schon... Als erstes trennte ich von unten das eine Hosenbein auf, dann schnitt ich im Schritt längs der Naht des Reißverschlusses und durch das dicke Bündchen. Noch ein paar Schnitte und dann die Rückseite hinunter, dann hatte ich ein Hosenbein entfernt.

Als ich fertig war, stand Cael mit nacktem Po vor mir; er hatte noch acht Quadratzentimeter Jeansstoff samt Reißverschluß am Leib, die von dem wunden Penis herabhingen.

Cael kreischte immer noch.

Und nun? Pinzette... Vaseline... Baby-Öl. Ich meditierte über die einzigartigen Eigenschaften aller Penisse auf der ganzen Welt. Dachte daran, daß er ein Eigenleben führt. Ich stellte mir meinen Penis vor. Dann hob ich Cael hoch und ging zur Badewanne, drehte den Kaltwasserhahn auf, wartete, bis fünfzehn Zentimeter eiskaltes Wasser den Badewannenboden bedeckten, und legte ihn ins Wasser. Cael wand sich und zog an meinen Haaren, flehte, ich solle ihn herauslassen, und jaulte, als ob ich ihn foltere.

Zwei Sekunden später schwamm der Stoffetzen mit dem Reißverschluß auf der glatten Wasseroberfläche. Caels Miene drückte kosmische Erleichterung pur aus.

Die selige Ahhhhhhhhhhheit, wenn man sich aus einer unangenehmen Lage befreit hat.

Die Entwirrung der verknoteten Fäden des Lebens

Zen oder wie man Kaugummi aus den Haaren herausbekommt

Handlungen sollten in Weisheit enden.

BHAGAVAD GITA

Patti besuchte ihren Vater in Florida. Weder der Besuch noch die Tatsache, daß ich mehrere Tage mit der Brut allein war, waren etwas Ungewöhnliches. Zugegeben, wegen der vierjährigen Elizabeth machte ich mir etwas Sorgen. Sie hing immer noch so sehr an ihrer Mutter, daß auch eine kurze Trennung das Potential hatte, das homöostatische Gleichgewicht zu kippen.

(Als Patti das letztemal weggefahren war, verschlimmerte sich Elizabeths Erkältung. Das Fieber stieg auf über 40 Grad, und wir lagen die ganze Nacht wach und schossen halluzinogene Ungeheuer aus ihren Fieberträumen ab.)

Es war Frühling, und ich hatte einen meiner typischen Samstage verbracht. Ich war zur örtlichen Müllkippe gefahren und hatte die Kinder quer durch die Stadt chauffiert. Schließlich traf ich mit Bay und Elizabeth in Wallkill ein, wo wir Danny beim Fußballspielen zuschauen wollten. Wie es sich für einen Vater von sieben Kindern gehört, war ich gut gerüstet. Ich hatte eine Decke mitgenommen, einige handverlesene, politisch korrekte Spielsachen, einige gesunde Snacks, zu zehn Prozent hundert Prozent reine Fruchtsäfte, Sonnencreme und eine vertrauenerweckende Tasche mit Süßigkeiten und Kaugummi. Letztere für den Fall, daß sich die Lage verschärfte.

Ich möchte hier nicht im einzelnen darauf eingehen, warum wir bereits so früh zu Beginn der zweiten Halbzeit ins Süßigkeiten-und-Kaugummi-Stadium gerieten. Allen Müttern und Vätern dürften mühelos vergleichbare Situationen einfallen. Aber nun waren wir einmal in diesem Stadium angelangt. Bay, der sich zunehmend langweilte, weil er zwölfjährigen Jungen zusehen mußte, die ohne erkennbaren Grund einem runden Ball hinterherjagten, spielte in einem verschmutzten Sandhaufen mit ein paar anderen Schmutzfinken. Elizabeth saß neben mir und kaute glücklich und zufrieden einen (zuckerfreien) Kaugummi. So genoß ich die ersten störungsfreien Augenblicke eines Fußballspieles, das auf einmal zum interessantesten, bedeutendsten Ereignis in meinem Leben geworden war.

Da ich es sogar zunehmend wichtig fand, daß *wir* (!) gewannen, nahm ich die tragbare Stimmaschine an meiner Seite gar nicht mehr wahr. Elizabeth plapperte weiter, als ob wir uns tatsächlich unterhielten. Ich nickte und streute hin und wieder ein hilfloses *Hmmmmmm* ein. Das Spiel wurde heißer, die Temperatur desgleichen, und allmählich stieg meine Verärgerung über die gegnerischen Eltern in der Nähe, die jedesmal jubelten, wenn einer der Wallkill-Jungen einen guten Paß spielte.

Deshalb dauerte es etwa fünf Minuten, ehe ich den Blick senkte und sah, warum Elizabeth plötzlich so still geworden war. Die fünf Minuten hatten ausgereicht, daß sie sich den gründlich durchgekauten rosa Kaugummi in beiden Richtungen übers Gesicht gezogen hatte, um den Hals und ins Haar und an der anderen Seite wieder herunter. Über das ganze Gesicht. Ins Ohr. Die Haut am Hals war faltig zusammengedrückt, das lange Haar eine verfilzte Masse unförmiger Klumpen.

In dieser Schrecksekunde konnte ich nur an eines denken: In zwei Tagen wird Patti aus dem Flugzeug steigen und der Kleinen einen Bürstenschnitt verpassen. (Ob es meine Mutter oder die Mutter von jemand anderem war, weiß ich nicht mehr genau. Irgendwo in den Aufzeichnungen meiner Erinnerung gibt es, tief verborgen, eine mütterliche Stimme, die sagt: »Wir müssen dir das Kaugummi aus den Haaren schneiden.«)

Ich hatte jahrelange Erfahrungen mit Kaugummi, der an Nasen und Lippen festklebte, und deshalb wußte ich, daß sich die festgeklebten Teile abziehen ließen, wenn man den Kaugummi auf den Stellen rieb, die auf der Haut festklebten.

Also riß ich Elizabeth das, was von der Kugel übriggeblieben war, aus dem Mund und rieb über ihr Gesicht, ihren Hals (und ihre Arme und Beine). Aufgrund irgendeines anatomischen Prinzips, das ich nicht verstehe, ließ sich der Kaugummi ohne Mühe von der Nase, den Lippen und den Gliedmaßen entfernen, auch ziemlich leicht von den roten Ohren. Der Hals war dagegen eine völlig andere Angelegenheit. Der festgeklebte Kaugummi wurde immer schmutziger, ich rubbelte und dehnte die zarte Haut. Als Elizabeth wimmerte und mich bat aufzuhören – und die Wallkill-Eltern mich böse ansahen, als sei ich ein Kinderschänder –, wandte ich mich Elizabeths Haar zu. Vergeblich versuchte ich, die verfilzten, klebrigen Haarsträhnen auseinanderzuziehen. Schließlich fing sie an, lauthals zu schreien.

Nach dem Spiel (wir hatten verloren) sammelte ich Bay ein, der komplett mit einer schweißgetränkten Schmutzschicht überzogen war; Danny, der aussah wie ein einziger Grasfleck, weil er während des gesamten Spiels versucht hatte, seine Grätschtechnik zu verbessern; sowie Elizabeth, die wimmerte. Und so strebten wir schweigend dem Auto, dem Zuhause, der Badewanne und der Schere entgegen.

Autofahren war für mich immer schon eine Art transzendentale Erfahrung. Es bietet die Möglichkeit abzuschalten, gleichsam auf automatische Steuerung umzuschalten und über die Wechselfälle des Lebens nachzudenken. Viele Väter erreichen diesen Zen-Zustand – nur wissen sie nicht, daß es sich um Zen handelt. Die Fahrt auf der Route 208 an jenem Nachmittag war genau so. Irgendwo zwischen Ireland Corners und Dressel's Orchards fiel mir ein, daß irgendwer irgendwann einmal etwas über Erdnußbutter und Kaugummi im Haar gesagt hatte.

Ich hatte nichts zu verlieren. Zu Hause holte ich unverzüglich das Glas mit der Erdnußbutter aus der Speisekammer, steckte drei Finger in die große Öffnung und holte eine Faustvoll der cremigen Masse heraus. Während ich ihr das klebrige Zeug auf den Hals und dann überall ins Haar schmierte und in die Kopfhaut massierte, als wäre es Shampoo, schaute sie genauso erschrocken und amüsiert drein wie ich.

Sie kicherte wie ein Kind, das etwas wirklich Böses hinter Mamis Rücken tat. Und ich lachte, weil sie nicht weinte und ich das Gefühl hatte, hinter Mamis Rücken etwas Verbotenes zu tun, und weil sich die Strähnen tatsächlich voneinander lösten! Ein Wunder!

Als Patti zwei Tage später nach Hause kam, holte ich sie mit Elizabeth vom Flughafen ab. Elizabeths Haar war sauber und gekämt. Wir grinsten, denn jetzt wußten wir, daß Handlungen tatsächlich in Weisheit enden. Deshalb lautet mein Rat: Zwar kann ich guten Gewissens kein spezielles Produkt zum Haarentfilzen empfehlen, doch wahrscheinlich klappt es mit dem einen so gut wie mit dem anderen. Jedoch würde ich mich von allen Marken mit kleinen, dicken Stückchen hüten sowie vor den Sorten, die der Erdnußbutter Gelee hinzufügen.

Buddhistische Freuden (am Nachmittag)

Sex, Lügen und süßes Kakao-Müsli

Wenn wir das Satori erlangen und das Satori zeigt sich auf unserer Nasenspitze wie ein Stück Hundekot, dann ist das gar nicht schön.

TAISEN DESHIMARU

Ein weiteres Axiom im Leben aller Eltern lautet: Wenn Kinder Wind von der sexuellen Anziehungskraft zwischen Vater und Mutter bekommen – und diese liegt natürlich in der Luft –, werden sie einschreiten und das gloriose Ereignis mit aller Macht sabotieren.

Selbstverständlich mißgönnen die kleinen Teufel ihren Eltern nicht die kleinen Freuden, die ihnen im Leben als Erwachsene noch bleiben. Doch habe ich wirklich Zweifel, ob die elterliche Lust und Freude im Denken eines gesunden Kindes einen hohen Stellenwert einnehmen. Dennoch dürften alle Kinder intuitiv die bedrohlichen Verzweigungen der Sexualität zwischen den Eltern verstehen. Deshalb wachen Säuglinge wohl auch stets dann auf, und Kleinkinder stürmen stets dann ins Zimmer, wenn die Dinge langsam in Schwung kommen. In ihrer zarten kleinen Seele ist Sex gleich Baby. Außerdem bringt ein Neugeborenes Unheil, und das nicht nur für das Kind, das seine Versorgung mit Milch schützen muß, sondern auch für die älteren Kinder, die die Ökonomie des Essens und der Zeit und die abgründigen Wirkungen auf die Dynamik innerhalb der Familie begreifen, sobald eine Schwester oder ein Bruder mehr in der Familie ist.

Daher liegt es im wohlverstandenen Interesse jedes Kindes, daß die Eltern im Zölibat leben.

Aber natürlich hat das Leben seine eigenen, nur schwer

begreifbaren Wonnen. Ungefähr zu der Zeit, da die jungen Eltern glauben, daß der Koitus interruptus die einzige noch verbliebene Form des Geschlechtsverkehrs ist, öffnen sich die Freuden des »Nachmittagsschläfchens« wie Lotusblüten. In der Tat gibt es nichts vergleichbar Herrliches und spirituell Erhöhendes als ein »Schläfchen« am Samstag oder Sonntag, wenn man sich mit seiner/seinem Liebsten eine Stunde lang oder länger allein und ungehindert den Wonnen des Nachmittags hingeben kann.

Der Mittagsschlaf ist für jedes junge Elternpaar eine fabelhafte Oase. Im allgemeinen brauchen und wollen Kleinkinder nämlich nicht nur ihre tägliche Siesta, sie stemmen sich auch nicht mit derselben stählernen Wildheit gegen die Mittagsruhe wie gegen die Anweisung, »ins Bettchen zu gehen«. Selbst ganz kleinen Kindern ist bei allem begrenzten Erfahrungsschatz klar, daß ein Mittagsschlaf nur eine vorübergehende Pause von der Freude bedeutet, die Eltern um den Verstand zu bringen. Außerdem wissen sie, daß ihnen nach dem Aufwachen zum Erreichen ihrer Ziele im Leben immer noch ein ganzer Tag mit Aa-Machen übrigbleibt.

Als Cael im Krabbelalter war, fiel es uns leicht, diese Art Satori am Nachmittag zu erlangen. Wenn sich die Gelegenheit ergab und das Verlangen da war, gingen wir rasch ins Bett, sobald er sich mit seinem Schmusetier im Kinderbett eingekuschelt hatte. Manchmal schliefen wir sogar, eine andere Art Satori für alle, die der Windeln überdrüssig sind.

In den Genuß der Freuden am Nachmittag kommt man dann schwer, wenn sich die Familie um ein Kind oder mehrere Kinder vergrößert hat. Nur wenn alle ihr Schläfchen halten – und zwar gleichzeitig –, besteht die Möglichkeit, daß diese heimlichen kleinen Oasen der Befreiung vom harten Elterndasein zu mehr als einer Erinnerung, einer Fata Morgana oder einer als Hmmm eingestuften Phantasie werden.

Genau an diesem Punkt muß man sich opportunistisch, verschlagen, unaufrichtig und völlig libidogetrieben verhalten.

Wie ein Teenager. Was man im Herzen sowieso ist. Ab diesem Zeitpunkt beginnt die wahre Suche nach der nächsten Stufe des Satori.

Alle Männer und Frauen auf der ganzen Welt wissen auf Grund ihrer verschlagenen Teenagerzeit, daß nichts heißer, schärfer oder auf frustrierende Weise erregender ist als Sex auf der Couch, nachdem sich die Eltern schlafen gelegt haben – oder am Abend ausgegangen sind. Doch zur Erlangung dieser Freuden, und das wissen wir auch, gehören Planung und ein höheres Bewußtsein für die Metarealität heimlicher Sexualität. Auch Eltern müssen vorausdenken.

Die Technik, mit der man Nachmittags-Satori der Stufe zwei erreicht, läßt sich ziemlich leicht erlernen. Dabei gilt es, sich strikt an das folgende, einfache Regelwerk zu halten:

REGEL 1: Vergewissern Sie sich, daß der Partner auf der gleichen Seite des gleichen Buchs von Anne Rice angelangt ist. Wenn man ein romantisches Stelldichein arrangiert und zum begierigen Sprung ins eheliche Bett angesetzt hat, gibt es keine größere Enttäuschung, als festzustellen, daß die Angebetete tatsächlich ein Schläfchen halten möchte.

REGEL 2: Niemand außer den Verschwörern darf jemals Wind von den Plänen bekommen. Keine öffentliche Zurschaustellung von Zärtlichkeiten. Jegliches Küssen, Schmusen, Aneinanderreiben, Berühren und Seufzen (sowie alle tierhaften Laute) sind untersagt. Es gilt, ein tadelloses elterliches Gebaren an den Tag zu legen. Das Vorspiel muß in völliger Abgeschiedenheit stattfinden: im Nachbarzimmer, im Badezimmer, hinter dem Küchentresen, überall – nur nicht vor den Kindern. Denken Sie daran: Die Sache liegt in der Luft. Passen Sie also auf.

REGEL 3: Werden Sie nicht kreativ. Der altbewährte Schläfchenbetrug ist der einzig vernünftige Weg. Die Kinder werden Ihnen mitten ins Gesicht kichern, wenn Sie etwas sagen wie: »Mami und ich wollen etwas Wichtiges im Schlafzimmer erledigen, also stört uns bitte nicht.« Kinder haben nur wenig Achtung vor der Arbeit, vor allem wenn sich die Eltern ständig darüber beschweren. Und mit Sicherheit werden die Kinder nicht zulassen, daß Sie sich so lange unbemerkt davonschleichen, wie Sie zur Verwirklichung Ihrer beider Ziele brauchen. Alle Kinder besitzen einen eingebauten Sonardetektor, der die verlorengegangenen Eltern alle zehn bis fünfzehn Minuten aufspürt.

Kinder verstehen, daß ein schlafender Elternteil fast immer einem hellwachen vorzuziehen ist. Zwar sollen Mami und Papi in der Nähe sein, falls etwas Schlimmes passiert, doch sie wissen auch, daß ein schlafender Elternteil nie die lustigen, schlimmen Sachen herausfinden wird, beispielsweise das Naschen aus der Keksdose oder das Spielen in der Küchenspüle. Da ihnen außerdem bewußt ist, daß man bald aufstehen wird, bereitet ihnen das Gefühl, etwas Verbotenes zu tun, fast ebensoviel Vergnügen wie einem selbst. Ein perfektes Zusammenspiel.

REGEL 4: Kakao-Müsli. Es gibt keine vernünftige Ausrede dafür, zuckerhaltige Frühstücksflocken im Hause zu haben – außer für solche besonderen Gelegenheiten. Dann aber werden sie zu einem unverzichtbaren Bestandteil der Endplanungen. Wechseln Sie, bevor Sie das Zimmer verlassen, in Ihre väterliche Stimmlage über. Zählen Sie auf, was – auf keinen Fall – berührt oder getan werden darf, und sagen Sie dann: »Ich gebe euch jetzt knuspriges Kakao-Müsli – falls ihr Hunger bekommt.« Natürlich nehmen die Kleinen die Bestechung an. Auf diese Weise werden sie Sie nicht nur los, sondern werden dafür auch noch belohnt. Außerdem sind sie eine Weile beschäftigt.

Mehr muß man gar nicht tun. Dann gehen Sie ins Schlafzimmer, schließen die Tür hinter sich und erleben die Freuden des Hier und Jetzt, während Ihre Kinder ganze neue, hinterhältige Vergnügungen entdecken.

Ein letzter Vorbehalt: Weder Sie noch Ihre Partnerin (auch

nicht das Bett oder die Dielen) dürfen irgendein Geräusch machen. Und nachdem alles vorüber ist, dürfen Sie auch nichts zu Seliges sagen oder zu beglückt dreinblicken. Wenn die Kinder nämlich denken, daß Sie etwas derart Unglaubliches direkt unter ihren Augen getan haben, werden Sie niemals wieder in den Genuß der Wonnen des nachmittäglichen Satori kommen.

5

Frühzeit des Satori: Das Zeitalter des Friedens vor den Teenagerkriegen

Der Zen-Pfadfinderinnenführer

Wie ein Vater eine Gruppe kleiner Mädchen in die Wildnis führte, als keine Mütter in Sicht waren

Das Zen lehrt nichts: Es ermöglicht nur, daß wir aufwachen und uns bewußt werden. Es lehrt nicht, sondern zeigt.

D. T. SUZUKI

Ich gehöre zu den wenigen Männern in Nordamerika – vielleicht auf der Welt –, die den Pfadfindereid aufsagen können. Außerdem kann ich »I've got something in my pocket that belongs across my face ...« (komplett mit den richtigen Handbewegungen) singen, Auszeichnungsmedaillen bestellen und verleihen, die Prinzipien von Juliette Low unterrichten sowie als Choreograph und Regisseur eine ernste, aber Kodak-hübsche Beförderungsfeier leiten, zu der eine dreiminütige Drehbuchversion der »Geschichte der Pfadfinder« gehört. Außerdem weiß ich, welche Snacks die Kleinen mögen, aber keine Flecken hinterlassen.

1979 wurde Patti zur Pfadfinderführerin der Gruppe 242 ernannt. Nancy ging damals in die erste Klasse. Patti war – und ist – für mich der Inbegriff einer Pfadfinderinnenführerin, wenn ich das so sagen darf. Sie fühlte sich wohl bei Arbeiten mit Pappe wie auch beim Binden von Halstüchern und beim Ausheben von Latrinen. In diesen ersten Ehejahren war ich ein pflichtbewußter Vater und Ehemann: Fotoapparat in der Hand, besuchte ich sämtliche Feiern, bereitete den Garten für Zeltlager vor und hörte aufmerksam zu, wenn Nancy ihre aufregenden Monologe über den Erwerb von Tapferkeitsmedaillen oder die Sicherheitsvorkehrungen auf Zeltplätzen hielt. Aber ich gebe gerne zu, ich war nicht gerade ein echter

Pfadfiner-*Fan*. Ich nahm teil, um gerade so zurechtzukommen. Aus irgendeinem Grund – ich weiß nicht mehr, welche Schwangerschaft Patti in die Quere kam – mußte sie ein Jahr lang aussetzen, und die Truppe stand ohne Anführerin da.

Ohne daß man mich besonders drängen mußte und nur mit sehr geringen Kenntnissen der Pflichten, die mit einer solchen Aufgabe einhergehen, ausgestattet, übernahm ich die heilige Stellung des Pfadfinderführers. Tatsächlich brachte mich Patti so geschickt ins Amt, daß ich den Job tatsächlich haben wollte. Eines Tages bemerkte sie wie nebenbei, Dick Geuss, ein anderer Vater aus dem Ort, habe mehrere Jahre als Pfadfinderführer gedient. Einige Minuten später dachte sie laut darüber nach, warum nicht mehr Männer das »Zeug« dazu hätten, eine Gruppe von Erst-, Zweit- und Drittkläßlerinnen anzuführen.

Sie hatte meine Männlichkeit und meine Vaterschaft in Frage gestellt. Umgehend schrieb ich mich für einen Workshop über die Führung von Pfadfindergruppen ein, zusammen mit einem Dutzend Frauen aller Formen, Größen und jedweder sozialer Herkunft. Auf der ersten Kurssitzung blickten mich alle Frauen im Raum finster und neugierig an, mit einer Mischung aus vorsichtigem Staunen und äußerstem Abscheu. Hinter dem Lächeln und dem schlaffen Händedruck jeder einzelnen Mutter stand in (Neon-)Leuchtzeichen: O NEIN, NOCH SO EIN DICK GEUSS, NUR DIESER HAT AUCH NOCH LANGE HAARE. Und dahinter: *Was zum Teufel will der hier? Meinen Mann würden keine zehn Pferde hierherkriegen!*

Aber ich hielt durch, und zwar so, wie Männer mit Frauen immer durchhalten, wenn sie aus ihrem männlichen Element vertrieben wurden: Sie erweisen sich als unfähig. In der zweiten Sitzung wartete jede Anwesende im Grunde nur auf die Gelegenheit, mich zum »Traumtänzer« zu stempeln. Ich gewann zwar nicht ihre Achtung, aber ihre Zustimmung – und erhielt den Eignungsnachweis.

Ab diesem Zeitpunkt organisierte ich Pfadfindertreffen,

sang die Pfadfinderlieder, sprach das Pfadfindergelöbnis, servierte die Pfadfinder-Snacks und übte mich in den Pfadfinderkünsten, von denen ich nicht geglaubt hatte, daß Männer sie beherrschen könnten. Im Frühling verkündete ich dann meine Absicht, mit den Mädchen in den Wald zu gehen, damit wir endlich das Lesen von Tierfährten erlernen könnten.

Meiner Ankündigung, die – wie vorauszusehen war – mit großer Begeisterung aufgenommen wurde, folgten ein höchst unbehagliches Schweigen und ein zittriger Sprung zum nächsten Punkt auf der Tagesordnung. Ein paar Tage später erreichte mich ein Schreiben des »Councils«, in dem es hieß, man könne mir *nicht* erlauben, die Mädchen ohne Begleitperson auf einen Waldspaziergang mitzunehmen. Man könne einem einzelnen männlichen Erwachsenen die Zustimmung, sich allein im Wald mit unschuldigen kleinen Pfadfinderinnen zu bewegen (»Wir gehen in den Wald! Nein, in diese Wildnis dürfen Sie auf keinen Fall mit den Kindern.«), nicht erteilen.

Vermutlich meinte man, ich sei zwar imstande, im Keller der Reformierten Kirche meine dunkle Seite zu beherrschen, aber nicht in der bergigen Wildnis von New Paltz, wo ich alle zivilisierte Zurückhaltung und ... aufgeben würde ... und was? *(Er ist mit diesen vielen Kindern zusammen!)*

Tief getroffen – und erfüllt von der selbstgerechten Empörung, die man aufbringt, wenn man sich zu Unrecht beschuldigt fühlt –, bereitete ich meinen Angriff gegen das Council vor. Ich würde Briefe schreiben. Drohen, die Sache vor Gericht zu bringen, bis nach Washington vor den Bundesgerichtshof. Das war Verleumdung, Rufmord, institutionelle Voreingenommenheit, umgekehrte Diskriminierung der schlimmsten Art! Und außerdem – was sollte ich mit den kleinen Mädchen tun, jetzt, wo es draußen so heiß war.

Patti hatte die ausdrückliche Absicht geäußert, im nächsten Jahr wieder eine Pfadfinderinnengruppe zu leiten. Da sie überdies die engstirnigen Machenschaften innerhalb der Führungsriege der Pfadfinderinnen kannte, riet sie mir ab, vors Bundesgericht zu ziehen. »Tu's einfach«, sagte sie. »Niemand dort oben wird jemals etwas davon erfahren.«

Ich hab's also getan. Wir durchstreiften den Wald und die Sumpfgebiete und sahen die Fährten von Rehen, von Hasen, Waschbären und vielleicht (nur vielleicht) von Bären. Am Ende des Tages konnte sich zwar niemand mehr daran erinnern, was er gesehen hatte, mit Ausnahme der Rehlosung, die fast so aussah wie Karnickelködel. Aber es hatte Spaß gemacht (auch wenn ich Olivia Garrison praktisch ununterbrochen tragen mußte, da sie keinen Sand in ihre weißen Schuhe bekommen wollte). Außerdem hatte ich wirklich eine Lehrstunde erhalten, die mir zeigte, wie Kinder lernen. Man lädt sie in die Wildnis ein, und dabei erfahren sie vollkommen neue Dinge. Man tut es einfach. Jeder findet etwas, das er mit nach Hause nehmen kann. Und wenn es Giftefeu ist.

Der Zen-Fußballtrainer

Und das dämonische innere Kind im Gartenstuhl

Wir brauchen die Baseball-Jugendliga nicht. Man braucht nicht einmal neun Kinder. Vier reichen vollauf – ein Werfer, ein Schlagmann und zwei Fänger. Man kann den ganzen Tag Ball spielen. Meine Kinder haben ständig versucht, mich zum Mitmachen zu bewegen, aber ich habe ihnen jedesmal geantwortet: »Spielt mit euren Brüdern!« Wenn Kinder etwas tun wollen, dann finden sie's schon allein heraus. Sie brauchen keine Erwachsenen, die ihnen das Spielen abnehmen.

YOGI BERRA

Als Cael alt genug war, um in der Jugendliga zu spielen, mußte ich mich entscheiden, ob ich mich in die Trainerelite der schroff klingenden älteren Herren mit ihren Trillerpfeifen oder in die Liga der jüngeren Väter einreihen wollte. Die Wahl fiel mir leicht.

Als ehemaliger »Star« in drei Sportdisziplinen während meiner High-School-Zeit (der mit jedem Jahr heller erstrahlte) sowie als leidgeprüfter Anhänger der Dodgers und ewiger Knabe, der im Körper eines alternden Mannes steckt, wußte ich nur zu gut Bescheid über Väter und Söhne und darüber, wessen Ansehen auf dem Spiel steht, wenn man als Junge die Arena des Sports betritt. (Damals war ich noch ziemlich naiv und hatte keine Ahnung, daß auch Sportmütter superehrgeizig sein können.)

Also drückte ich mich. Ich fürchtete, nicht genug über die Entwicklung von Fertigkeiten, über Spielstrategien und die Förderung der nötigen Härte zu wissen, um den Eltern einen guten Dienst zu erweisen, deren Söhne die zukünftigen Baseballstars der westlichen Welt sein wollten. Für mich wäre es erniedrigend – und für Cael eine abgrundtiefe Demütigung –, wenn ich vor einer Gruppe bulldoggesichtiger Mannsbilder stehen würde und meine Lebensphilosophie zu erklären versuchte, daß nämlich Sport Spaß machen soll.

Als Nancy neun Jahre alt war und die neugegründete, koedukative Fußballiga der Stadt nach Trainern suchte (das heißt bettelte), die eine Mannschaft führen konnten, hing ich mir eine Pfeife um den Hals und stürzte mich ins Getümmel. Da man damals in den USA von Fußball überhaupt keinen Schimmer hatte, meinte ich, daß die Eltern es nicht beurteilen könnten, ob ich gute Arbeit leistete. Und da ich außerdem eine Tochter hatte, würde man meinen laxen Führungsstil wohl mit größerem Wohlwollen betrachten, hoffte ich.

Die ersten Wochen als Coach der *Blue Murder* waren mörderisch. Ich weiß nicht, welcher Teufel mich ritt, aber kaum hatte ich meine Pfeife erhalten und mir in den Mund gesteckt, verwandelte ich mich von einem Hippie-Trainer *(Der Sieg ist nicht alles.)* in die Reinkarnation eines der härtesten Trainer unter der Sonne *(Es gibt nur eine verfluchte Sache: den Sieg.)*.

Stundenlang bereitete ich mich auf die eineinhalbstündigen Trainingseinheiten vor. Ich dachte mir Übungen zur Ballbehandlung aus, führte zwischen den Trainingseinheiten zur Entwicklung spezieller Fertigkeiten aufmunternde Gruppen- und Einzelgespräche ein und initiierte Erörterungen zur Spielstrategie, die ich mit gut durchdachten Einsichten über die Bedeutung des Sports und des Lebens spickte. Ich erzählte meinen Schützlingen, es sei zwar nicht schlimm zu verlieren, wir aber dennoch gewinnen *müßten*.

Im Grunde war es furchtbar. Während der meisten Übungseinheiten versuchte ich dafür zu sorgen, daß die Kinder meinen Fußballweisheiten lauschten. Aber sie hörten mir nicht zu. Ich kam mir vor wie ein Vertretungslehrer, der die Schüler nach einem anstrengenden Tag in der Schule zur Erledigung der Hausaufgaben zwingt. Es ging mir schlecht. Den Kindern, die nur herumtoben, schreien und in der frischen Herbstluft Fußball spielen wollten, erging es ebenso.

Dann kam unser erstes Punktspiel. Schon kurz nach dem Anpfiff wurde deutlich, daß sich die Spieler an nichts mehr von dem erinnerten, was ich ihnen über Raumaufteilung und Paßspiel eingeschärft hatte. Nicht einmal einen Einwurf konnten sie regelgerecht ausführen. Offensichtlich hatten aber auch die Spieler der gegnerischen Mannschaft alles vergessen, was der Trainer ihnen eingeschärft hatte. Auf dem Rasen tummelten sich zwei Schimpansenhorden, die sich nur an der Farbe der Trikots unterscheiden ließen und jedem Ball nachjagten, der ihnen vor die Füße sprang. Aber alle hatten einen Riesenspaß.

Und mir hätte es auch Spaß gemacht, wären da nicht die gegnerischen Eltern gewesen. Die saßen nämlich grüppchenweise in Gartenstühlen an der Außenlinie, jubelten, wenn ein Kind ein anderes ausspielte, beschimpften den bedauernswerten Amateurschiedsrichter, stießen üble Flüche aus, wenn ein schmächtiges Kind dem wie ein Stier herannahenden Gegenspieler auswich, und stöhnten in unverhohlenem Abscheu auf, wenn ein Kind eine gute Torchance ausließ oder vernünftigerweise vor einem aus größter Höhe herabstürzenden Ball den Kopf einzog.

In der zweiten Spielhälfte kam ein Vater wutentbrannt auf mich zugestürmt und fing an, mit einem Stock Angriffszüge in den Sand zu malen. Ich bedankte mich und sagte ihm, ich sei im Augenblick schon froh, wenn die Spieler alle in die richtige Richtung liefen. Er warf einem anderen rotgesichtigen Vater einen Seitenblick zu und schüttelte bedauernd den Kopf, als sei ich nicht nur unter aller Kritik, sondern als hätte er auch jede Hoffnung aufgegeben, ich könnte mich je bessern.

In diesem Augenblick beschloß ich, meine Trainerkarriere zu beenden. Ich erlaubte den Kindern dasselbe Vergnügen beim Fußballspielen, das ich als Kind hatte, wenn keine Erwachsenen in der Nähe waren. Außerdem hatten wir recht gut abgeschnitten. Wir konnten eine ausgeglichene Punktebilanz vorweisen und feierten den Saisonabschluß in einem Heim für jugendliche Straftäter mit Softeis für alle.

Zwei Jahre später trainierte ich Addies Mannschaft. Ich gab weniger Anweisungen, ermutigte die Kinder mehr und lernte allmählich, den Tanz des Lebens von der Außenlinie zu genießen. Wir gewannen alle Spiele, aber nicht auf Grund meines Trainingsstils. Dann als Trainer von Clovers Mannschaft, die kein Spiel gewonnen hätte, hätte es da nicht einige äußerst glückliche Siege gegeben, erreichte ich allmählich den Zustand des trainerlosen Trainings.

Als Danny an die Reihe kam, verbrachte ich eine ganze Trainingseinheit damit, verschiedene Schußarten zu üben und die Spielregeln zu erklären – und ließ die Kinder die übrige Saison machen, wozu sie Lust hatten. Während der Mannschaftsbesprechungen erwähnte ich gelegentlich, sie sollten den Ball in die richtige Richtung befördern (was bei zumindest zwei

Kindern ein bedeutender Fortschritt war), die Position halten (sich nicht, wie es beide sonst immer taten, um den Ball scharen), sowie die Vorzüge des Paßspiels (Schwamm drüber!). Schließlich konnten wir eine ausgeglichene Punktebilanz vorweisen – gar kein schlechtes Ergebnis.

Sollte man mir jemals wieder gestatten, eine Mannschaft zu trainieren, dann wird meinen Führungsstil kennzeichnen, daß ich den Kindern einen Ball in die Hand drücke und sie Fußball spielen dürfen. Die Kinder werden's schon machen. Ich werde mir einen Kaffee und eine Zeitung holen, mich an die Seitenlinie setzen und helfen, wenn sich jemand verletzt hat oder zur Toilette muß.

Vor dem ersten Spiel werde ich ein obligatorisches Elternspiel anberaumen, in dem die Kinder in Gartenstühlen an der Außenlinie sitzen und wie unausstehliche Kinder schreien, wenn die Spieler ihre Gegner nicht attackieren, vor einem Kopfball ausweichen, den Ball verfehlen – oder zu erschöpft sind und sich kurz ausruhen.

Wie der Yogi sagt: Die Kinder werden's schon allein herausfinden.

Sag einfach ja

Wenn Ja Nein bedeutet und Nein Ja

Es ist nahezu unmöglich, das Wort »Wirklichkeit« ohne Anführungszeichen zu verwenden.

JOSEPH CAMPBELL

Vor fast zehn Jahren saß ich einmal auf der Veranda und hörte im Halbschlaf einer Gruppe von Kindern zu. Sie standen neben unserer Schaukel, und ein Mädchen rief: »Tun wir so, als ob Ja Nein bedeutet und Nein Ja!« Die anderen, die wild drauflosschaukelten, sich emporschwangen, die Beine hoben und sich um die eigene Achse drehten, kreischten so laut und voller Freude, als sie diesen Vorschlag hörten, daß ich aufwachte.

Eine äußerst elegante Idee: Ja ist Nein und Nein ist Ja. Alle Kinder haben zu allen Zeiten das gleiche getan: Sie haben die Welt umgekrempelt, weil sie herausfinden wollten, wie es wirklich darin zugeht. Augenblicke später rannten sie zu mir auf die Veranda. Dann standen sie vor mir, lächelnd, mit schmutzigen Gesichtern und keuchend.

»Hallo, Kinder. Habt ihr Spaß?«

»Nein.« Einige kicherten.

»Wollt ihr etwas trinken?«

Sie sahen einander an und kicherten erneut. »Nein.«

»Wollt ihr ein paar Kekse?«

»Nein!« brüllten sie einstimmig.

»Wollt ihr ... das Geschirr abwaschen?«

»Ja!«

»Den Fußboden wischen?«

»Ja!!!«

Als ich dann noch die Frage stellte, ob sie das Bad reinigen wollten, wälzten sie sich hysterisch kreischend auf dem Boden.

Bald verloren sie jedoch den Spaß an dem Gespräch. Sie waren intelligent genug, um zu wissen, wann sie die Kekse nehmen und wieder spielen mußten. Also zogen sie ab, und ich setzte mich wieder ans Fenster. Dort dachte ich über das Wesen der Wirklichkeit nach, es war eine Art Epiphanie. Es stimmt: Ja ist Nein und Nein ist Ja.

Doch erst als Elizabeth viele Jahre später die Wahrheit dieses Prinzips demonstrierte, ging mir auf, wie es auf die Realität anzuwenden ist.

Es war wohl Patti, die die kleinen Pfützen, die sich unter dem mit Algen verkrusteten Aquarium bildeten, entdeckt hatte. Aber das ist unwichtig. Nachdem sie überprüft hatte, daß das Aquarium kein Leck hatte, wischte sie das Wasser auf und zählte die Fische in dem schlammigen Wasser: Einer fehlte. Nur einer.

Sofort wurde der Familienrat einberufen. Und da standen wir nun um das Aquarium mit dem von Sauerstoffbläschen durchzogenen Wasser, so wie Männer vor der offenen Haube eines fahruntüchtigen Wagens, die durch Vorspiegelung falscher Kenntnisse ein Problem lösen wollen, das sie nicht durchschauen.

Bald wiesen die älteren Spürnasen (Clover, Danny, Patti und ich) kollektiv mit dem Finger auf Sammy, den Kater. Alle Indizien wiesen darauf hin, daß dieser Erzschurke der Mörder war. Er schlich davon, als hätte er immer noch den Geschmack von tropischem Fisch im Maul.

Bay, der gern von allen das beste glaubt, einschließlich Katern wie Sammy, überlegte laut, ob der Fisch aus dem Aquarium herausgesprungen sein könnte. Danny verzog das Gesicht. »Wenn er herausgesprungen ist, Sherlock, wo ist er denn jetzt?«

Plötzlich vernahmen wir hinter uns Elizabeth, die leise sagte: »Der Fisch ist nicht in meinem Poesiealbum.«

»Wie bitte?«

»Der Fisch ist nicht in meinem Poesiealbum.«

Ahhhhhh. Patti rannte ins Kinderzimmer, wo sie Elizabeths Poesiealbum und den Zierfisch fand, der wundersamerweise noch lebte. Rasch deponierte sie ihn wieder in seinem Zuhause in den schlammigen Tiefen.

Mit einem Herzen voller Freude lief ich zum Spiegel und las von meinen Lippen: Nein, Ja bedeutet Nein. Doch, Nein bedeutet Ja.

Nein? Doch, eigentlich schon.

Die Regeln der Straße

Als ich Danny darüber aufklärte, wie Erwachsene die Wahrheit sagen

Tu, was ich dir sage, aber richte dich nicht danach.

JEDER VATER, JEDE MUTTER

Ich fuhr mit meinem neunjährigen Danny auf den New-York-State-Highway, das Radio plärrte. Wir wechselten kein Wort. Völlig abrupt, schien mir, beugte er sich zur Seite und sah auf den Tachometer. Dann äußerte er schlicht, aber treffend, daß alle Fahrer das Tempolimit überschritten. Das stimmte. Ich fuhr meine »gesetzestreuen« 63 Meilen pro Stunde, und wir befanden uns auf der rechten Fahrspur. Fast alle Wagen überholten uns.

Angesichts der erbärmlichen Wahrheit erschien es mir sinnlos, Ausreden vorzubringen (»Die Polizei nimmt es nicht so ganz genau mit den gesetzlich erlaubten fünfundfünfzig Meilen«), glatte Lügen (»Tachometer gehen oft um zehn Meilen falsch«) aufzutischen oder, noch schlimmer, vor Danny den Spruch anzubringen: »Tu, was ich dir sage, aber richte dich nicht danach.« Ich stellte das Radio leiser und pflichtete ihm lustlos bei, daß sich die meisten Menschen nicht genau an die Regeln halten. Anschließend wollte ich ein guter Vater sein und drosselte das Tempo auf fünfundfünfzig Meilen pro Stunde. Ich hatte das Gefühl, wir führen mit vierundzwanzig. Nach den heftig bremsenden Wagen zu urteilen, die ich im Rückspiegel sah, hätte ich fast einige Auffahrunfälle verursacht.

Als wir zu Hause ankamen, verzog ich mich längere Zeit ins »Büro« (Sie wissen schon, Papis Büro mit einem Waschbecken, einem Klosett und jeder Menge Zeitschriften). Dort wollte ich überlegen, was man sagen oder tun kann, um einem aufgeweckten Neunjährigen die Heucheleien der Erwachsenenwelt erklärlich zu machen, – und wie man trotzdem dafür sorgt, daß er die Spielregeln einhält.

Ich gehöre zur »Stellt die Autorität in Frage«-Generation und habe mich nie besonders eng an die Regeln gehalten.

Allerdings habe ich im Laufe der Zeit die üblichen Anpassungen vorgenommen: Ich gehe zur Arbeit, zahle Steuern, mähe den Rasen, halte meine Ehe in Ehren, blablabla … Im großen und ganzen lebe ich zwischen den Zeilen. Sie wissen schon …

Andererseits gebe ich zu – jedoch nur, um hier nichts auszulassen –, daß zu meinen weiteren kleinen Vergehen und Heucheleien gehört, bei Rot über die Straße zu gehen und Kerngehäuse von Äpfeln aus dem Fenster in den Wald zu werfen. Diese Vergehen hat mein Junge auf Abwegen offenbar durchaus wahrgenommen – ja, mehr noch: Da er ein intelligentes Kind ist, ist ihm kaum ein Beispiel meiner Doppelmoral entgangen. Bereits im Alter von neun Jahren sah er, daß der Sportlehrer einen Bierbauch hatte. Er beschwerte sich darüber, daß einige Lehrer *ihre* Hausaufgaben nicht erledigten. Und aus Fernsehsendungen wußte er, daß manche Politiker korrupt sind, daß es Priester gibt, die sich an Kindern vergehen, Sportler, die Dopingmittel nehmen, und daß einige Filmstars in moralischer Hinsicht verkommen sind.

Insofern würde es ziemlich schwierig sein, einem Viertkläßler die Bedeutung von Geschwindigkeitsregeln nahezubringen. Und deshalb blieb mir, wie ich fand, nur ein Ausweg: die Wahrheit.

Also fuhren Danny und ich am nächsten Tag wieder auf den Highway, weil wir herausfinden wollten, wie man es in Amerika mit dem Tempolimit hält. Ich sollte das Auto mit 60 Meilen pro Stunde steuern. Dannys Aufgabe bestand darin, die Anzahl der Autos zu zählen, die wir überholten, wie auch die, die uns überholten.

Als ein Wagen mit älteren Damen aus New Jersey mit einem Tempo an uns vorbeijagte, als würde es ein multikulturelles Feld von zwei-, vier- und sechszehnrädrigen Fahrzeugen anführen, und uns in einer Staubwolke zurückließ, begann Danny zu zählen. Auf dem Platz vor der Gebührenstelle am Harriman-Einkaufszentrum, über fünfzig Meilen von unserer Ausfahrt entfernt, fand ich, ich hätte ihm genug gezeigt.

Danny zählte zusammen. Es war ein K.o., ein demütigender Schlag ins Gesicht der Hüter von Gesetz und Ordnung: 122 zu 0. Auf der gesamten Fahrt auf dem Highway hatte ich kein einziges Fahrzeug überholt. Ich hatte nicht mal gebremst.

Wir sahen einander an und – was sollten wir sonst tun? – lachten wie kleine Kinder. Auf der Nachhausefahrt sinnierten wir über die Widersprüche des Lebens. Plötzlich sagte der neunjährige Danny ganz spontan, die meisten Autos seien gar nicht an uns vorbeigesaust und keines sei unkontrollierbar ins Schleudern geraten. Wir beide schätzten, daß die meisten mit fünfundsechzig bis siebzig Meilen pro Stunde gefahren waren. Dann fragte er sich laut, was geschähe, wenn man das Tempolimit auf fündundsechzig Meilen pro Stunde erhöhte. Dann beantwortete er selbst die Frage: Alle Leute würden zwischen fünfundsiebzig und achtzig Meilen pro Stunde fahren.

Wir stimmten überein, daß die Welt ein komischer Ort sei. Sie sei zwar nicht so, wie sie sein sollte, aber sie weise doch eine große Ähnlichkeit mit sich selbst auf. Als wir an jenem Abend nach Hause zurückkehrten, legte ich Danny den Arm um die schmalen Schultern. Dabei fuhr ich stetig neunundfünfzig, ein akzeptabler Kompromiß für zwei Männer, die etwas über die Grenzen der realen Welt gelernt hatten.

Wer trägt in Ihrer Familie den Gürtel?

Wie man sein Kind völlig mißversteht

Wenn man die Fenster der Wahrnehmung reinigte, erschiene dem Menschen alles so, wie es in Wirklichkeit ist: unendlich.

WILLIAM BLAKE

Bay sitzt mit übereinandergeschlagenen Beinen auf dem ungemachten Doppelbett. Für sein Alter, er ist fünf, ist er viel zu klein. Das runde Kinn auf die weiche Handfläche gestützt, sieht er mir aufmerksam zu. Als ich gedankenverloren meinen dunklen Nadelstreifenanzug anziehe, bin ich mir kaum bewußt, daß er jede meiner Bewegungen beobachtet.

Ein für uns beide bedeutendes Ereignis steht bevor – wenn auch aus dem einzigen Grund, daß es nur selten geschieht. Ich trage nämlich selten – ganz selten – einen Anzug. Seit zwanzig Jahren bin ich Lehrer, den Ellbogenflickenlook läßt man mir also durchgehen. Als Schriftsteller bin ich mit noch erheblich weniger Kleidung durchgekommen.

Strenggenommen habe ich seit meiner Heirat 1968 nur einen Anzug besessen. Zu Hause nennt man ihn witzelnd meinen Hochzeits- und Beerdigungsanzug. Leider kleide ich mich an diesem Morgen nicht für eine Trauung an. Während ich im eichenholzgerahmten Spiegel meine tiefliegenden Augen sehe, suche ich nach der Antwort auf eine Frage, die sich weder in meinem Kopf noch auf meinen Lippen bildet.

In letzter Zeit bin ich auf einigen Beerdigungen gewesen. Vermutlich ist das normal, wenn man Mitte Vierzig ist. Die Welt kommt mir inzwischen erheblich kleiner vor als früher. Damals glaubte ich, alles sei möglich.

Während ich das frischgebügelte weiße Hemd zuknöpfe, kommt mir die unangenehme Erinnerung an die Leiche in der Anfangssequenz des Films *The Big Chill* in den Sinn. Als sich das Bild vor meinem inneren Auge formt, in dem ich mich leblos und hilflos zum letztenmal für die anderen anziehe, läuft es mir kalt den Rücken herunter. Dazu spielt ein disharmonisches »Joy to the World«.

Im Spiegel sehe ich, daß Bay den Kopf zur Seite neigt. Ich summe ein Lied: »Jeremiah was a bullfrog…« Einen Augenblick lang stimmt mich sein weiches, fragendes Gesicht noch trauriger, als ich es bereits bin. Die Zeit, die man mit den Kindern verbringt, ist so kurz. Es ist nie genug. Selbst wenn man sieben Kinder hat, die eine ganze Generation umfassen, gehen die Jahre zu schnell vorüber. Die Tage rasen vorbei wie die Fenster eines vorbeijagenden Zuges, die weichen Kindergesichter werden immer kantiger und wachsamer, argwöhnischer. Ich war noch ein junger Mann, als Cael geboren wurde. Wenn Elizabeth Bayou-Grace von der High-School abgeht, werde ich sechzig sein.

Als ich in die gebügelte dunkle Hose steige, schwöre ich mir hoch und heilig, mehr Zeit mit der Familie zu verbringen, solange ich noch die Gelegenheit dazu habe. Es gibt keinen besseren Beweis als diese Beerdigung des Vaters eines von Caels Freunden: Keiner weiß, wann seine oder ihre Zeit kommen wird. Feierlich schwöre ich, jeden vergehenden Augenblick ganz bewußt wahrzunehmen, mich weder in die Arbeit zu vergraben noch mich durch Fernsehkonsum betäuben zu lassen. Das Leben ist kein Scherz. Keine Sekunde darf leichtfertig vergeudet werden.

Während ich den Reißverschluß hochziehe, den Knopf durchs Loch stecke und den schwarzen Gürtel durch die Schlaufen fädele, rutscht Bay von dem großen Bett herunter. Als ich die glänzende Schnalle festziehe, knurrt mein Magen. Bay steht direkt neben mir, das Gesichtchen ein paar Zentimeter unterhalb meiner Hüfte. Als ich eine Krawatte aus dem Schrank hole, merke ich, daß er mir etwas sagen möchte.

»Papi?«

»Ja, Bay?«

»Wenn ich groß bin«, sagt er und legt den Kopf schief, »will ich genauso werden wie du.«

Die Tränen schießen mir so jäh in die Augen, daß ich mich hinknien muß. Ich strecke die Hand nach den schmalen Schultern und dem kleinen, mit weichem braunem Haar bedeckten Kopf aus. Ich möchte Bay so fest an mich drücken, daß wir uns nie mehr trennen, aber er lehnt sich zurück, als gebe es noch mehr zu sagen, und dann sagt er etwas, was mein Leben bis ans Ende meiner Tage erhellen wird: »Ja, wenn ich groß bin, möchte ich jeden Tag einen Gürtel tragen.« Und dabei nickt er genauso wie seine großen Brüder.

Eine perfekte Verabschiedung, ehe man zu einer Beerdigung geht. Allerdings weiß ich nicht, ob ich das Lächeln, das über mein Gesicht huschte wie nach einer billigen Pointe, unterdrücken konnte. Als ich nach Hause kam, sprang Bay mir in die Arme. Da umarmte ich ihn – zum Dank für die Umarmung, die ich zuvor versäumt hatte, und auch für den wunderbaren gesunden Menschenverstand, den er in mein Leben bringt.

Dann zog ich rasch den Anzug aus, und wir saßen herum und vertrödelten die Zeit.

Es ist neun Uhr abends: Wissen Sie, wo Ihre Kinder sind?

Als wir Clover bei den Vermilyes vergaßen

Wenn der Geist nirgends ist, ist er überall. Wenn er ein Zehntel beansprucht, ist er in den anderen neun Zehnteln abwesend.

TAKUAN

Patti lernte Kitty Vermilye vor über zwanzig Jahren kennen. Sie hatte auf eine Annonce im örtlichen Wochenblatt geantwortet, in der interessierte Mütter für eine Spielgruppe gesucht wurden. Während Nancy und Lydia an jenem ersten Morgen miteinander spielten, fanden die beiden Mütter in einer Art Geistesverwandtschaft zusammen, die bald so weit gedieh, daß sie ihre arbeitssüchtigen Ehemänner am Wochenende zu Einladungen mitschleppten, die diese höchst ungeselligen Wesen unbedingt zu vermeiden suchten. Und so wurden Steve und ich Freunde fürs Leben, und das, obwohl verheiratete Männer ohne ihre geselligen Ehefrauen gar keine Freunde fänden und obwohl wir beide immer zuviel zu tun hatten, so daß wir nichts gemeinsam unternehmen konnten, außer vielleicht zu essen.

Ich kann mich nicht mehr genau daran erinnern, wann diese Tradition einsetzte, doch irgendwann Mitte der siebziger Jahre begannen die Lewises und Vermilyes, sonntags miteinander zu Abend zu essen, jeweils abwechselnd im Haus des anderen Paares. Die Familien haben unterschiedlich viele Kinder (die Vermileys haben nur zwei). Dennoch entwickelten sich die Sonntagabende mit Steve, Kitty, Lydia und Jamie schon bald zur willkommenen Erholungspause vom Trubel in unseren zunehmend geschäftigen und komplizierten Leben.

Es war an einem Sonntagabend im Jahr 1984. Ich stieß mit

Patti an und erinnerte sie daran, so wie an vielen anderen Sonntagabenden nach einem dieser Essen, bei dem ausgiebig gelacht, viele Getränke verschüttet und schlechte Witze gerissen worden waren, daß ich vor dem Zubettgehen noch Klausuren korrigieren mußte. Das kam damals häufig vor. Es war Sonntag abend, aber in Gedanken war ich bereits mitten in den Wirren des Montags und bei meinem langen Unterrichtstag an zwei Colleges. Wir sammelten unsere Kinder ein, bedankten uns bei unseren Gastgebern und stiegen in unseren senffarbenen Wagen.

Kaum hatte ich die Kassette mit Bob Dylans *Highway 61 Revisited* eingeschoben, da kamen meine Gedanken völlig zum Stehen. Gedankenstau. Ich steuerte den alten Wagen die holprige, unbefestigte Straße hinauf, bog mit einem leichten Sprung in die Glen Circle Road ein, fuhr nach links auf die Forest Glen Road und dann noch mal links auf die Route 208. Ein paar Kilometer hinter Dressel's Orchards verspürte ich ein seltsames Gefühl der Leichtigkeit. Der Wagen schien tatsächlich instabiler auf der Straße zu liegen. Ich hatte ein Gefühl, als sei die Energie unvollständig. Das Zentrum der Schwerkraft hatte sich verschoben. Irgend etwas fehlte.

Hinter uns erhellten Scheinwerfer die dunklen Gestalten in den Sitzen. Ich zählte die Köpfe: eins, zwei, drei, vier... vier... vier... VIER! Ich schaltete die Innenbeleuchtung an. Da waren Cael, Nancy, Addie und Danny, sie blinzelten ins helle Wagendach und sahen mich böse an.

»Poochie«, rief ich über meine Schulter, weil ich meinte, sie sei eingeschlafen. »Poochie?... Poochie!«

»Wo ist Clover?« fragte Patti die Kinder – so, als wären sie, nicht wir, für sie verantwortlich. Cael, der nie ganz verwunden hat, daß wir nach ihm Kinder aus Fleisch und Blut bekommen haben, zuckte die Achseln, als handele es sich um eine belanglose Frage. Nancy, die vermutlich wußte, wo Clover war, an der Hysterie der Eltern aber sichtlich Freude hatte, sah aus dem Fenster. Und Addie, die wütend auf Nancy war und die Frage nicht gehört hatte, blinzelte immer noch mißmutig in die Innenbeleuchtung. Im gleichen Augenblick meldete sich Danny zu Wort – so lässig, als spreche er über das Wetter: »Die spielt bei den Vermilyes mit Jamie.«

Ich trat auf die Bremse, mit quietschenden Reifen beschrieb der Wagen eine scharfe Kehre. Dann rasten wir auf der 208 zurück. Als wir wieder auf der Bridge Creek Road waren, formte sich ein Kloß in meinem Magen. Als der Wagen über die unbefestigte Straße holperte, stellten Patti und ich uns vor, wie die zarte kleine Clover in einer Zimmerecke kauerte und hysterisch weinte. Sie würde untröstlich sein, gezeichnet fürs Leben durch eine Wunde in ihrer Seele und verurteilt zu einer Ewigkeit auf der Coach eines Psychoanalytikers. Schlimmer noch, sabbernd und plappernd würde sie in einer Irrenanstalt enden, die ein Mann leitete, der aussah und redete wie Mel Brooks. Leicht schleudernd kam der Wagen vor dem Haus zum Stehen. Vereint stürmten wir durch die Tür.

Und da stand die kleine Clover – im Kreis ihrer Pflegefamilie. Sie entbot uns ihr zahnloses Grinsen und eine finstere Miene, die uns zeigten, wie wütend sie wegen dieser Blamage war. Das Ganze würde vielleicht einen Tag oder vielleicht eine Woche dauern. Aber nicht ein Leben lang.

Da ich in meiner Familie derjenige bin, der mit den geringsten Ansprüchen durchs Leben geht, verriet mir Clovers zahnloses Grinsen an jenem Abend einiges über das Verhältnis zwischen »nirgends« und »überall«. Clover hatte ihren Eltern die unentschuldbare Konzentrationslücke verziehen, denn im Alter von sieben Jahren sah sie bereits die neun Zehntel des Lebens, die wir selbst nur zu oft übersehen. Auch kam ihr zu Bewußtsein, daß sie überall in unseren Gedanken war, selbst wenn sie nirgends in unseren Gedanken war. Bereits vor Erscheinen des Bestsellers hatte Clover verstanden, was der Ausdruck »die unerträgliche Leichtigkeit des Seins« bedeutet.

6

Nanto (oder das schwer begreifliche Koan) und Jungen im Teenageralter

Das Zen-Gespräch über Sexualität

Der feine Unterschied zwischen Sex und Sport

Junge Männer sind so stark, ungestüm und selbstbewußt – und so verwirrt. Sie haben alles und können doch nichts davon nutzen.

THOMAS WOLFE

Das Gespräch über sexuelle Fragen, das ich 1959 mit meinen Eltern führte, war kurz und sachlich: Ich saß auf der grünen Couch im Haus in der Candy Lane (ja, wieder einmal die Candy Lane) und sah fern, als eine dunkle Gestalt an der Tür vorbeihuschte und ein etwas unglücklich dimensionierter Gegenstand durch die Luft flog und zu meiner Rechten zu Boden fiel. Kaum hatte ich erkannt, daß es sich um ein Buch handelte, murmelte eine übersinnlich anmutende Stimme: »Lies das mal.«

Ich möchte es nicht beschwören, doch nach all den Jahren glaube ich, daß es sich bei der Gestalt um meine Mutter handelte. Kurz darauf hatte ich dieselbe Stimme weiter hinten im Flur gehört: »Wenn du irgendwelche Fragen hast, dann frag mich einfach...«

Ich nahm das Buch zur Hand, blätterte darin, bis ich bei Kapitel eins ankam, und klappte es zu, als ich auf das Wort *Eileiter* stieß.

Natürlich wußte ich aufgrund meiner Gespräche mit Mitgliedern der örtlichen Denkfabrik: Marshall Diamond, Steven Weil und dem älteren, weisen Bobby Jayson, der weiter unten in der Straße wohnte, bereits so gut wie alles, was man über Frauen und Sex wissen konnte. (Dieselbe belesene Mannschaft hatte einige Jahre zuvor Joe Rappaport wegen einer unflätigen und ekelerregenden Behauptung während eines Prellballspiels verhöhnt und verprügelt. Er hatte behauptet, Kinder würden gezeugt, wenn der Mann sein Glied in die Scheide der Frau steckt.)

Deshalb schwor ich mir: Wenn meine Kinder das entsprechende Alter erreicht hätten, würde ich mit ihnen offene, ehrliche und überhaupt nicht peinliche Aufklärungsgespräche über die Freuden und die Verantwortung menschlicher Sexualität führen. Die erste Gelegenheit, sozusagen zum Schlag auszuholen, bot sich mir unmittelbar vor Caels dreizehntem Geburtstag im Juli 1982. Ich hatte einen Mehrstufenplan ersonnen: Wir würden im Wald zelten, im See angeln, über dem offenen Lagerfeuer rohen Fisch grillen und uns einmal wie richtige Männer unterhalten. Dabei wollte ich kein Blatt vor den Mund nehmen und sämtliche Themen von A(nus) bis Z(witter) behandeln.

Wir kamen an und bauten das Zelt auf. Dann schwammen wir, spielten ein bißchen Baseball, angelten ein wenig, wanderten um den See, machten ein Feuer, brieten ein paar Hot dogs über dem Feuer... und den ganzen Nachmittag wartete ich auf die richtige (»natürliche«) Gelegenheit, das Thema anzusprechen. Die sich aber natürlich nie ergab. Normalerweise finden Väter und Söhne im Teenageralter nicht über Aufklärungsgespräche zueinander.

Mehrmals im Laufe des Tages fragte ich Cael, ob er *irgendwelche* Fragen »über irgend etwas« habe, jetzt, wo wir hier im Wald wären, ohne Mutter und Nancy, Addie und Clover und Danny. Er hatte keine Ahnung, worauf ich hinauswollte. »Nein«, sagte er und schüttelte den strubbeligen Kopf, »mir fällt nichts ein.«

Tief im Inneren meinte ich, er werde millionenundeine Fragen an mich haben, wenn das Gespräch erst einmal in Gang gekommen wäre, und ich müßte jede Frage möglichst offen beantworten. Sollte sich das als unmöglich erweisen, wollte ich so laut lachen, bis wir uns, nach Luft ringend, auf dem Boden wälzten.

Mir mußte nur der richtige Eröffnungszug einfallen.

Stundenlang saßen wir vor dem Feuer und unterhielten uns über alles und nichts – überwiegend nichts. Das gewährleistet offenbar die beste Verständigung zwischen Heranwachsenden und ihren Vätern. Wir blickten nach vorn: Die Straße hinter uns verlor sich in der Ferne. Dennoch war ich immer noch nicht zur Sache gekommen, weder in groben Zügen noch in Einzelheiten.

Nachdem wir ein paar ernsthafte Worte über die Anzahl von Thurma Munsons »Home-Runs« gewechselt hatten, trat ich auf die Gesprächsbremse, ließ die Kupplung kommen und bog scharf in den Sexweg ein. »Du bist jetzt dreizehn, Cael ... und da hast du doch bestimmt ein paar Fragen ...« Ich erntete nur ein Stöhnen.

Er sah blicklos über meine rechte Schulter und schüttelte den Kopf. Also fing ich an. Da ich kurz zuvor auf dem Boden des alten Kutscherhauses ein paar Ausgaben des *Hustler*-Magazins gefunden hatte, die sicherlich ausreichend Anschauungsmaterial boten, überschlug ich die Anatomie- und Physiologielektion.

Anschließend sprach ich leise, beruhigend und väterlich über Männer und Frauen, über sexuelle Lust und Achtung, Masturbation und Empfängnisverhütung. Ich ließ sogar die eine oder andere Bemerkung über Eileiter einfließen. Dabei legte ich ab und zu eine Pause ein, damit ich sah, ob er sich mir »öffnen« oder eine Frage stellen wollte. Das würde dann unser Freundschaftserlebnis wirklich in Gang kommen lassen, und ich könnte Cael zeigen, daß Sexualität und sexuelle Gedanken gesunde, wunderbare Seiten des Erwachsenwerdens sind. Er saß da und sog meine Worte wie ein Schwamm auf. Dabei fixierte er den Blick weiter auf irgend etwas hinter meiner linken Schulter.

Siebenundvierzig Minuten später hatte ich meine Masters-und-Johnson-Einführungsvorlesung hinter mich gebracht. Sie war zwar nicht ganz so verlaufen wie geplant, aber ich war ziemlich zufrieden mit mir. Lächelnd stopfte ich mir einen Doppelkeks in den Mund und schlug mir auf den Bauch wie George C. Scott in *Dr. Strangelove.* Selbstzufrieden sagte ich: »Das wären die wichtigsten Dinge, Cael. Noch irgendwelche Fragen?«

Ruckartig kehrte er aus seinem geistesabwesenden Zustand zurück und sah mich böse an – so wie er mich immer anstarrt, wenn ich ihn morgens vor der Schule wecke. »Irgend etwas, was du wissen möchtest?

»Ja, Dad« – er blickte hoch und machte eine kleine Pause – »ich überlege schon die ganze Zeit...« Mein Herz flatterte. Meine Hände kribbelten. Ich war soweit, ihm alles zu sagen. Einfach alles. Er fragte: »Was meinst du, wie werden die Giants in diesem Jahr abschneiden?«

Die Zen-Fahrschule

Kunstloses paralleles Einparken

Denke nicht: Sieh hin!

LUDWIG WITTGENSTEIN

Irgendwann schiebt man die Kinder diesen ersten berghohen Schritt hinauf in den Schulbus, der sie in den Kindergarten bringt, und am nächsten Tag kommen sie mit Kopfhörern zurück und bitten, daß man sie zur Verkehrsbehörde fährt, wo man ihnen einen Führerschein ausstellt.

»Dafür bist noch zu jung.«

»Ich bin sechzehn!«

»Nein, bist du nicht. Du gehst in die achte Klasse. Und

nimm diese Dinger ab! Ich kann dich nicht verstehen, wenn du Musik hörst.«

»Erstens (Fluch, unverständlich) bin ich im zweiten Jahr an der High-School und zweitens (Kraftausdruck, unverständlich) höre *ich* Musik, nicht du, und ich kann dich sehr gut verstehen ... obwohl ich mir manchmal wünschte, ich würde es lieber nicht.«

So geht es eben. Wenn man der Führende ist – wie ein weiteres Zen-Koan lautet –, meint man immer, man liege ein paar Schritte (oder Klassen) zurück. Aber so geht es in der Wirklichkeit zu, auch wenn sie diesem Fall nicht real ist. (Darüber später mehr.) Schon bald nach diesem verblüffenden Kurzbeispiel für ein Psychodrama, bei dem man feststellt, daß das eigene Kind alt genug ist, um den Familienjeep zu fahren, findet man sich angeschnallt auf dem Beifahrersitz wieder und trifft unglaublich paranoide Aussagen wie: »Du mußt davon ausgehen, daß alle anderen Verkehrsteilnehmer Idioten, Betrunkene oder psychotische Mörder sind, die es darauf abgesehen haben, den Mittelstreifen zu überqueren und dich umzubringen. Deshalb mußt du defensiv fahren.«

Jeder erfahrene Autofahrer und jede erfahrene Autofahrerin weiß, daß es beim gekonnten Autofahren nicht um die richtige Fahrtechnik geht. Das Technische lernt man überwiegend an dem Samstag, an dem Sie und Ihr Achtklässler im Körper eines Zehntklässlers auf dem Parkplatz der High-School herumkurven oder auf einer menschenleeren Landstraße fahren. Danach ist das Wichtigste eine Art bewußtlose Verständigung mit dem tonnenschweren Metallbiest, das einen mit einer Geschwindigkeit durch den Raum schleudern kann, die alles überschreitet, was der Schöpfer für den menschlichen Körper als geeignet vorsah.

Gute Autofahrer fahren – sie denken nicht. Überlegen Sie einmal, wie oft Sie auf der Fahrt von einer Stadt in die andere dreißig oder vierzig Minuten »abschalteten« und ihren Erinnerungen, Träumen oder einem verlorenen Streit nachhingen.

Sie fuhren in einem ordentlichen Tempo, weit rechts auf der Straße, betätigten den Blinker, bogen ab, bremsten, und irgendwie kamen Sie schließlich ans Ziel.

Schlechte Autofahrer denken. Sie fahren, als säßen sie immer noch in der Fahrstunde und als hätten sie immer noch Angst, im nächsten Moment einen Fahrfehler zu begehen. Wie jeder erfahrene Autofahrer weiß, ist es sehr viel schwieriger, den Wagen geradeaus zu lenken, weder rechts noch links von der Idealspur abzuweichen und sich dabei einzuschärfen, die Ideallinie zu halten, als gar nichts zu denken.

Beim Autofahrenlernen geht es also nicht darum, das Fahren zu erlernen. Vielmehr muß man einen Zustand des unbewußten Einsseins mit dem Fahrzeug erlangen. Deshalb müßte Autofahren für Heranwachsende, die kaum einmal – wenn überhaupt – einen konzentrierten Gedanken im Kopf haben, eine geradezu ideale Betätigung darstellen.

Doch wenn ein Teenager auf dem Fahrersitz Platz nimmt, faßt er oder sie im selben Augenblick erstmals einen konzentrierten Gedanken. Dabei geht es um den Zündschlüssel. Um die kosmische Ordnung der Kraftübertragung. Um die Spiegel, die die unmittelbare Vergangenheit zeigen. Um das Zurücksetzen, um vorwärts zu kommen. Um die Hindernisse auf der Straße des Lebens. Darum, wie man das Kassettendeck in seine Gewalt bringt und das Fenster öffnet, wie man den idealen Ruhewinkel für den rechten Ellbogen findet und wie man dafür sorgt, daß die Klänge im Kopf Wörtern ähneln, während man die ganze Zeit hochkonzentriert versucht, das Auto geradeaus zu steuern.

Die Folge dieser Denkprozesse ist, daß man in bestimmten Situationen wie gelähmt ist. Was ein Reflex auf das vor einem stehende Stoppschild sein müßte, ist keine Handlung mehr, sondern nachdenkliche Entschlußlosigkeit, wie wenn man vor einer roten Ampel bremst – oder nicht. Und dann gerät der Zen-Lehrer völlig aus dem Zen-Gleichgewicht und ruft, die Arme vorm Gesicht, den rechten Fuß drückt er gegen den pedallosen Boden: »Nicht das Gas, du Idiot, die Bremse! Die Bremse! DIE BREMSE!«

Wer einen Teenager davon abbringen will, während des Autofahrens zu bremsen, muß während der gesamten qualvollen Fahrstunde reden – und wenn auch nur, damit er nicht der eigenen inneren Stimme lauscht. Außerdem dauern die Fahrstunden bei mir nicht sehr lange. Denn sonst kommen die unterdrückten Gedanken des Fahrschülers heraus, die mich dermaßen verwirren, daß ich meine scharfe, reine Wahrnehmungskraft verliere und anfange, nach dem Steuer zu greifen.

Was das parallele Einparken und andere geheimnisvolle Fertigkeiten angeht, so hat man um so mehr Erfolg, je weniger fahrtechnische Tips man gibt. Nachdem Fahrschüler und Fahrlehrer den Vorgang mehrmals geprobt haben, rate ich, alles einfach nach Gefühl zu machen. Durch Visualisierung: Man fährt bis zum Wagen, der vor einem auf der freien Parkfläche steht, bringt die Steuerräder auf gleiche Höhe und stellt sich vor, wie man den Wagen rückwärts in die Parklücke setzt, bis man fünfzehn Zentimeter vom Bordstein entfernt zum Stehen kommt. Und dann macht man's. Abschließend steige ich aus und überlasse dem Schüler, darüber nachzudenken, wie er den Zustand, den Verstand auszuschalten, erlangt.

Genauso ist es , wenn man erlernt, die Kupplung zu bedienen. Ich empfehle allerdings, dies erst dann zu tun, wenn der junge Rennfahrer bereits die Fahrprüfung in einem Auto mit automatischem Getriebe bestanden hat. Zeigen Sie dem Neubekehrten, was er tun soll, durchleben Sie einige Känguruhstarts, und machen Sie schließlich eine außerautomobile Erfahrung. Überreichen Sie ihm den Autoschlüssel und raten Sie ihm, er solle seinen transzendenten Geist finden. Anschließend treten Sie einen Schritt zurück und sehen zu, wie er die Gänge verfehlt, sie knirschend einlegt und die Kupplung schleifen läßt, bis er in weiter Ferne verschwindet.

Und wenn er später dann zurückkommt und wie ein Profi fährt, beschimpfen Sie ihn, weil er zu schnell fährt.

Wo ist Daddy?

Warum es wichtig ist, im Bilde zu sein

Sei hier – jetzt.

RAM DASS

Ein dunstiger Tag, 37 Grad. Um 16 Uhr füllt sich das kleine Freibad in unserer Stadt allmählich mit Vätern, jungen Vätern, alten Vätern, dicken Vätern, schwarzen Vätern, weißen Vätern... Sie wissen, was ich meine. Manche werfen die Kinder in die schwüle Luft über dem gechlorten Blau. Einige stehen ganz entspannt im genitalientiefen Wasser, wie Feldwebel, die neue Rekruten unterweisen. Wieder andere schwimmen ihre Bahnen: Seehunde mit Schwimmerbrillen und Nasenklemmen. Einige schaffen es nicht einmal bis zum Wasser. Sie gehen schnurstracks zu ihrem zerschlissenen Liegestuhl und verstecken sich hinter der Zeitung.

Eines haben wir gemeinsam: Wir alle sehen aus wie Väter. Dieses fleischige Aussehen läßt sich sonst nicht erwerben. Auch beim Sprechen klingen wir so: Wir brüllen die Kinder an, sie mögen sich endlich hinsetzen, verlangen unser Wechselgeld, während wir für einen Dollar Eis kaufen, beruhigen einen Kleinen, der sich eben das Knie aufgeschürft hat. An alledem ist nichts Bemerkenswertes, außer daß es ganz normal ist.

New Paltz ist eine Stadt, in der sich's für Kinder gut leben läßt – und für Väter. Die Berge, das College und eine quicklebendige Hauptstraße liefern außergewöhnlich gute Spielfelder, von den vielen grünen Parks und Spielplätzen gar nicht zu reden. Hier weiß man von den Kindern sowohl, wer sie sind, als auch, welchen Ruf ihre Familie im Ort genießt.

Ich versuche mir einen dieser sehr heißen Sommertage ins Gedächtnis zu rufen. Bay und Elizabeth planschten im seichten Wasser. Clover saß mit ihren Freundinnen auf einer Decke. Danny spielte Ball mit Keith und Jessie. Was würde geschehen, wenn ein paar Teenager hier in New Paltz einen »Whirlpool« bildeten, so wie einige Jungen vor etlichen Jahren im Crotona-Bad in der South Bronx. Damals hatten sich die Jugendlichen untergehakt und im Chor Popsongs gesungen und waren im Kreis im Schwimmbecken herumgeschwommen, hatten gelacht und ein verängstigtes Mädchen eingekreist und befingert.

Es gehört nicht viel Phantasie dazu, sich eine solche Lage vorzustellen. Die Rettungsschwimmer würden in ihre Trillerpfeifen blasen, die College-gebildeten Daumen hochreißen und den außer Kontrolle geratenen Pöbel aus dem Becken beordern. Der zwei Meter große Rettungsschwimmer Dave O'Neill würde wüste Beschimpfungen ausstoßen und alle aus dem Schwimmbad hinauswerfen – vielleicht für eine Woche, vermutlich für den ganzen Sommer. Er würde drohen, die Polizei zu rufen. Das wäre für die Mehrzahl der Jungen auf Irrwegen im Grunde aber noch der unproblematischste Teil.

Denn ehe sich die »Whirlpool-Gang« vor Dave in Sicherheit gebracht hätte – und Bonnie und Rich und Mike und all die anderen großen Geschwister im Moriello-Schwimmbad, die sich ihre Pfeifen umbinden, als handelte es sich um Revolver –, hätten sich die Jungen vor den wutschnaubenden, ihnen entgegenstürmenden Vätern zu verantworten, vor zornentbrannten Männern mit hervorgetretenen Halsadern, die zwei donnernde Schritte entfernt vor ihnen aufgetaucht wären.

Ich stelle mir die Väter vor. Plötzlich wirken sie ungeheuer groß. Sie stemmen die mächtigen Hände in die speckigen Hüften, starren in die erschrockenen Augen ihrer plötzlich mager wirkenden Jungen; Väter, die mit dicken Fingern um den hühnerschlanken Nacken der Jungen greifen und sie hinters Badehaus drängen. Väter, die mit dem Zeigefinger in knochige Knabenbrüste stechen.

Ich spüre, wie die weichen Rücken der Jungen gegen rauhe Mauern aus Holzstämmen reiben. Ich höre, daß Jungen weinen. Ich erschauere beim Anblick dieser zornentbrannten Väter, die lauthals schreien, so laut, wie Väter zu allen Zeiten böse Jungen angeschrien haben.

Und dann würde ich mich umblicken und all die Väter sehen, die das örtliche Schwimmbecken umlagern, und mich fragen, wo die Väter der »Whirlpool«-Jungen in jenem Sommer gewesen sind. Und wenn *sie* nicht dort sein konnten, was war dann mit den Onkeln und großen Brüdern? Warum war nicht jemand sofort zur Stelle, der die Wogen glättete und diese Jungen vor sich selbst schützte?

Wenn ich aber meine Augen schließe, sehe ich nur einen Kreis von Panoramaaufnahmen, überfüllte Schwimmbecken mit Tausenden dieser gefährlichen Strudel und allein gelassene Jungen, die die Arme verschränken und durch das Singen ihre Verwirrung, ihren Zorn und ihren Schmerz vertreiben wollen. Und inmitten jedes einzelnen Whirlpools befindet sich ein verängstigtes kleines Mädchen – die Tochter irgendeines Vaters –, der sie in einer Welt ausgesetzt hat, in der Jungen nie lernen, Männer zu sein.

Wie Ram Dass sagt: Sei hier – jetzt! Jetzt! Präsenz ist alles.

Die Suche nach der Identität

Warum Danny wegläuft ... und Hausarrest bekommt

Das Bestreben, sich zu definieren, ähnelt dem Versuch,
sich in die Zähne zu beißen.

ALAN WATTS

Welchen psychischen Problemen sich das fünfte (sechste oder siebte) Kind in einer großen Familie auch gegenübersehen mag – die Kinder am unteren Ende der Hackordnung sind entschieden im Vorteil. Vom Beginn ihres bewußten Lebens an haben sie soviel miterlebt, daß sie sich über das häusliche Glück keinen Illusionen mehr hingeben. Sie saßen in der ersten Reihe und haben schon einige historische Schlachten in der Familie miterlebt. Sobald sie die Pubertät erreicht haben, müßten sie daher eigentlich wissen, wie man in den trügerischen Gewässern zwischen Eltern und Teenagern navigiert.

Zum Beispiel Danny: Unser Sechzehnjähriger, der sich momentan mißverstanden fühlt. Sein Leben lang konnte er die gesammelten Missetaten und Bestrafungen der älteren Geschwister beobachten. Er hat erlebt, wie Cael aufflog, nachdem er in Abwesenheit der Eltern eine Party gegeben hatte. Er hat einen heimlichen Blick riskiert, als Nancy Hausarrest bekam, weil sie viel zu spät nach Hause kam – und er weiß alles über den mitternächtlichen Anruf der örtlichen Polizei. Zweifellos hat er auch darüber nachgedacht, daß Addie geschickt und manchmal aufsässig einer Bestrafung für Missetaten aus dem Wege ging, die einen langen häuslichen Arrest gerechtfertigt hätten. Schließlich nahm er aufmerksam und nachdenklich wahr, daß Clover lernte, ihre Untaten einzugestehen, und auf Harmonie bedacht war – und wir ihr fast alles durchgehen ließen.

Deshalb müßte das Leben für Danny eigentlich ein Honigschlecken sein, mit all dem gesammelten Wissen und den Erfahrungen. Und doch...

Als Danny dreizehn war, fanden wir seinen Geheimvorrat, bestehend aus zwei Dosen warmem Bier und ein paar strohigen Marlboro-Zigaretten, im Geräteschuppen des Ferienhauses in Hatteras, dazu kam eine bunte monatliche Mischung kleinerer Regelverstöße. Deshalb verbrachte er auch mehr Wochenendabende zu Hause als jedes seiner Geschwister – vielleicht sogar mehr als alle Kinder zusammen.

Man könnte Dannys Leben als kleine Tragödie deuten – nicht nur weil er sich andauernd erwischen läßt, sondern auch weil ich weiß, daß er vermutlich weniger »schlimme« Dinge verbrochen hat als seine vermeintlich unschuldigen Schwestern. (Noch heute entdecke ich kleine Vergehen von ihnen aus der Zeit der elterlichen »Rechtsprechung«.)

Es gibt zwei nichttranszendente Gründe, warum Danny häufiger als seine Geschwister erwischt wurde. Der eine ist: Ich habe ungeheuren Spaß am Zusammensein mit Heranwachsenden. Ich finde es herrlich, wie sie das Mobiliar unseres Lebens umstoßen und sich dabei dem Erwachsenenalter nähern, mir gefallen ihre oftmals unliebenswürdige Musik, die untragbare Kleidung, die unverständliche Sprache und die absolut selbstlose Selbstsucht. Trotzdem gebe ich mich keinerlei Illusionen hin, was ihre Unschuld betrifft.

Patti sieht das genauso wie ich. In der Zeit, als Dannys vier Geschwister vor ihm die Pforten der pubertären Angst durchschritten, versteckten sich die Eltern nicht mit zugehaltenen Ohren unter der Decke. Wir haben alles gesehen – wenigstens das meiste.

Der zweite Grund für die schwierige, widersprüchliche Lage, in der sich Danny befand, bestand darin, daß er in unserer firmenartigen Großfamilie nach seiner Identität suchte. Wie Alan

Watts so gut verstand, ist die Eigendefinition das einfachste wie auch das schwierigste aller Unterfangen. Und vielleicht darf ich der Beobachtung des Zen-Meisters noch hinzufügen: Die Selbstdefinition in einer Großfamilie macht das Ganze noch einfacher und noch unlösbarer.

Cael war der Casanova in der Familie, Nancy das mathematische Genie, Addie das genaue Abbild ihrer Mama und Clover eine anmutige Reiterin. Aber Danny sehnte sich nicht nur danach, daß die anderen ihm eine Identität zuwiesen, insbesondere wollte er die Anerkennung seiner Geschwister gewinnen. Durch diesen Wunsch wurde er in unserer Familie unvermeidlich zum James-Dean-Rebellen ohne Anliegen, der Junge mit dem guten Herzen, der sich immer wieder selbst in Schwierigkeiten bringt. Zwar lachten ihn die älteren Geschwister wegen der ständigen Schwierigkeiten aus, doch sie haben auch bei jeder neuen Anschuldigung mit dem Kopf geschüttelt und gesagt: »Der kleine Kerl hat wirklich Rückgrat. Im Grunde ist er schwer in Ordnung.«

Womit sie wirklich recht haben.

Ein kleines Faß Bier, das Herumlümmeln auf der Couch und der Wohnzimmerteppich draußen auf dem Rasen

Axiom: Sind die Eltern nicht zu Haus, geben die Teenager eine Party.

Ich bin siebzehn: Da erwartet man, daß ich euch anlüge!

C. LEWIS

Es hat keinen Sinn, drum herumzureden. Es gibt ein Axiom des Zusammenlebens mit Heranwachsenden, das alle Eltern begreifen müssen, wenn sie die nächste Stufe ihrer spirituellen Entwicklung (das heißt Freiheit ohne Angst) erklimmen wollen:

Sind die Eltern nicht zu Haus, geben die Teenager eine Party.

Um diesen Satz zu erhellen, bedarf es keiner tiefgründigen Seelenerforschung, keiner Analyse der gesellschaftlichen Zustände, keines spirituellen Vergleichs, sondern lediglich einer einfachen Geschichte.

Als Patti und ich den Kindern beim Abendessen erklärten, wir wollten am verlängerten ersten Oktoberwochenende am Columbus Day nach Montauk ans Meer fahren, waren alle sofort Feuer und Flamme. Alle bis auf einen: Cael. Er murrte. Er wirkte ziemlich verzweifelt und beendete seine Mahlzeit mit einer Miene absoluten Widerwillens, wie sie nur Jugendliche aufsetzen können.

Ich hatte sogar Verständnis für seine schwierige Lage. So wie jeder Siebzehnjährige reagierte er nicht nur erschrocken auf die Aussicht, zwei Nächte in zwei moderigen Hotelzimmern mit seinen fünf Brüdern und Schwestern (Elizabeth war noch nicht geboren) zu verbringen. Er fühlte sich auch gedemütigt bei der Vorstellung, mit zwei kicherigen Mädchen, einem linkischen kleinen Jungen, einem schlecht riechenden Baby und zwei Eltern, die unheimlich peinlich wirkten, in der Öffentlichkeit umherzuspazieren.

Ehrlich gesagt, weiß ich nicht mehr genau, ob wir uns Caels erbarmten und meinten, er sei alt genug, allein zu Hause zu bleiben. Vielleicht beklagte er sich auch so beharrlich über die zu erwartende Langeweile, bis er uns kleinkriegte und wir wider besseres Wissen einwilligten. Aber das spielt hier keine Rolle.

Mehrmals mußte er mir hoch und heilig versprechen, er werde keine Party geben (»Dad...«, sagte er und senkte die Stimme, weil er sich über mein mangelndes Vertrauen geärgert hatte). Dann hielt ihm Patti einen eindringlichen Vortrag, was man zu tun (zwei Dinge) und was man zu lassen (siebenundsechzig Dinge) habe, wenn man allein zu Haus ist. Anschließend händigten wir ihm eine dreiseitige Liste mit Notrufnummern und Querverweisen aus und füllten den Kühlschrank, als wollten wir für zwei Monate verreisen. Schließlich fuhren Nancy, Addie, Clover, Danny, Bay, Patti und ich nach Montauk und verbrachten zweieinhalb Tage in einem schlichten, aber gemütlichen Motel.

»Cael wird bestimmt eine Fete feiern«, sagte Patti, als wir am Samstag am Strand spazierengingen.

Bestimmt nicht, versicherte ich ihr. »Er hat mir versprochen, daß er sich an sein Versprechen hält. Cael stellt viele Dummheiten an, aber mich anlügen – das würde er nie.«

Darum geriet ich sofort in den Zen-Zustand der reinen kognitiven Dissonanz, als wir zwei Tage später die Auffahrt hinauffuhren und den Orientteppich aus dem Wohnzimmer auf dem Vorderrasen sahen. Ich wußte Bescheid, aber ich hatte keine Ahnung.

Cael kam uns mit einem derart schiefen Lächeln entgegen,

wie man es nie wieder sehen möchte. Nachdem sich das Gebrüll, Geschrei und Gekreisch gelegt hatte, sagte er, er hätte einige *wenige* Freunde eingeladen, und da sei irgendwie ein kleines Faß Bier aufgetaucht und zufällig vom Tisch gefallen und ausgelaufen.

Zwei Stunden später sprach Patti mit Alice Tenuto (unserer unmittelbaren Nachbarin, ihr Haus liegt hinter einem kleinen Wäldchen, ungefähr vierhundert Meter entfernt). Sie habe *gehört,* daß die Party die ganze Nacht gedauert habe, *und* später herausgefunden, fast die gesamte Abschlußklasse sei dagewesen.

Nachdem wir beide Cael zu lebenslangem Stubenarrest verdonnert hatten, kamen wir überein, einen Teenager nie wieder mehr als zwei Stunden allein zu Hause zu lassen.

Ein halbes Jahr später und mehrere Monate nach der Aufhebung des Stubenarrests wegen »guter Führung« planten Patti und ich einen weiteren Ausflug mit der Familie. Natürlich wollte Cael nicht mitkommen. Das führte zu einer Krisensitzung auf höchster Regierungsebene, während der die Familienpolitik überprüft wurde. Patti blieb skeptisch, aber ich argumentierte, Cael sei durch das Teppich-im-Vorgarten-Fiasko angemessen ernüchtert und bestraft worden, außerdem handle es sich um einen echten Vertrauensbeweis, wenn wir ihn allein zu Haus ließen.

Am Abend setzte ich mich mit Cael zusammen und führte ein Gespräch unter vier Augen mit ihm. Es sollte so ein Vater-Sohn-, Mann-zu-Mann-Gespräch über gegenseitiges Vertrauen, Reife und die Bedeutung der Familie werden. (Was letzteres Thema mit den ersten beiden zu tun hat, ist mir nicht ganz klar, aber ich bringe das Thema in regelmäßigen Abständen zur Sprache, wenn mir sonst nichts einfällt.)

Cael nickte ernst und aufrichtig, als stimme er jedem Wort zu. Schließlich sagte ich: »Sieh mir in die Augen und versprich mir, keine Party zu geben. Das reicht mir.« Ich senkte nicht einmal die Stimme um die väterlichen drei Oktaven. Wir waren jetzt Kumpel, Männer von Welt.

Er sah mir fest in die Augen: »Ich werde ganz bestimmt keine Fete feiern, Daddy.« Woraufhin wir uns umarmten, wie gleichberechtigte Männer von Welt.

Sicher ahnen Sie schon, wie die Sache ausgeht. Natürlich wurde eine Fete gefeiert. Zwar wurde diesmal der Wohnzimmerteppich nicht unter Wasser gesetzt, doch der Dummkopf nahm zum Reinigen der Fußböden wachslose Dielenpolitur, wodurch er den Parkettboden im ganzen Haus mit einer stumpfen, dicken, matten Schicht überzog. An der einen Wand in der Küche klebten Spaghetti, auf allen Betten im ganzen Haus lagen zerknüllte Laken, und aus dem Mülleimer drang das deutliche Klimpern von Bierflaschen.

Also pflanzte ich mich mit hochrotem Kopf vor Cael auf. Die Halsadern platzten mir schier, als ich der Essenz meines väterlichen Zorns Luft machte: »Und was das schlimmste ist, Cael, du hast mich angelogen! Du hast mir in die Augen gesehen und mir versprochen, daß du keine Party geben wirst.«

Ohne daß man erkennen konnte, daß er mich anlog, sah er mich an und sagte: »Ich bin siebzehn, Papi, da erwartet man, daß ich dich anlüge.«

Ah, die Wahrheit...

Wir erteilten Cael also abermals lebenslangen Stubenarrest, und Patti und ich schworen, einen Teenager nie wieder über Nacht allein im Haus zu lassen. Im Grunde hielten wir sogar Wort – bis Nancy und Addie (»Die Mädchen würden uns niemals anlügen!«) mehrere Jahre später eine Party steigen ließen, die es mit jedem Grateful-Dead-Konzert hätte aufnehmen können, und als I-Tüpfelchen beim Saubermachen mit dem Staubsauger ein Loch in die Wand stachen.

Das leere Nest

Was geschieht, wenn die Kinder aufs College gehen (und am Wochenende nicht nach Hause kommen können)

Bei jedem Tun müssen wir vollkommen verbrennen, so wie ein gutes Freudenfeuer, damit am Ende nichts mehr von uns übrigbleibt.

SHUNRYA SUZUKI

Viele befreundete Eltern finden es gut, wenn ihre Kinder auf ein College gehen, das nicht weit weg von Zuhause ist. Wir sehen das anders. Es mag ein wenig kaltherzig erscheinen, doch wir ermuntern unsere Kinder, in einem Bundesstaat zu studieren, der vom Staat New York ein, zwei Staaten entfernt liegt. Das ist so weit weg, daß die Kinder nicht ganz wie es ihnen paßt jeden Freitag nachmittag nach Hause kommen können.

Wenn ich in dieser Frage prinzipiell werde, sage ich, daß Kinder für ihre Selbstfindung ihr behütetes, bequemes und vorhersehbares Leben aufgeben müssen. In seinem Buch *Shambhala: The Sacred Path of the Warrior* schreibt Chogyam Trungpa: »Dies ist unsere Welt! Du kannst nicht wegsehen ... Öffne deine Augen! Laß dich nicht blenden, sondern schau immer wieder hin – und sieh weiter.« Über die Grenzen deines Bundesstaates hinweg.

Wenn ich weniger grundsätzlich argumentiere, könnte man mich sagen hören: »Deine unschuldigen Jugendtage sind vorüber. Wir lieben dich von ganzem Herzen, aber achtzehn Jahre, angefüllt mit schmutziger Wäsche, schmutzigem Geschirr, merkwürdigen Freunden und der aufgehaltenen Hand, sind genug. Es ist Zeit, daß du deine eigenen Wege gehst.«

Deshalb nahm Cael sein Studium im fernen Tallahassee, Florida, auf, Nancy stieg ins Flugzeug, um in Chapel Hill, North Carolina, zu studieren, Addie fuhr mit dem Auto zum State College, Pennsylvania, und Clover schloß sich Nancy in Chapel Hill an. Keiner der Studienorte liegt näher als viereinhalb Stunden Anreise mit dem Zug, dem Auto oder dem Flugzeug.

In unserer Familie bereitet man sich in einem zweistufigen Prozeß darauf vor, von zu Hause auszuziehen. Schritt eins vollzieht sich Jahre vor der Zeit als Erstsemester. Dazu gehört, daß man sein Teenager-Selbst und alle seine Besitztümer (die man seinen Geschwistern stehlen konnte) unters Dach verfrachtet, wo es zwei Schlafräume und einen Raum gibt, den man als »Fernsehzimmer« bezeichnen könnte und der mit einem Fernseher, einem Videorecorder und einer unbequemen Couch eingerichtet ist.

Da oben gibt es keine Toilette, und man muß zwei Stockwerke emporsteigen. Im Winter ist es dort eisig kalt und im Sommer erstickend heiß. Außerdem gleichen die Räumlichkeiten eher Gefängniszellen als richtigen Zimmern. Wenn es regnet, hört sich das an, als hagelte es Kieselsteine. Unterm Dach zu wohnen kommt dem am nächsten, wie sich Teenager den Himmel auf Erden vorstellen, ohne Miete zahlen zu müssen. Man schließt die Tür hinter sich, die vom Flur im ersten Stock abgeht, und schon hat man sich vor dreinredenden Eltern, nervtötenden Kleinkindern und den peinlichen Verrücktheiten des Familienlebens in Sicherheit gebracht.

Als wir vor einigen Jahren das Haus bauten, machten Cael und Nancy – als die ältesten Kinder – ihre Ansprüche auf das »Loft« geltend. Die anderen Kinder legten keinen Widerspruch ein. So wie in den meisten Familien gibt es auch bei uns Rechte und Privilegien, die mit dem Alter einhergehen. (Danny wurden die hierarchischen Verhältnisse des Familienlebens in Erinnerung gebracht, als wir im vorigen Sommer die Ferien auf Hatteras verbrachten. Alle stiegen in den Jeep, und die Älteren beorderten ihn, zusammen mit Bay und Elizabeth,

»nach hinten«. Er konnte es nicht fassen: »Ich bin sechzehn! Ich setze mich doch nicht neben diese Kleinkinder!« Cael antwortete barsch: »Solange wir noch da sind, bist du die Nummer fünf. Komm schon, steig nach hinten.« Dann drehte er sich grinsend zu Addie um und fügte hinzu: »Vermutlich sitzt er noch auf dem Rücksitz, wenn er sechsunddreißig ist und Frau und Kinder hat.«

Kaum hatte Cael den letzten Koffer zugeklappt, den er aufs College mitnehmen wollte, sicherte sich Addie schon ihr neugewonnenes Terrain. Sobald der Koffer hinuntergeschleppt und ins Auto gebracht worden war, wurden die Gerätschaften zur Zimmerübernahme verstohlen unters Dach transportiert.

Kaum hatte Cael das Haus verlassen, war sein Bett auch schon auseinandergenommen und aus dem Zimmer entfernt.

Addie kam wenigstens die Treppe herunter und gab Cael zum Abschied einen Kuß, und als er losfuhr, blieb sie sogar stehen und winkte ihm von der Vorderveranda zu. Dann aber rannte sie – zwei Stufen auf einmal nehmend –, in ihr Paradies unterm Dach. Caels Geruch hing noch in der Luft, da strich sie das Zimmer schon in Rosatönen.

Zwei Stunden später waren jeder Hinweis und jede Erinnerung daran, daß Cael jahrelang in dem Zimmer gewohnt hatte, vollkommen getilgt. Durch eine Art familiärer Alchimie hatte es sich in Addies Zimmer verwandelt. (Addies Zimmer im ersten Stock übernahm Danny. Er rannte aus dem Zimmer, das er sich mit Bay teilte, als hinge sein Leben davon ab.)

Als Cael zu Thanksgiving zum erstenmal nach Hause kam und feststellte, daß man alle Spuren seines ehemaligen Selbst unterm Dach getilgt hatte – und er sah, daß Addie mit einer symbolischen Winchester im Arm in der Tür stand –, war er im Bilde und schlug sein Lager vorübergehend im winzigen Nähzimmer im ersten Stock auf. Und als wäre das nicht schon erniedrigend genug, wurde er zwei Jahre später dazu verdonnert, das Etagenbett beziehungsweise irgendeine verfügbare Couch mit Danny zu teilen, nachdem Nancy ihr Studium an der University of California aufgenommen und Clover sofort ihre Flagge gehißt und ihre Armee von zehntausend Stofftieren im Dachzimmer direkt neben Addies Zimmer aufgepflanzt hatte.

Nancy hatte Addies entschlossene Miene, die den Willen zur Expansion ausdrückte, bemerkt und meldete deshalb rasch ihre Ansprüche auf das Nähzimmer an, bevor Cael die Weihnachtsferien daheim verbrachte. Es ist wie im wirklichen Leben: Wer fortgeht, hinterläßt kaum eine Spur. Alles bewegt sich weiter. Alles ist im Fluß. Abgesehen von den Fotos, die überall in unserem großen Haus an den Wänden hängen, und von den Erinnerungen an die Kinder, die hier aufwuchsen – all dies vermittelt uns ein Gefühl von Heimat –, gibt es darin keine Denkmäler, keine heiligen Orte aus der Kindheit, keine historischen Zeichen.

Und deshalb könnte man sagen: Weil es immer so ist, soll es sein, wie es ist.

7

Nanto (oder das schwer begreifliche Koan) und Mädchen im Teenageralter

Der Zen-Vater, des Zen unkundige Freunde der Töchter

Wenn plötzlich picklige Jungen von der Tür stehen

Je mehr man schweigt, desto mehr hört man.

RAM DASS

Er schlurft, blickt hinauf zur Zimmerdecke, hüstelt und schiebt die Hände tief in die Hosentaschen. Er wirft mir einen verstohlenen Seitenblick zu. Dann zögert er kurz und versucht mich in ein Männergespräch zu verwickeln – Autos, Boxen, Angeln, Geld, seine Pläne für die Zeit nach der High-School oder dem College.

Doch ich bleibe auf Distanz. Ich rede nicht viel. Wenn er schließlich mit meiner Tochter aus dem Haus geht, verabschiede ich das Paar zurückhaltend mit den Worten »Viel Spaß, ihr beiden«. Amüsiert euch schön. Ihm ist jedoch bewußt, was ich damit sagen will. Er weiß, daß ich aus dem Fenster sehen und beobachten werde, wie er davonfährt.

Ich höre förmlich, wie er ihr später mit sanfter Stimme sagen wird: »Dein Vater mag mich nicht.«

Und stelle mir vor, wie sie antwortet: »Sei doch nicht albern. Natürlich gefällst du ihm. Er mag alle meine Freunde.«

Aber diesmal täuscht sie sich. Die reine Wahrheit ist, daß mir der Junge überhaupt nicht gefällt, obwohl ich ihn vorigen Monat vielleicht durchaus sympathisch fand. Das heißt am Tag, ehe er anfing, mit meiner Tochter auszugehen. Vielleicht behandle ich ihn sogar so wie alle Jungen, die in unser Haus kommen. Ich lade sie herzlich ein. Biete ihnen Limonade an. Lege ihnen die Hand auf die Schulter wie ein Trainer oder ein freundlicher Onkel.

Bei diesem Jungen aber halte ich mich zurück. Im Handumdrehen findet er sich in einem Hinterzimmer wieder, auf einem harten Holzstuhl, im grellen Lichtschein einer nackten Glühbirne. Nun muß er mir etwas beweisen, und dabei ist es mit einem charmanten Lächeln, einem festen Händedruck, einer intelligenten Bemerkung oder einem Siegtor nicht getan. Weder Blumen noch Schmuck, noch ein Gedicht werden mir imponieren.

Man weiß ja, warum ich den Jungen sympathisch finden soll: Er fühlt sich zu meiner Tochter hingezogen, und irgendwie spiele ich in ihrem Leben eine wichtige Rolle. Ich soll ihn *einzig* deshalb mögen, denn er soll ihr so gut gefallen, daß sie ihm ihr Herz schenkt. Er will, daß sie ihn liebt.

Mag sein, daß die Liebe die Essenz des Lebens – das A und O – ist, doch ebenso richtig ist, daß einem Menschen nichts größeren Schaden zufügt als eine verlorene oder schädliche Liebe. Auch das weiß jedes Kind. Deshalb betrachte ich jeden Jungen vom Augenblick an, da er mein Haus betritt und das Herz meiner Tochter erobern will, zunächst als Eindringling, als Bedrohung und gefährliche Schlange.

Offen gestanden, ist es mir nicht wichtig, ob ihm die Haare bis zum Hintern hängen oder er sie so kurz trägt, daß man die Kopfhaut sieht. Es spielt auch keine große Rolle, ob er einen Ring in der Nase hat oder einen Ring am Finger trägt, der ihn als Klassenbesten ausweist, einen BMW oder ein Fahrrad fährt, eine Lederjacke oder ein Tweed-Sportsakko anhat. Er ist gekommen, um das Herz meiner Tochter zu stehlen. Also ist er gefährlich.

Da Liebe und Zuneigung, Kameradschaft und Sex zum Leben dazugehören, will – und kann – ich meine Tochter vor keinem dieser Dinge beschützen. Ich bin nicht der Hüter meiner Kinder und will es auch nicht sein, dennoch werde ich den Jungen scharf beobachten, wie ein kreisender Habicht.

Besonders sorgfältig werde ich darauf achten, wie er meine Tochter behandelt, wenn er glaubt, daß ich ihn nicht im Auge habe. Der größte Fehler, den ein Junge begehen kann – und diesen Irrtum meinen viele rechtmäßig begehen zu dürfen –, besteht darin, daß er sich als der Beschützer meiner Tochter aufspielt. Das ist schlicht nicht seine Aufgabe, sondern meine, und außerdem habe ich mich ihr behutsam und langsam zu entziehen versucht, seit sie so klein war, daß ich sie auf einem Arm tragen konnte.

Stundenlang habe ich sie im Arm gehalten, während sie Fieber hatte und am ganzen Körper ganz heiß war. Ich bin mit ihr in Notaufnahmestationen gefahren, nachdem sie sich etwas gebrochen hatte. Habe Lehrer zur Rede gestellt, die sie mit Worten verletzt hatten. Habe versucht, ihr den Arm um die zitternden Schultern zu legen, als sich irgendein Junge von ihr trennte. Habe ihr Stubenarrest erteilt, wenn sie etwas angestellt hatte. Habe millionenmal nein gesagt. Stets, um sie zu beschützen. Das war meine Aufgabe.

Paradoxerweise verhalten sich diese Prinz Eisenherze zunächst immer liebedienerisch. Sie zeigen eine übermäßige Liebenswürdigkeit und überwältigende Aufmerksamkeit und behandeln ihre Freundin zu Beginn der Freundschaft wie eine Prinzessin, die vor dem harschen Licht des täglichen Lebens beschirmt werden muß. Bei manchen Jungen ist der Blick für die wahren Verhältnisse sogar so weit getrübt, daß sie behaupten, sie werden später sehr gut auf meine Tochter achtgeben.

Doch sobald ich den verschwörerischen, machohaften Satz höre: »Bis ... habe ich sie herumgekriegt ...«, weiß ich, es wird Ärger geben. Dieser kommt dann in Gestalt eines eifersüchtigen Jungen, der sich zunehmend launischer, manipulativer und fordernder verhält und sich schließlich in eine lächerliche Macho-Karikatur seiner fehlgeleiteten Vorstellungen über Männlichkeit verwandelt. Irgendwann kann seine Verzweiflung sogar zu einer gefährlichen Waffe werden.

Daher bleibe ich auf Distanz. Sehe ganz genau hin. Höre zu.

Erst wenn ich erkenne, meine Tochter bedeutet ihm wirklich viel, nehme ich den Jungen nicht mehr so scharf unter die

Lupe. Kommt er zur Tür herein und ich erkenne auf dem Gesicht meiner Tochter ein Lächeln wirklichen Glücks – nicht der Erleichterung, die aus Verzweiflung oder Furcht herrührt –, dann heiße ich ihn in meinem Haus willkommen. Und höre ich, wie sie sich fröhlich unterhalten, spielen, streiten und lachen wie Gleichberechtigte, dann lege ich ihm die Hand auf die Schulter.

Will er der Freund meiner Tochter sein, nicht meiner, dann können wir uns anfreunden. Und dann werde ich mit ihm reden.

Eine ganze Tasche voller Mädchenkram

Das geheimnisvolle Verschwinden der Kleidung des alten Herrn

Der Buddha lehrt, daß alle Dinge, einschließlich seines Schlosses, im Grunde vergehen, und daß sie dem Menschen, sobald er sie zu besitzen versucht, entgleiten.

ALAN WATTS

Zunächst finden es die meisten Väter süß: Beim Abholen der dreizehnjährigen Tochter vom Schulfest stellt man fest, sie hat das blaue Button-down-Hemd an, das man besonders gern trägt. Die Ärmel sind kurz unterhalb der Ellbogen unordentlich aufgerollt, die Hemdschöße reichen bis zu den knubbeligen Knien, und in dem schönen mädchenhaften Gesicht steht ein ausgewachsenes Grinsen.

Auf dem Weg zum Parkplatz sagt man gerissen: »Ein hübsches Hemd hast du da!«

Sie lächelt. »Paaapiii ... du warst nicht zu Haus, da habe ich es angezogen ... und das Hemd stand mir ganz toll ... ich dachte, es würde dir nichts ausmachen ... und ich habe auch keine Flecken daraufgemacht...«

Man sagt nicht viel, weil es nicht viel zu sagen gibt und es auch idiotisch wäre, nochmals darauf zu sprechen zu kommen. Man lächelt nur wie der Schafskopf, für den sie einen ohnehin hält. Dann sät sie die Saat für ihre künftigen Ausflüge in den Kleiderschrank und die Kommodenschubladen, nach denen man schließlich nackt und bloß dastehen wird: »Papi, du bist doch nicht böse auf mich, oder?«

Natürlich nicht. Vielmehr fühlt man sich geschmeichelt, weiß aber nicht, warum. Aber sie sieht in dem Hemd ja auch wirklich hübsch aus. Man lacht, nimmt die kleine zarte Hand und händigt der Tochter gleichsam den Schlüssel zum Kleiderschrank aus. »Überhaupt nicht, Kleines. Ganz und gar nicht.«

In Wahrheit freut man sich riesig. Da steht die Tochter in dem zu großen Männerhemd vor einem, und man führt sich auf wie der verständnisvollste, hippeste Vater in der ganzen Stadt. Einen Augenblick lang wittert man eine unausgesprochene Gefahr und verfällt erneut in einen autoritären Ton: »Bitte laß es mich wissen, wenn du dir ein Hemd oder irgendwas anderes ausleihst, damit ich weiß, es ist nichts verlorengegangen.» Was immer das heißt. Und damit, so glaubt man, ist die Sache geregelt.

Weit gefehlt.

Als nächstes fällt mir Nancy ein. Sie war damals fünfzehn, ein wenig zu weiblich schon, um noch süß auszusehen. Sie trug ein Hemd, das, wie ich mich vage erinnerte, mir gehörte, ich aber seit Monaten nicht mehr gesehen hatte. »Ist das meins?« fragte ich wie der tattrige Trottel, für den sie mich hielt.

»Nein«, antwortete sie, mit einer erschreckenden Festigkeit für ein Mädchen, das gerade eine Notlüge erfunden hatte, »aber Addie trägt ein Sweatshirt von dir, glaube ich.« Ich drehte mich um und sah, daß meine dreizehnjährige Tochter in meinem XL-Sweatshirt mit dem Zeichen der Florida State University zum Umfallen süß aussah (was immer das heißt). Die Ärmel hingen ihr bis über die Finger, der Bund reichte bis weit über das Knie. Wieder einmal fühlte ich mich unsagbar geschmeichelt – und hinters Licht geführt, so wie Jahre später, als mich Clover verzauberte, die mein T-Shirt mit der Aufschrift *Still Crazy After All These Years* trug, das ich während eines Konzerts von Paul Simon gekauft hatte.

Im selben Augenblick dachte ich, ich sei vielleicht verrückt geworden. Auf einmal sah ich nämlich meine Sachen – beziehungsweise die Kleidungsstücke, die meiner Meinung nach mir gehörten – an Teenagerinnen in der ganzen Stadt.

Einmal hätte ich schwören können, Addies Freundin Anita in etwas gesehen zu haben, das doch sehr meinem North-Carolina-Sweatshirt ähnelte. In der nächsten Woche entdeckte ich Jessica, Clovers beste Freundin, in einem Flanellhemd, das ich seit zwei Jahren nicht mehr getragen hatte. Dann war da noch ein Mädchen, dessen Name ich nicht kenne, das in meinem Sweatshirt mit dem Schriftzug des Rodanthe Surfshop auf der Hauptstraße von New Paltz ging.

Aber nichts bereitete mich auf das einzigartige Erlebnis vor, das mir bevorstand, als ich eines Abends kurz nach dem Eintreffen bei Freunden sah, daß Nancys Freundin Cynthia meine buntkarierten Boxershorts trug!

Es verschlug mir die Sprache. Was sollte ich sagen? *Was machst du da in meinen Shorts?* Cynthia wußte ganz bestimmt nicht, daß sie mir gehörten. Vielleicht wußte sie nicht einmal, daß sie durch Nancy – oder Addie – in den Besitz der Unterhose gelangt war. Es kann durchaus sein, daß Anita meine Unterwäsche trug, diese an Kristen oder Tiffany verliehen hatte und eines dieser Mädchen die Boxershorts dann Cynthia geborgt hatte.

In diesem ganz besonderen Augenblick waren die Fächer meines Kleiderschranks zwar gut bestückt, aber bar meiner

Person, und plötzlich meinte ich, den Zen-Zustand der echten Leere erreicht zu haben.

Irrtum. Am nächsten Morgen fuhr ich zum Englischunterricht in die malerische Ortschaft Millbrook. Ich hatte mein wiederentdecktes Hipster-Dichter-Sakko an, das ich besonders gern trug. Als ich vor dem 140 Jahre alten Schulgebäude hielt, hatte das veraltete Heizungssystem die Klassenzimmer noch nicht einmal auf 17 Grad erwärmt, so daß ich das Jackett während des Unterrichts anbehielt.

Mitten im Unterricht, als ich vor den Schülern auf und ab ging, spürte ich beim Griff in die Seitentasche einen ungewöhnlichen zylindrischen Gegenstand. Er war hart, aber in Papier eingewickelt. Was konnte das sein?

Zwischen einigen erlesenen Einsichten über die extreme Selbstsucht des Othello und die wesentlichen Merkmale seiner Eifersucht zog ich den fremdartigen Gegenstand aus der Tasche ... ein seelenerschütterndes Gelächter brach los, und ich stand da, mit einem Tampon in der Hand.

In diesem Moment der Erleuchtung sah ich alles – die Vergangenheit, die Gegenwart, die Zukunft. Tief in meiner Seele wußte ich, daß es keine Erklärung gab, die diesem seltsamen Bild hätte gerecht werden können: ein Lehrer, etwas über vierzig, steht vor der Klasse mit einem Produkt der Frauenhygiene in der ausgestreckten Hand.

Ich stand mit rotem Kopf da und schwieg. Und plötzlich erkannte ich, daß alles vergänglich ist – Kleidungsstücke ebenso wie peinliche Augenblicke.

Willst du damit etwa sagen, ich sei dick?

Teenagerinnen und ihr heilloses Verhältnis zum Essen

Heilig zu sein ist etwas ganz Normales. Wir tun solch außergewöhnliche Dinge, um nicht zu sein.

JAMES HAZARD

Ich befinde mich mit Clover in einem Kaufhaus. Sie blickt in einen dreiflügeligen Spiegel und runzelt die Stirn. Dann dreht sie sich zu mir um, reckt den Hals wie eine Gazelle, stellt sich auf die Zehenspitzen und sagt leise: »Mein Po ist zu dick in dem Kleid.«

Ich blicke in denselben Spiegel – im selben Augenblick – und kann keinen dicken Po entdecken. Ich blicke überhaupt nicht durch. Neben mir steht eine umwerfend schöne, quicklebendige Achtzehnjährige mit einer schlanken Taille: der Inbegriff aufblühender Weiblichkeit, das Mädchen, das die Abschlußklasse der New Paltz High School, die sich zur politischen Korrektheit verpflichtet hatte, 1995 zur Schülerin mit dem »besten Körper« gewählt hatte. Nicht zur Schülerin mit dem »dicksten Po«.

Ich stellte mir eine Frage, deren Antwort ich bereits kannte: Wie können zwei relativ vernünftige Menschen dasselbe Spiegelbild betrachten und zwei grundsätzlich verschiedene Realitäten sehen?

Die Antwort war zu schwerwiegend und zugleich viel zu lächerlich.

Hier möge folgende Anmerkung reichen: Da Teenagerinnen aufgrund irgendeines kosmischen Plans Narzißtinnen sind, die alles um sie herum durch die eigene Brille betrachten, geraten sie in die schonungslosen Hände von allen möglichen Menschen und Institutionen (Jungen, Männern, Jugendzeitschriften, Werbeleuten), die ein persönliches Interesse daran haben, ihnen einzureden, sie seien zu dick. Jungen, die ebenfalls Narzißten sind, haben exakt das entgegengesetzte Problem. Sie empfinden sich als kleiner und schmaler, als sie in Wirklichkeit sind, und müssen deshalb umherstolzieren und beweisen, wie groß und stark sie sind.

Wie gesagt, ich kannte die Antwort. Nicht weil ich mich im Wahrnehmungskosmos von Teenagerinnen besonders gut auskenne, sondern weil Nancy und Addie das Tal der eingebildeten Fettpolster bereits durchschritten hatten und auch, weil mir – lang, lang ist's her – meine Jugendfreundin Judy einfiel, die am Strand von Jones Beach einmal ihre untere Körperhälfte mit einem Handtuch bedeckte, weil sie ihre sehr hübschen Oberschenkel »zu dick« fand. (Vorkommnisse der kognitiven Dissonanz bleiben noch lange im Gedächtnis haften.)

Da Nancy – wie auch Clover – eine ganz normale narzißtische Heranwachsende war, sah sie Fettpölsterchen an den ungewöhnlichsten Körperstellen. Auch öffnete sie mir die Augen für ein weiteres Paradox, dem man als Elternteil immer wieder begegnet: Ein ahnungsloser Vater lädt seine Tochter zum Mittagessen ein, gibt Hunderte von Dollar für Kleidung aus, die sie im Grunde gar nicht braucht –, und irgendwie erweist sich das Ganze als elende, entmutigende Erfahrung.

Als Teenager führte Addie jedoch die Fehlwahrnehmung des eigenen Körpers auf die Höhe einer Kunstform. Ich möchte das schwerwiegende gesellschaftliche Problem, das dazu geführt hat, daß sich zahllose junge Frauen zu Tode hungern, nicht auf die leichte Schulter nehmen. Doch auf einer weniger selbstzerstörerischen Ebene schwingt in der Art, wie junge Mädchen ihr Gewicht in der Welt wahrnehmen, ein gewisses Zen-Echo mit.

Addie war sechzehn und wußte nicht nur, daß Spiegel lügen, sondern auch, daß sie durch sie hindurchsehen mußte, wenn sie die wirkliche Wahrheit über ihren vermeintlich schlaffen Körper erkennen wollte. Als ich miterlebte, wie meine Tochter, die kein Gramm Fett zuviel am Leibe hatte, zur Abwehr von Cellulite und Fettpölsterchen »Klappmesser« und noch andere schmerzliche Formen der Buße vor dem Fernsehgerät absolvierte, erkannte ich, daß es ihr ernst war mit dem Streben nach einem perfekten schlanken Körper. (Für alle Nichteingeweihten: Bauchpressen sind schmerzhafte Übungen. Sie wurden erdacht zum Gebrauch durch die Narzißten beiderlei Geschlechts und sollen das erreichen, was man gemeinhin unter der Bezeichnung Waschbrettbauch kennt: einen muskulösen, straffen Bauch, der angespannt vom Brustkorb bis zum Bund der Designer-Jeans sechs lange Querfalten erzeugt.)

Wie absolut absurd das Ganze war, erkannte ich allerdings erst später. Eines Nachmittags ging ich nichts ahnend die Treppe hinunter und traf auf Addie. Mit dem Rücken an der Wand, die Füße aufs Treppengeländer gelegt, telefonierte sie mit ihrer Freundin Jana.

Ich war so naiv zu glauben, sie werde sich umdrehen und mich durchlassen. Sie tat es nicht. Vielleicht merkte sie auch nicht, daß ich neben ihr auf der schmalen Treppe stand, auch wenn das Gespräch mit ihrer Freundin Jana wohl kaum so fesselnd gewesen sein kann. Also sagte ich nur: »Entschuldigung.«

Addi bewegte einzig und allein die Augäpfel und sah mich finster an – als hätte ich die beleidigendste Bemerkung fallen gelassen, die ein Mann jemals gegenüber einer Frau geäußert hatte. »Was?«

»Ich sagte: Entschuldige bitte.«

Erbost und wie aus der Pistole geschossen, antwortete sie: »Willst du damit etwa behaupten, ich bin dick?«.

Ich saß auf der Treppe fest. Ungläubig stotterte ich: »Du bist gertenschlank, Adelyn, und außerdem: Was hat das damit zu tun, daß ich die Treppe runtergehen möchte?«

Sie drehte sich um, stand auf und murmelte: »Als ob du das

nicht genau wüßtest...« Dann drückte sie sich an die Wand. Durch die entstandene Gasse hätte ein Schwertransporter fahren können.

Ab dem Zeitpunkt begriff ich: Es ist so gut wie ausgeschlossen, mit einem Teenager über Fehlwahrnehmungen zu reden. Man gibt seine Bemühungen einfach auf. Jahre später war ich bei einem Einkaufsbummel mit Clover imstande, ihren schönen Po aus einer kosmischeren Perspektive zu betrachten.

Ich stimmte ihr einfach zu, und wir gingen ins nächste Geschäft im Einkaufszentrum, das Kleidung führte, die einen dicken Po verdeckt.

Zen und das Mädchen im Teenageralter

Wie man das eine sagt und etwas vollkommen anderes meint

Von jeder Wahrheit ist das Gegenteil ebenso wahr.

HERMANN HESSE

Addie legte den Kopf schief. Ein Lächeln umspielte ihren Mund: »Weißt du, mir ist gerade klargeworden, daß ich jetzt tun und lassen darf, was ich will. Du hast mich wirklich nicht mehr in der Gewalt.«

Sie ist achtzehn und geht in die Abschlußklasse der High-School. Sie schwelgt im eigenen Ich. Sie ist intelligent, charmant, sportlich, hübsch. In ihrer Handtasche ist der Schlüssel für einen verbeulten alten Plymouth. Im Arm hat sie einen Freund, der ihren Eltern Unbehagen bereitet. In ihrer Mappe befindet sich ein Zulassungsschreiben der Pennsylvania State Universität. Alles ist perfekt.

Ich lächle – die übliche elterliche Reaktion. Aber es stimmt ja, was sie sagt. Ab einem bestimmten Alter üben die Eltern auf das Schicksal ihrer Kinder nur noch einen sehr oberflächlichen Einfluß aus. Vielleicht informieren, belehren wir sie über akzeptables Verhalten und bestehen auf der Einhaltung bestimmter Regeln im häuslichen Zusammenleben, doch wenn sie morgens das Haus verlassen, treffen sie selber die Entscheidungen. Sie führen ihr eigenes Leben.

Natürlich wünschte ich, es wäre anders. Wir leben in einer gefährlichen Welt, und ein Teil von mir wäre gern Addies Schwarzenegger-großer Beschützer. Dann würde ich mich auf die gleiche aufmerksame Art über sie beugen wie damals, als sie vier Jahre alt war und Fahrradfahren lernte. Aber eine einfache Wahrheit sagt mir: Ich kann nicht jeden Augenblick des Tages auf meine Tochter achtgeben, ebensowenig wie ich auf Cael und Nancy aufpassen konnte, als sie in die letzte Schulklasse gingen, ebensowenig wie ich auf Clover, Danny, Bay und Elizabeth Bayou werde aufpassen können, wenn sie erwachsen sind.

Das alles erkläre ich Addie mit leiser, väterlicher Stimme, wobei ich mir zugegebenermaßen reichlich selbstgefällig vorkomme, weil mir eine Antwort eingefallen ist, aus der eine zeitlose elterliche Weisheit spricht.

Aber damit gibt sie sich nicht zufrieden. Das ist eine Herausforderung, es geht hier um mehr als um ihre Freiheit – nur ich begreife das einfach nicht: »Ich meine, selbst wenn du mich einsperrst, brauche ich nicht mehr auf dich zu hören.« Ich entdecke eine nervöse Falte in ihrem Lächeln, und plötzlich steht die vorlaute Kleine vor mir, so wie vor sechzehn Jahren, als sie die gleiche Miene aufsetzte.

»Ja, aber ... es gibt Grenzen ...« Was ich damit sagen will, weiß ich zwar nicht genau, aber das Wort »Grenzen« erscheint mir im Augenblick sehr passend.

»Ehrlich, Dad, was willst du denn machen, wenn ich den

Stubenarrest nicht akzeptiere – mich aus dem Haus werfen? Das würdest du doch nie tun, oder?« Sie blickt zur Seite, wartet auf eine Antwort.

Ich bin baff. Ich suche nach einer schutzbietenden Wand, an die ich mich anlehnen kann, und erkenne schließlich, daß es Addie überhaupt nicht um Regeln geht, sondern um etwas nach dem Motto: Das geht mir alles zu schnell. In ein paar Monaten soll ich das alles hier hinter mir lassen. Deshalb will ich nur wissen, ob ich zu Hause bleiben und mich wie ein freches Kind aufführen darf und trotzdem wie eine Erwachsene behandelt werde.

Westlicher Volksmund riet mir (wie auch einige unterschwellige Erinnerungen an meinem Vater, als er sich mit mir über das gleiche Thema unterhielt), nein zu sagen. »Nein, beides auf einmal geht nicht.« Entweder sitzt man im Bus oder nicht. Ist man Chef oder Angestellter. Kind oder Erwachsener. Zieh Grenzen. Sei konsequent. Du bist im Recht.

Während ich meine Kinder auf ihrer Reise durch den dunklen, aknereichen Tunnel der Adoleszenz begleitete, habe ich jedoch eine Art Nachsichtsfähigkeit entwickelt, die mich erkennen läßt, daß nichts so ist, wie es erscheint. Tatsächlich war der elterliche Weg recht neblig und voller Paradoxien. Falsch bedeutet manchmal richtig und richtig oft falsch. Und im Kern dieser vielen Paradoxien liegt der beunruhigendste Widerspruch von allen: Meine Kinder gehören zwar mir, doch besitze ich keine exklusiven Rechte.

Addie soll nie denken, daß sie zu Hause nicht willkommen ist. Aber sie darf auch nicht glauben, daß sie mir mein Zuhause wegnehmen darf.

Als sie fragte, ob ich sie jemals aus dem Hause werfen würde, bringe ich also ein windiges Ja, dann ein grunzendes Nein und schließlich ein zittriges Ja und Nein hervor. Am Ende äußerte ich unabsichtlich ein Musterbeispiel meiner unwissenden Weisheit: »Addie, ich weiß nicht, was ich täte.«

Sie runzelt die Stirn. Es enttäuscht sie, daß ich keine konkrete, dokumentierbare Entweder-Oder-Antwort parat habe. Sie möchte wissen, ob ich ihr harte Liebe predigen oder den Märtyrer spielen will. Sie verlangt eine Tatsachenfeststellung, eine einfache Liste, auf der steht, was richtig und was falsch ist, das, was man von einer Kindergärtnerin, einer weisen jüdischen Großmutter oder in einem Interview mit einem Harvard-Doktoranden in einer hochintellektuellen Zeitschrift hört: einwandfreie, vernünftige, logische Ratschläge, wie man total glücklich sein und sich absolut vor den Wirren einer unvollkommenen Welt schützen kann.

In mir ist wirbelnde Düsternis, und so scheitere ich an diesem undefinierbaren Problem. Da fällt mir ein Satz ein, formuliert von einem Mann, der weder Zen-Meister noch Vater oder Mutter ist: »Lieben Sie Ihr Kind am meisten, wenn es das am wenigsten verdient.« Jerry Sherman, ein großartiger Erdkundelehrer an der Millbrook-High-School, hat diesen schlichten Satz vor fast zehn Jahren ausgesprochen, auf einer Abschlußfeier, bei der ich anwesend war. Mir war sofort klar, daß ich noch nie etwas Klügeres gehört hatte. Liebe ist nicht etwas, das man sich verdient oder worum man feilscht.

Deshalb verweigere ich Addie die Antwort auf ihre Frage und sage nur, daß ich sie von ganzem Herzen liebe und immer ihr Vater sein werde, im Leben wie im Tode. Dann nehme ich sie fest in den Arm und atme ihren Duft ein, wie damals, als sie eine schreckliche Zweijährige war und so leicht zu lieben wie ein Sommermorgen.

Als wir uns voneinander lösen, preßt sie die Lippen aufeinander. Dann wendet sie sich dem Schutz ihres unaufgeräumten Zimmers zu. Es ist das Zimmer, das Danny für sich beanspruchen wird, sobald sie ausgezogen ist. Bevor sie die Tür schließt, dreht sie sich noch einmal um und sagt: »Ich habe dich nicht gefragt, ob du mich liebst...«

Ich nickte. Aber die Verbeugung gilt nicht ihr, sondern Jerry Sherman, der die schöne Antwort auf die Frage kennt, die niemand stellt.

Draußen vor dem Garten

Eines Abends, bevor Nancy die Schule abschloß ...

Wir alle machen es vollkommen falsch: Statt zu kleinen Kindern sehr streng zu sein und allmählich die Pforten der Freiheit zu öffnen, wenn die Kinder älter werden, räumen wir ihnen viel zu viele Freiheiten ein und bemühen uns dann verzweifelt, sie im Zaum zu halten, wenn sie älter und ungestümer sind.

PATRICIA HENDERSON LEWIS

Nancy kam an meinem 27. Geburtstag zur Welt. Vielleicht erklärt das, warum meine Erinnerungen in ihrem Fall so gespalten sind. Jedenfalls drehten sich meine Erinnerungen an ihr letztes Jahr an der High-School auf Filmrollen, die ich seit Jahrzehnten nicht mehr gesehen hatte.

In meinem Heimkino über die fünfziger und sechziger Jahre war Roslyn Heights (New York) ein Ort, an dem ich mich auf unübertreffliche Weise wohl und behütet fühlte. Wenn ich morgens aufwachte, waren die Eltern im Haus, vor der Haustür standen zwei Milchflaschen, in der Garage stand ein Buick, und natürlich hatten wir auch einen schönen kleinen Garten, der von zwei weiteren schönen, makellos gemähten kleinen Rasenflächen mit Häusern begrenzt war, die zwei weitere vierköpfige Familien beherbergten, die große amerikanische Autos fuhren und jeden Tag Milch tranken.

Glücklich und zufrieden durchlebte ich meine Schulzeit an der Grundschule in der Willets Road bis zur Wheatley-High-School, und währenddessen verschwendete ich keine Gedanken an das Gute und Böse in der Welt. Irgendwie erhielt ich mir die Unschuld, dabei halfen mir eine Schutzschicht aus Schmalzkringeln am Sonntagmorgen, Kohlrouladen, Tanten, die mir in die Wange kniffen, eine hübsche Freundin, die Mitgliedschaft im elitären Debattierclub und ein grüner Ford Baujahr 1956. In meiner heilen Welt war alles zum besten bestellt.

Also kam es mir wie ein Filmriß vor, als am Ende des letzten Schuljahrs Alan Ibanez, ein Mitschüler, meinem besten Freund ins Jahrbuch schrieb: »Für Richard, einen der guten Juden ...«, das Zelluloid begann zu flattern ... und mir wurde schwarz vor Augen.

Tief erschüttert erkannte ich in meinem düsteren Herzen drei Dinge, über die ich noch nie nachgedacht hatte.

1. Daß andere Menschen mich zunächst als Juden und erst dann als Menschen wahrnahmen.
2. Daß es allgemein als etwas Schlechtes galt, Jude zu sein.
3. Daß es in der Welt da draußen für Juden bisweilen gefährlich zugehen kann.

Als die Lichter wieder angingen, hatte ich meine behütete, grüne, unkrautfreie Vorstadtkindheit bereits hinter mir gelassen. Ich überquerte die Bühne, nahm mein Zeugnis entgegen und setzte mich zwischen die versammelten Freunde und Unterdrücker zur Rechten und Linken. Als ich zwei Monate darauf aufs College ging, hielt ich die Augen ständig offen.

Deshalb dachte ich, einige Tage bevor Nancy von der High-School abging und nun ihrerseits in die »reale Welt« hinausgehen sollte, über Alan Ibanez nach. In vielen Dingen kannte sie sich viel besser aus als ich mit achtzehn Jahren, aber hinsichtlich der Fährnisse des Lebens war sie wohl ebenso naiv.

Nancy war in einem Bauernhaus groß geworden, im Wald, mit sechs Geschwistern – und Hunden, Katzen, Enten, Kaninchen und Ziegen. Sie hatte zwei Eltern. Die warmen Sommertage verbrachte sie in der Hängematte liegend; am kühlen, felsigen Bach nahe dem Hause ging sie spazieren; ihren Freund Michael küßte sie in der Schaukel auf der Veranda. Vielleicht ahnte sie mehr über die leidenschaftlichen Dramen im Leben als ich in ihrem Alter, doch ich bezweifle, ob sie eigene Rolle in diesem Geschehen bereits erkannt hatte.

Am Abend vor der Abschlußfeier lag ich im Bett und lauschte den Eulen, Fröschen und dem leisen Gemurmel der Stimmen in der weinumrankten Gartenlaube. Nancy und ihre Freundinnen trieben sich in der Laube herum. Die Nacht – das heißt ihre Kindheit – sollte noch ein paar Minuten länger dauern, das Lachen klang unbeschwert, das Wasser gurgelte über die weichen Felsen im Fluß hinweg. Schon bald würden sie studieren, und im Nu würde der Film über das Leben in einer kleinen Stadt für sie alle reißen. In dieser Dunkelheit würde jede von ihnen rechts und links mit unbekannten Unterdrückern rechnen müssen.

Deshalb weinte ich um meine Tochter. Ich bin der Vater, ihr Beschützer, doch vor dem, was ihr im Leben noch zustoßen wird, kann ich sie nicht beschützen. Ich schaltete den Projektor der Erinnerung an und rief mir ins Gedächtnis, wie sich das Baby in meinen jungen Armen achtzehn Jahre zuvor angefühlt hatte, die warmen, winzigen Atemzüge, die Fingerchen, die sich an meine Schulter klammerten... Ich erlebte noch einmal den schrecklichen Schmerz, als sie weinend aus dem Kindergarten kam. Ich schloß die Augen, und da sah ich Nate und Craig, Travis und Michael, wie sie an die Haustür kamen und Nancys Herz stahlen.

Das alles, das Gute wie das Schlechte, das Reale wie das Imaginäre, kam mir erneut in Erinnerung, doch konnte ich nicht erkennen, wohin Nancy gehen würde, wenn ihre Alan-Ibanez-Figur auftauchen, der Film reißen und die Leinwand plötzlich leer sein würde.

An diesem Abend wurde mir klar, daß Nancy (und Addie, Clover und Elizabeth nach ihr) eine doppelte Last tragen würde, nachdem sie das Nest verlassen hätte. Man würde sie nicht nur zunächst als Jüdin und erst dann als Menschen betrachten, sondern auch in Kategorien ihres Geschlechts, ihrer Sexualität sowie der Art und Weise, wie sie die unterschiedlichen eigennützigen Bedürfnisse der Männer befriedigte. Für einen Vater ist das eine unbestreitbare – und beunruhigende – Wahrheit des Lebens außerhalb des Garten Edens.

Ich fürchtete nicht so sehr, irgendein Unterdrücker könnte sie überwältigen, denn sie hatte die Stärke ihrer Mutter. Vielmehr fürchtete ich mich vor dem furchterregenden Gewicht auf ihrer Seele, wenn sie schließlich ringsum, rechts und links, oben und unten, davor und dahinter Unterdrückung sehen würde. Ich hatte Angst, sie könnte sich eines Tages hinsetzen, genau in dem Augenblick, in dem sie aufstehen und hinausgehen müßte, und aus Verzweiflung im Film ihres Lebens die Rolle eines anderen Menschen übernehmen.

So lag ich da und überlegte, ob ich sie eindringlich genug darauf hingewiesen hatte, was sie würde ertragen müssen, oder ob ich ihr vielleicht zu viele bittere Wahrheiten verschwiegen hatte, mit denen das Leben einen unweigerlich konfrontiert.

Doch plötzlich hörte ich leises Stimmengemurmel vor dem Fenster, dann ein davonfahrendes Auto. Die Haustür ging auf und schloß sich mit leisem Klicken. Furchtlos ging Nancy auf Zehenspitzen nach oben in ihr Refugium unterm Dach, und da erhaschte ich einen Blick darauf, welch heilsame Rolle meine behütete Kindheit in meinem Leben spielte.

Die eingekapselte, naive, vorhersagbare, bürgerliche, kitschige Super-8-Version des Lebens, meine Kindheit und Jugend in Roslyn Heights, hatte mir, wenn auch nichts anderes, so doch die Gewißheit vermittelt, daß es gut und richtig war, der zu sein, der ich bin. Wäre ich meiner selbst und meines rechtmäßigen Ortes auf dieser Erde weniger sicher – wäre ich auch nur ein wenig angstvoll oder beschämt, wie es zu viele unterdrückte Menschen auf dieser Erde sind –, dann hätte ich vielleicht tagelang (oder jahrelang oder ein ganzes Leben lang) gegen die Torheiten gewütet und verzweifelt versucht, die Welt wieder in Ordnung zu bringen. Und Alan Ibanez wäre immer noch mein Unterdrücker.

An diesem Abend befürchtete ich nicht, Nancy hätte zuwenig von der rauhen Wirklichkeit gesehen, die ihr mit Sicherheit bevorstand, sondern betete, daß der Garten, den wir für sie erschaffen hatten, sie gut beschützen würde. Ich hoffte, daß wir ihr die gleiche Selbstsicherheit gegeben hatten, die ich als kleiner, unschuldiger Junge in Roslyn Heights in mir entdeckte. Ich betete, daß sie heil durchs Leben kommen würde.

Sie verläßt das Elternhaus. Auf Wiedersehen! Teil I

Abituritis

Jeder Abschied giebt einen Vorschmack des Todes –, und jedes Wiedersehn einen Vorschmack der Auferstehung.

ARTHUR SCHOPENHAUER

Für junge Frauen hat das letzte Jahr an der High-School nur einen transzendenten Zweck: Es soll ihnen reichlich Zeit geben, damit sie so gereizt und müde sind und verächtlich auf alles herabschauen können, was mit dem Elternhaus zusammenhängt, daß im Frühjahr sämtliche Mitglieder der Familie ihrem Abschied dankbar und erleichtert entgegensehen.

Es ist immer dasselbe: Die Mädchen verbringen das ganze letzte Schuljahr mit der Vorfreude auf die Zeit ihrer Vormachtstellung, und im darauffolgenden Sommer hat die Vorfreude eine solch fiebrige Höhe erreicht, daß sie nur noch kreischend miteinander sprechen können.

Höher geht's dann aber nicht mehr hinauf. Schon am letzten Schultag hatte Nancy den symptomatischen höhnischen, spöttischen Ton angenommen, der mit Abituritis einhergeht. Im Herbst war sie mit der Schule und ein paar ihrer Freundinnen »durch«. Nach Weihnachten stellte sie die Erledigung der Hausaufgaben und der Arbeiten im Haushalt ein. Im Februar schließlich litt sie an einer chronischen Form der Krankheit und so stark unter Klaustrophobie, daß ihr ein Zusammensein mit den »Alten« von mehr als einer Viertelstunde schon zuviel war.

So wurde der Satz »Ich muß hier raus!« geboren – und derart oft wiederholt, daß er zu einer Art Mantra wurde, das uns den ganzen Frühling, während der Abschlußfeier und den Frühsommer hindurch begleitete, bis endlich der August kam und wir in die Ferien nach Hatteras fuhren.

Der Tag, an dem sich Nancy aus ihrem »früheren Leben« befreite, wurde auf den 14. August gelegt. Umarmungen, Küsse und Tränen, dann winkten wir beide der lächelnden Familie zum Abschied zu und fuhren fünf Stunden zum College in Chapel Hill. Wie man sich vorstellen kann, wurde es für mich eine bittersüße Fahrt. Ich lud den 1000 Liter fassenden Kofferraum aus: vier Koffer mit Übergröße und sechzehn diverse Pappschachteln. Ich half Nancy beim Einrichten ihres Zimmers. Dann machte ich Besorgungen im örtlichen Einkaufszentrum, während sie sich in der Gegend umsah. Schließlich nahmen wir in zärtlicher, etwas unruhiger Stimmung ein letztes Mahl in einem Restaurant namens Spanky's auf der Franklin Street ein, und dann fuhr ich zurück nach Hatteras.

Der tropische Wirbelsturm Bob, der im Radio angekündigt wurde, spiegelte treffend den Sturm in meinem Herzen wider.

Als ich auf die Insel fuhr, wurde Bob als ein Kategorie-eins-Hurrikan eingestuft. In der folgenden Nacht klassifizierte man ihn als Kategorie zwei. Am nächsten Morgen machte er einen Linksschwenk, bekam genug Dampf, daß man ihn als Klasse drei einstufte, und steuerte auf Hatteras zu. Zwei Tage später wurden wir evakuiert.

Wir hatten keine Lust, nach Hause zu fahren, außerdem waren die Motels im Umkreis von hundertfünfzig Kilometern ausgebucht. Daher fuhren wir nach Chapel Hill, mieteten uns in einem Hotel ein und kreuzten vor Nancys Tür in Granville Tours auf.

Schock, Entsetzen, Verwirrung und eine Mordswut spiegelten sich in Nancys hübschem Gesicht. Sprachlos stand sie in der Tür.

Sie erlebte die schlimmste alptraumhafte Abwärtsspirale im dunklen Tunnel ihrer Jugend. Die ganze Familie war ihr ins College gefolgt. Nie würde sie uns entkommen, zu neunt drängten wir uns in das enge Zimmer, in dem kaum Platz für zwei war.

Aber wie alle Alpträume ging auch dieser vorüber. Wir blieben »nur« drei Tage, bis der Evakuierungsbefehl aufgehoben wurde und Nancy schließlich wieder ihr eigenes Leben führen konnte. In dieser Zeit lernte sie ihre erste wichtige Lektion als junge Studentin: Thomas Wolfe irrt – es ist nicht so, daß man nicht wieder nach Hause kommt, sondern man verläßt vielmehr nie das Elternhaus.

Sie verläßt das Elternhaus. Auf Wiedersehen! Teil II

Déjà vu

Wir sterben, und wir sterben nicht.
SHUNRYU SUZUKI

Clover brachte es in der Rubrik »Wünsche der Abiturienten« in ihrem Jahrbuch auf den Punkt: »An meine älteren Geschwister – vielen Dank, daß ihr mich so gut erzogen habt. An die jüngeren – ich hoffe, ich habe euch nicht dasselbe angetan.« Das Universum ist in der Tat ein Kreislauf.

Nancy und Addie zeigten und informierten Clover über praktisch alles, was sie in der High-School erleben würde; das reichte von der aggressiven Spielweise der beiden Mädchen auf dem Fußballplatz, über ihre hintertriebene Politik als Präsidentinnen der SGAS (Studenten gegen Alkohol am Steuer) bis zu der Art, wie sie sich für den Abschlußball fein machten.

So wie Nancy und Addie konnte es auch Clover im letzten Schuljahr kaum noch in ihrem Elternhaus ertragen.

Wir saßen am Abendbrottisch, Danny hatte soeben etwas recht Unverschämtes über eine Lehrerin gesagt, und plötzlich funkelte Clover ihn böse an und meinte barsch: »Das ist nicht wahr.« Daraufhin erwiderte Patti etwas wie: »Stacey hat gesagt, Kitty sagt, daß sich Dave und Carrie getrennt haben ...«

Die Gabel hochgereckt, verhöhnte die liebliche, liebenswerte, zentrierte, Zen-ähnliche Clover ihre Mutter, dann sah man ihren ungläubig geöffneten Mund und ein Kopfschütteln und hörte eine Stimme, die vor Verachtung troff: »Hast du denn selber kein Leben?«

Als Bay dann noch wagte, sie zu bitten, ihr doch einmal die

Margarine zu reichen, und als ihr Elizabeth Wasser auf die Beine schüttete, reichte es Clover. Sie sprang auf und rief wütend: »Ich kann es gar nicht erwarten, bis ich hier endlich rauskomme!«

Wir waren perplex. Eine derartige Giftigkeit kannten wir von den älteren Kindern. Vielleicht. Doch nicht von der süßen kleinen Poochie, die bis zu diesem bedrohlichen Augenblick, wie es schien, tief in ihrem Innern mit einer Aura der Ruhe durchs Leben geschlendert war.

»Na ja, ehe du die Stadt verläßt und deinen Namen änderst«, sagte ich, »bist du mit dem Abwasch an der Reihe.« Ich fand meine Bemerkung witzig – außerdem war sie wirklich mit dem Abwasch an der Reihe –, aber sie merkte es nicht. Im Hinausgehen murmelte sie Dinge, die ich bestimmt nicht hören wollte. Und wir, die Zurückgebliebenen, hatten wieder einmal den Eindruck, als lebten wir in einer Leprakolonie.

Wir wurden mit kosmischer familiärer Gerechtigkeit belohnt, als die Zeit kam, Clover ihren Wunsch zu erfüllen und sie zum College zu bringen. Ironischerweise folgte sie Nancys Spuren. Sie ging in Chapel Hill aufs College, und wir machten wieder Urlaub auf Hatteras Island: das übliche Gemisch aus Kindern, Hunden, Eltern, Freunden, Freundinnen, ein Kommen und Gehen in dem kleinen Strandhaus, das im Wind hin und her wiegte. So wie wir es uns vier Jahre zuvor ausgedacht hatten, sollte ich Clover im Wagen nach Chapel Hill bringen, wenn die Ferien zur Hälfte vorüber waren.

Es war ein schöner, heißer Tag. Plötzlich kam über das Radio die Meldung, Hurrikan Felix sei soeben über dem Atlantik gesichtet worden. Clover erschrak, aber ich versicherte ihr, kein Blitz schlage zweimal an derselben Stelle ein.

Als wir den Kurs des Wirbelsturms von unserer ungeschützten Warte verfolgten, wurde Clover ganz aufgeregt und betrachtete entsetzt das Geschehen. Ungläubig sah sie, was sich da direkt vor ihr abspielte. Als ob das Schicksal, das uns alle demütig macht, Regie geführt hätte, machte der Wirbelsturm dann tatsächlich einen großen Bogen um Bermuda – langsam, stetig, fast wie mit Absicht, und nahm Kurs auf Outer Banks.

Clover war entsetzt, sie konnte es nicht fassen. Am Tag bevor wir beide aufbrechen wollten, wurden wir alle evakuiert.

Das arme Mädchen. Wir verriegelten das Sommerhaus, klebten die Fensterrahmen mit Klebeband zu und machten sauber, dann fuhr die ganze Familie samt Hund bei strömendem Regen und über windgepeitschte, überflutete Straßen los und brachte Clover ins College. Als wir sie in ihr Zimmer brachten, sah sie aus, als würde sie sterben.

Aber sie starb nicht.

Wir fuhren zurück auf dem stürmischen Highway, und da dachte ich, daß Clover soeben erfahren hatte, was Nancy vier Jahre zuvor erkannt hatte: Man stirbt – und stirbt auch nicht. Aber der Familie entkommt man nie.

8

Familienrituale des Zen

Sieben Tatsachen zur Feier des Vatertags

Wofür ist der Vatertag eigentlich da?

Denn in den Dingen steckt mehr Klugheit verborgen
als in den Worten.

ANTOINE DE SAINT-EXUPÉRY

Wie benommen und noch halb im Schlaf vernehme ich Schritte. Ein Hüsteln. Irgend etwas rüttelt. Ein geflüstertes »Leise!«. Aber meine Augenlider sind zu schwer. Es ist Sonntag morgen. Da schlafe ich mich immer aus.

Sekunden – oder Stunden – später höre ich Atemgeräusche, so nahe, daß sich meine Haare im Nacken sträuben. Langsam kommt mir dunkel, wie im Traum zu Bewußtsein, man hat mich umzingelt. So wie das Kind, das auf Dauer meiner Seele innewohnt, verschließe ich die Augen und tue so, als schliefe ich noch. Ich hoffe, daß die Geräusche und das schwere Atmen nicht zu irgendwelchen Eindringlingen mit irrem Blick gehören, sondern einem Traum in der Art von Spielberg-Filmen entstammen.

Doch als ein schnüffelndes Schnarchen die kühle Morgenluft durchschneidet, ein Geräusch, das ich bereits viele Male gehört habe, und mir noch ein gehauchtes »Psst!« durch Mark und Bein fährt, rasten die Synapsen ein. Blitzartig durchschießt mich die Erkenntnis, daß keine durch Drogen verrückt gewordene, Messer schwingende Kriminelle in meinem Zimmer stehen. Es sind nicht einmal Außerirdische. Das ist nicht einmal eine Halluzination. Nicht einmal ein Alptraum. Nein, es ist etwas viel Furchterregenderes … es ist … es ist … VATERTAG!!!!

Ein stummer Schrei. Ich wirbele einen kreisförmigen

Schacht hinunter, den ich nur aus Träumen kenne. Kurz vor dem Aufprall – die Augen sind noch geschlossen – erkenne ich ganz deutlich, was ich noch nie zuvor gesehen habe. Und da treiben sieben unheilvolle Tatsachen des Lebens, gleich Antworten, an die Oberfläche:

FAKTUM 1: Wenn ich nicht sofort die Decke zurückwerfe und schreiend aus dem Zimmer renne, werde ich gleich in eine frühmorgendliche Feier geraten und alle Würdegefühle und alle Jugendlichkeit, die ich noch besitze, verlieren. Je nachdem, wer wütend auf mich ist, wer im College ist und wer noch schläft (ich jedenfalls nicht), werden mich fünf bis sieben Kinder angrinsen, und ich werde mit leicht zitterndem, geöffnetem Augenlid erkennen, daß meine Befürchtungen zutreffen. Hinter den Kindern wird meine lächelnde Frau, Patti, stehen, die vor kurzem ihren »Tag« feiern durfte, in den Händen ein Tablett mit farbenfrohen, gesunden Lebensmitteln, die ich sonst nie auf nüchternen Magen essen würde.

FAKTUM 2: Ich kann weglaufen, nicht aber mich verstecken. Sie werden die Hündin aufwecken und mir auf die Fersen hetzen. Sie werden ihren Anteil fordern. Schließlich ist es mein Tag, und einmal im Jahr schulde ich ihnen eine Freude: meine äußerste Dankbarkeit und meinen äußersten Stolz als Vater.

FAKTUM 3: Ich werde essen (»Hmmmmm«), während Elizabeth und Bay bei jedem Bissen mitkauen. Addie, Nancy und Cael werden ungeduldig unten an der Matratze herumzappeln und dabei die aufblitzenden Punkte auf dem Wecker beäugen. Danny und Clover schließlich werden lautlos konspirieren, um herauszufinden, wer mich als erster am eingeschlafenen Bein ziehen und mir erst den Fruchtsaft und dann den heißen Kaffee in den Schoß schütten darf.

FAKTUM 4: Wenn ich meine Rolle als dankbarer und wohlwollender Vater nicht gegen den Part des Tyrannen austausche, der ich in ihren Augen ja manchmal bin, werden die Früchte meiner Lenden auf der Stelle kehrtmachen, als hätten sie ihre Pflicht getan, und vor meinen Augen verschwinden. Und ich werde wieder allein sein, zur Müllkippe fahren, den Rasen mähen, ab und zu die Kinder von Freunden mit dem Auto irgendwohin bringen und für die Großfamilie grillen. Das wird dann der Vorstellung aller entsprechen, wie ein Vatertag auszusehen hat, nur nicht meiner. Dann werde ich die Pappschachtel mit den Hemden, Boxershorts und diversen Kassetten und CDs öffnen, und alle Geschenke werden, jedes vom Schenkenden, noch am Abend stibitzt werden.

FAKTUM 5: (Immer noch mit geschlossenen Augen.) Im Grunde habe ich einen ganz einfachen Wunsch: Ich möchte duschen, bis kein heißes Wasser mehr da ist. Ich möchte in die Küche gehen und von einem anschwellenden Jubel und den Tränen einer dankbaren Familie begrüßt werden, die mir ein tolles, cholesterinreiches Frühstück serviert – und mich dann in Frieden essen läßt. Dann möchte ich gern die Sonntagszeitung auf der Vorderterrasse durchlesen, eine Tasse Zichorienkaffee neben mir und einen Riesenteller mit klebrigen, ekligen Rosinenbrötchen daneben, und den lieblichen Klängen der Vögel, Frösche, Grillen und Rasenmäher lauschen. Anschließend möchte ich mir eine Decke holen und mich auf den frisch gemähten Rasen legen, damit mir jedes Kind eine zwanzigminütige Massage geben kann. Dann ein paar Körbe werfen. Dann ein Nickerchen. Dann ein Bier, zwei Hot dogs mit Senf und Sauerkraut, gefolgt von einem Baseballspiel im Fernsehen. Danach sollen die Großen auf die Kleinen aufpassen, damit ich mit Patti entfliehen und einen romantischen Abend in einem malerisch gelegenen Landgasthof verbringen kann, wo wir wieder herausfinden, was uns dazu bewogen hat, diese vielen Kinder in die Welt zu setzen. So könnte dieser Tag zu einem richtigen Fest werden.

FAKTUM 6: Es (Faktum 5) wird nicht geschehen. Keiner wird so etwas als Vatertag betrachten, nur ich, und ich werde ihn vielleicht überhaupt nicht erleben (Meine Augen sind *immer noch* geschlossen.). Außerdem habe ich bereits vor fast 27 Jahren begriffen, daß Dankbarkeit eine Erfindung der Erwachsenen ist. So etwas wird nicht passieren, weil die Kinder mich und ihre Mutter und dieses Leben als selbstverständlich betrachten.

FAKTUM 7: Das *müssen* Kinder auch. Ich habe nie versucht, meinen Kindern das Gefühl zu geben, sie müßten für ihr Dasein dankbar sein. Ich bin es, der den Kindern jeden Tag dankbar ist, nicht umgekehrt.

In unserer riesigen, oft kalten und gefahrvollen Welt sind sich Kinder ihrer extremen Verletzbarkeit auf schmerzliche Weise bewußt. Deshalb müssen sie sich beschützt fühlen und sollen keine Dankbarkeit empfinden. Die Aufgabe der Eltern ist es, sie zu beschützen und ihnen Selbstvertrauen zu geben, nicht, ihre Abhängigkeit und Ängstlichkeit zu befördern. Bei zu vielen meiner Lehrer damals in den Fünfzigern und Sechzigern habe ich es erlebt: Angst erzeugt keine Dankbarkeit, sondern nur Verachtung. Und denjenigen, die sich Sorgen machen, Kinder, die keine Dankbarkeit lernen, entwickelten sich bereits in jungen Jahren zu egozentrischen Erwachsenen, antworte ich: Heute vertraue ich darauf, daß die rauheren Unvermeidbarkeiten des Lebens am Ende genug Gelegenheiten bieten, daß die Kinder lernen und dankbar für das sind, was ihnen im Leben an Gutem und Schmackhaftem widerfährt.

Deshalb kann ich den Kindern meine Dankbarkeit am besten dadurch beweisen, daß ich sie im Glauben lasse, sie würden mir am Vatertag einen Dienst erweisen, auch wenn sie sich selbst einen Gefallen tun. Wie Charles Dickens vergessener Vater wahrscheinlich laut murmelte, als er die Spielzeugguillotine in Empfang nahm, die ihm der kleine Charles zum Geburtstag gebaut hatte. »Das ist ein viel, viel besseres Ding, als ich je hergestellt habe.«

Ich mache also die Augen auf, ringe mir ein dümmliches Lächeln ab und harre der Dinge, die da kommen.

Halb Jude, halb Christ, ganz Zen

Weihnachten und Chanukka unter einem Dach

Zen ist ein Weg der Befreiung.

ALAN WATTS

Ich sehe meine Kinder an: halb Juden, halb Christen, teilweise Gläubige, teilweise Zyniker, mit blauen Augen, braunen Augen, im Wortsinne wahre Mischlinge der organisierten Religion – und glaube schließlich an Gott. Meinem Empfinden nach sind sie ein Wunder, so wie es jeder Vater glaubt. Jedes einzelne Kind ist ein Segen.

Deshalb frage ich mich oft zutiefst erschrocken, wie ein Mensch oder eine religiöse Gruppierung so überheblich sein kann zu glauben, daß es nur einen Weg – ihren Weg – zu Gott gebe. Alle anderen werden verdammt. Wie unerleuchtet das ist.

Offen gesagt, ziehe ich die eher zenhafte Vorstellung von Gary Snyder vor, der meinte: »Der Weg ist kein Weg.« Das heißt, es gibt unzählige Möglichkeiten, die zum Leben des reinen Geistes führen, der uns alle erwartet. Auch finde ich Trost im Glauben des Rabbi Kushner, daß Gott Leben schenkt, aber kein Leiden verursacht. Wer unter Kummer leidet, den tröstet Gott. Und wir Menschen kümmern uns um den Rest.

Patti, eine Gläubige, wie man sie nur unter Atheisten findet, glaubt von ganzem Herzen an den Geist der Natur – und feiert ihn durch besondere Rituale: Familienmahlzeiten, Geburtstage und Ferien. An Festtagen, beispielsweise Geburtstagen, Ostern oder Halloween, leistet sie Bewundernswertes, doch zu Höchstform läuft sie im Dezember auf. Dann choreographiert, produziert und inszeniert sie eines der großen quasireligiösen Ereignisse.

Was die Organisation anbetrifft, beginnt Weihnachten in unserer Familie offiziell irgendwann im Juli oder August, dann nämlich, wenn Patti zum erstenmal eine »Die wird Elizabeth gefallen!«-Puppe oder ein Sweatshirt in einem Sportladen entdeckt, das sie für mich und alle großen Kinder in sechsfacher Ausfertigung kauft. Bereits im September hält sie Ausschau nach Geschenken, mit denen sie die Weihnachtsstrümpfe stopfen kann. Und noch lange vor der alljährlichen Halloween-Parade in New Paltz wird das Nähzimmer für die Familienmitglieder zum Sperrgebiet erklärt und mit Pappschachteln, Geschenkpapier, Schleifen und Geschenken aller Formen, Größen, Gewichte – und Preise – vollgestopft sein.

In der zweiten Dezemberwoche ist jede Oberfläche im Haus dekoriert. Die Treppengeländer sind mit Fichtengirlanden umwickelt, und die neun Strümpfe hängen von der Kamineinfassung. Der Weihnachtsbaum, den wir auf Van Alsts Farm geschlagen haben, verschwindet förmlich unter den vielen Kerzen, Glaskugeln und Verzierungen, die in sechs Kartons vom Dachboden heruntergeschleppt wurden.

Von nun an geraten wir auf den schlüpfrigen, schneebedeckten Abhang zum 25. Dezember: Es werden Weihnachtskekse gebacken, bergeweise Geschenke eingepackt, im Wagen singen wir dissonant und wiederholt das Lied »The Twelve Days...«. Spätabends kommen Collegeschüler (zum Teil unsere) zu uns und verändern die Atmosphäre im Haus.

Dann ist es ganz überraschend Heiligabend, und wir sitzen zu Hause und singen, falsch, Weihnachtslieder mit den Vermilyes, packen noch mehr Geschenke, lesen im Kreis der Familie »The Night Before Christmas« und das Lukas-Evangelium, schleppen die Stapel eingepackter Geschenke ins kerzenhelle Wohnzimmer und bauen bis zwei Uhr morgens nicht zusammensetzbares Spielzeug zusammen.

Für einen jüdischen Jungen ist das Ganze so etwas wie eine alljährliche Offenbarung der Freude, wenn er sieht, wie die sieben Kinder am nächsten Morgen viel zu früh ins Schlafzimmer kommen, wobei jedes wieder fünf Jahre alt ist, die Beute aus einem vollgestopften Strumpf hinter sich herzieht und auf ein Machtwort wartet, daß es Zeit sei, daß sie endlich wieder nach unten verschwinden.

Chanukka wird weniger aufwendig gefeiert.

Meine Vorbereitungen beginnen, wenn mir plötzlich einfällt, daß die Ferien bevorstehen und ich noch keinerlei Vorkehrungen getroffen habe. Ich durchstöbere die Schränke nach dem Leuchter und nach dem, was von den Kerzen aus den vorangegangenen Jahren übriggeblieben ist. Dann suche ich einen Laden wie Mr. Jim's Deep Discount auf und kaufe seltsame, manchmal wunderliche und immer preiswerte Geschenke für die acht Tage zur Feier der Wiederaufnahme des Jerusalemer Tempeldienstes.

Je nachdem, ob ich abends noch unterrichte, in der High-School ein Basketballspiel stattfindet, Elizabeth zur physikalischen Therapie muß oder ob noch eine Trillion anderer Dinge, die einem geordneten Familienleben im Wege stehen, zu erledigen sind, kann Chanukka an diesem ersten Sonnenuntergang stattfinden oder auch nicht. Keine große Sache.

Und je nachdem, wie viele Personen an der Feier teilnehmen und wie nahe Chanukka an Weihnachten oder an Addies Geburtstag (den 21. Dezember) heranreicht – und mein ungeheuer desorganisiertes Wesen herausfordert –, und je nachdem, ob ich schon genug Geschenke für den Fall habe, daß ein, zwei zusätzliche Freunde meiner Töchter zum Abendessen kommen, schmilzt das achttägige Fest häufig auf sechs, sieben oder, so geschehen 1988, fünf Tage zusammen, die sich über fast zweieinhalb Wochen erstrecken. Wie dem auch sei. Ich schaffe es, und am Ende bekommen die Kinder reichlich merkwürdige Geschenke, von zeitgenössischen Tattoos über Rasta-Halsbänder bis zu Kassetten und CDs.

Die Feier selbst dauert weniger als fünf Minuten. Von den ältesten bis zu den jüngsten Kindern bekommt jedes die Gelegenheit, die Kerzen anzuzünden und das Gebet auf hebräisch aufzusagen. Natürlich versteht keiner ein Wort, aber alle mögen die Beschwörung (die sie fast auswendig kennen) und das Entzünden der Lichter. Dann strecken alle mit geschlossenen Augen die offenen Handflächen vor, um die irdischen Güter zu empfangen, während ich in den Tüten mit den Sachen krame, die ich gekauft habe, und jedem Kind ein Geschenk in die Hand drücke. Schließlich sage ich, sie sollen die Augen aufmachen.

Und jedesmal sind sie wieder erstaunt und ein bißchen aufgeregt, weil ich ihnen einen solchen Unsinn geschenkt habe. Doch meistens lassen sie ihn im Eßzimmer liegen und er ward nie wieder gesehen (es sei denn, das Geschenk ist noch eingepackt, dann schenke ich es ihnen im nächsten Jahr).

Puristen würde sicherlich ganz übel, wenn sie sähen, was für ein Fest ich jedes Jahr zu Chanukka (oder ungefähr zu der Zeit) veranstalte, und andere würden vielleicht das mangelnde Feingefühl der alljährlichen extravaganten Weihnachtsgöttin verächtlich kritisieren. Dennoch sind beide Feste zum festen Bestandteil unseres Familienlebens geworden. In gewisser Weise sind sie der Inbegriff dessen, was wir sind: Christen, Juden, Kinder, befreit vom lächerlichen Dogma, das die Nichtvergebenden Gott zuschreiben.

Die letzte alljährliche Silvesterparty

Es kommen andere Zeiten

Tu nicht nur etwas, sondern halte auch daran fest.

ANONYM

Ich erinnere mich nicht mehr genau, wann wir zum erstenmal die alljährliche Silvesterparty für die ans Haus Gefesselten und Nichteingeladenen ausrichteten, doch ursprünglich hatte Patti sie organisiert, damit wir und die anderen Eltern kleiner Kinder an diesem Abend nicht völlig verzweifelten. Eine gute Sache.

Silvester ist das vielleicht am meisten ge- und verachtete Fest in Nordamerika (und nicht nur dort). Es geht dabei im Grunde um die große zweite Chance. Um einen Neuanfang. Darum, eine neue Seite aufzuschlagen. Um Vergebung. Suchen Sie sich die Banalität aus, die Ihnen am besten gefällt. Und weil das Fest keine offensichtlichen religiösen Assoziationen weckt, gibt es keine Sühne, keine Entschuldigungen, keine Verurteilungen, keine Angst. Man ist nur unglaublich erleichtert, weil das alte Jahr vorüber ist und gleich ein funkelnagelneues auftauchen wird, so wie die Ziffern auf einer Digitaluhr.

Das Problem für Eltern mit kleinen Kindern, die verzweifelt den Windelsack wegwerfen und einen Neuanfang des zivilen Benehmens für nur einen Abend zelebrieren wollen, ist nur, daß sie einen Babysitter finden müssen. Die komplette Liste der möglichen Kandidaten – auf zerknüllte Blätter linierten Papiers gekritzelt, das in der chaotischen Schublade in der Küche liegt – ist wertlos. Die Babysitter haben alle schon etwas vor.

Darum freuten sich zwei, drei Kinder, Patti und ich auf ein aufregendes Silvester allein mit den Kindern und taten so, als amüsierten wir uns prächtig: »Das ist doch viel besser, als dieser Lärm und die Ausgaben, wenn man ausgeht – und wofür? Im Grunde für nichts. Das hier ist viel besser.« Ja, genau.

Und dann schlugen ein paar Freunde, die ebenso verloren und ans Haus gefesselt waren wie wir, vor, zusammen mit ihnen eine Party auszurichten, alle Freunde und Bekannten einzuladen und zu beauftragen, Sachen zum Essen und Getränke, und natürlich – wenn sie keinen Babysitter gefunden hätten – ihre Kinder mitzubringen. Dummerweise lebten unsere Freunde damals in winzigen Wohnungen und konnten unmöglich eine Party ausrichten. Deshalb öffneten wir unsere Pforten.

Das Haus war voll. Wir aßen, tranken, sangen, tanzten mit Säuglingen im Arm, spielten Puzzle mit Dreijährigen, wechselten Windeln, räumten den Linoleumboden frei und veranstalteten in der Küche einen Tanzwettbewerb; wir saßen dichtgedrängt im Wohnzimmer und sahen zu, wie sich die große Lichterkugel am Times Square in New York senkte, küßten unsere Ehepartner und Kinder und die Ehepartner und Kinder anderer Leute. Wir waren dankbar, am Leben zu sein und wohlauf, und glaubten fest daran, daß das nächste Jahr leichter, wenn nicht besser als das gerade überstandene werden würde. Am Ende des Abends war der Windeleimer genauso voll wie der Mülleimer.

Von diesem Zeitpunkt an entwickelte diese Tradition eine Art Eigenleben. Alle gingen davon aus, die Silvesterparty werde bei uns stattfinden. Konnte man nirgendwo anders hingehen – und wollte man sich nicht mit Hippie-Kindern amüsieren, denen man beigebracht hatte, daß man Kinder sehen und hören muß –, dann fand bei Familie Lewis ja immer noch eine Party samt Tanzwettbewerb statt. Außerdem konnte man seine verlorenen Freunde oder Verwandten mitbringen. Alle waren herzlich willkommen.

Mehrere Jahre später, als Patti und ich beschlossen, endgültig keine Silvesterparty mehr auszurichten, weil wir sie uns nicht leisten konnten, stellten wir fest, daß das Ereignis völlig außer Kontrolle geraten war. Leute, die wir kaum kannten, sprachen uns irgendwann nach Thanksgiving an und sagten: »Also dann, bis zum Silvesterabend bei Euch!«

Wie dem auch sei: Es funktionierte nicht. Alle Freunde und Bekannten fanden Silvester furchtbar, wenn man nicht (bei uns) zusammenkam. Das durften wir einfach nie wieder zulassen.

Deshalb fanden die Partys jahrelang auf diese Weise statt. Plötzlich(?) aber waren die Kinder der ursprünglichen Gruppe älter geworden und feierten allein, und ihre Eltern, die sich keine weiteren Kinder zulegten, so wie manche Leute, die ich gut kenne, entdeckten erwachsenere, kultiviertere Formen, Silvester zu feiern. Prompt vergaßen sie, wieviel Spaß wir früher zusammen gehabt hatten. So unkompliziert, wie die Partys angefangen hatten, hörten sie auch wieder auf.

Ich war darüber so erleichtert, daß ich alle romantischen Vorstellungen, die ich vielleicht gehabt hatte, ad acta legte. Allerdings war die Freude nur von kurzer Dauer. Denn auch Cael, Nancy und Addie entsannen sich der tollen Silvesterfeten, die wir gegeben hatten, als sie jung waren, und erkundigten sich, was eigentlich daraus geworden sei. Ich zuckte die Achseln und hoffte, ihr Gedächtnis sei genauso kurz wie ihre Aufmerksamkeitsspanne.

Da ich die Kinder aber zu Silvester nicht umherfahren wollte, schlug ich vor, sie könnten ein paar Freunde zu einem »Beisammensein« einladen. Party wollte ich das nicht nennen. Da wir aber die »Aufsicht« führen mußten, luden wir ein paar Freunde ein, die nicht die übliche Runde, also Restaurant, Party, Kneipenbummel machen wollten. So kam alles von neuem in Schwung.

Und wir blieben irgendwie abgeschlagen zurück. Die ersten paar Jahre lag das offenbar an uns. Überall saßen Grüppchen von Kindern, sortiert nach Alter, im Haus herum. Aber dann gingen Cael und Nancy aufs College – Addie und ihre Freundinnen vielleicht auch schon. Alle saßen bei voll aufgedrehtem Radio im Wohnzimmer, und unsere rasant alternden Freunde versteckten sich grüppchenweise im Eßzimmer und in der Küche, wünschten sich Ohrschützer und warteten unbehaglich darauf, bis sich die Lichterkugel am Times Square senkte, damit sie ein paar Gähner vortäuschen und endlich wieder nach Hause gehen konnten.

Nachdem ein weiteres Jahr ins Land gegangen war, wurde unserer alljährlichen Party der Todesstoß versetzt: Scharen von Fünfzehnjährigen im Keller. Trauben von Siebzehnjährigen unterm Dach. Leute um die Zwanzig schwärmten ins Erdgeschoß und auf die Veranden aus. Im ersten Stock taten zwei Neunjährige und ein Sechsjähriger so, als schliefen sie. Die Gruppe Hootie and the Blowfish pustete mit ihrer Musik die Tieftöner aus dem CD-Player. Und im ganzen Haus flackerten Fernsehbilder.

Und wo waren Patti und ich? Allein hockten wir in der äußersten Ecke im Wohnzimmer, verlassen von den wenigen Freunden, die trotzdem gekommen, aber schon vor Mitternacht gegangen waren. Gläser in der Hand, sprachen wir ängstlich über die späteren Aufräumungsarbeiten und fragten, ob irgendeine der Horden vor Beendigung der Super-Bowl-Endspiele am nächsten Tag das Haus verlassen würde.

Deshalb beschlossen wir, mit der Tradition zu brechen. *Fini.* Wie Lou Reed einmal zartfühlend sang: »Stick a fork in its ass and turn it over, it's done [Steck dem Ding eine Gabel in den Hintern, und wenn du's umdrehst, ist es fertig.].« (Sollte unser Entschluß doch nicht ganz so feststehen, wie ich glaube, und Sie haben keinen Babysitter, kommen Sie doch einfach vorbei. Wir sind bestimmt zu Hause.)

Eben war sie noch da, und plötzlich ist sie weg

Die Bedeutung des Essens im Familienkreise

Der rituelle Stil, wie man die alltäglichen Tätigkeiten verrichtet,
ist deshalb eine Feier der Tatsache,
daß der normale Mensch ein Buddha ist.

ALAN WATTS

Im Alter von sieben, acht Jahren hatte Clover die ganz faszinierende Gewohnheit, beim Essen vom Stuhl zu fallen. Eben war sie noch mitten unter den sechs oder mehr hoch und runter gehenden Köpfen, den sich bewegenden Mündern, den Armen und Händen, die Brokkoli-Stengel aufspießten und Kartoffelpüree mampften, und plötzlich klaffte zwischen Nancy und Danny ein Loch, wie eine Zahnlücke.

Manchmal geschah es auch in Zeitlupe. Clover rutschte ganz sachte im Stuhl runter, bis sich das kleine Kinn genau auf Tischhöhe befand. Und auf einmal – *wusch!* – war sie weg, als hätte sie sich in Rauch aufgelöst. Manchmal neigte sie sich auch wie der Schiefe Turm von Pisa – oder wie ein Schiff, das langsam kenterte und dann im Bermuda-Dreieck zwischen den Holzstühlen unterging.

Doch meistens verschwand die kleine Clover vom Eßtisch, ohne daß es jemand von uns bewußt wahrnahm. Allerdings sagte uns hinterher ein sechster Sinn, daß da jemand fehlte, bis sich einer von uns suchend umdrehte und fragte: »Wo ist Poochie?« Und dann tauchte Clover wieder auf, wie eine Loch-Ness-Zeichentrickfigur, mit einem verlegenen Lächeln auf dem hübschen Gesicht, in der Hoffnung, so unauffällig an ihren Platz zurückzukehren, wie sie ihn verlassen hatte, damit sie dem Kopfschütteln und dem amüsierten Gekicher entgehen konnte, das mit dem Prusten, den fast platzenden Augäpfeln und dem Herauslaufen von Essensresten aus Addies Nase einherging.

Aber darum geht es mir in dieser Anekdote nicht. Auch nicht darum, daß Patti und ich den Gesundheitszustand eines Kindes wieder einmal falsch eingeschätzt hatten (einmal meinten wir, Danny wäre fast blind, als er zum Test für die Aufnahme in den Kindergarten mußte; wir glaubten, er stürze so oft, weil er immer gegen Dinge stieß). Clover fiel nicht vom Stuhl aufgrund neurologischer Beeinträchtigungen oder wegen eines Mittelohrproblems, das ihren Gleichgewichtssinn störte.

Sie war vielmehr eines der ruhigeren Mitglieder der Familie und entzog sich auf diese Weise manchmal den Frotzeleien und den Gesprächen, den Tatsachen und Lügen, die kreuz und quer über den Tisch flogen. Halte dich eine Weile da heraus, und schon wird einem ganz schwindlig.

Dieses Thema spreche ich hier auch nicht deshalb an, weil Poochie immer mal wieder von Stühlen fiel, sondern weil es mir in den Sinn kam, als Metapher, während ich vom State College, Pennsylvania, wegfuhr und mir alle paar Sekunden Tränen über die Wangen liefen, nachdem ich Addie ins Penn-State-College gebracht hatte, wo sie ihr Studium aufnehmen wollte.

Ich konnte es nicht fassen. Da war mein »Kumpel« zur Welt gekommen und hatte seine Kindheit in Windeseile durchrast. Im einen Augenblick war sie noch eine Zwölfjährige mit Pferdeschwanz und Stubsnase, und im nächsten Augenblick schloß mich eine erwachsene junge Frau zum Abschied in die Arme. Einfach so. Eben war sie noch da, und plötzlich ist sie weg.

So wie Clover beim Essen immer vom Stuhl fiel.

Auf der Fahrt auf der Route 322 lachte ich – und weinte. Ich entsann mich der tausendundeinen zauberhaften und unbedeutenden Mahlzeiten, die ich mit meinen Kindern eingenommen habe – und die vermutlich gar nicht so stattfanden, wie sie mir in Erinnerung geblieben sind. Aber kurz vor Harrisburg schmeckte ich das ewig süße Sehnen und die ununterdrückbare bittere Reue, die jeder Vater tief im Inneren kennt. So wurde mir auf der Rückfahrt zu Patti und zu den Kindern, die noch zu Hause lebten, die ungeheure Bedeutung des gemeinsamen Essens klar.

Einer ihrer Geschichtsprofessoren wird Addie voraussichtlich etwas über die Bedeutung der großen, unser Leben prägenden Ereignisse – oder die Einzelpersonen, die diese großen Ereignisse prägen –, erzählen. Doch nur die unbedeutenden, normalen, scheinbar unerheblichen Augenblicke zählen wirklich im Leben. Und nur wenige bleiben so deutlich im Gedächtnis haften wie die Momente beim Essen.

Am Eßtisch also bekommen die Dramen ihre Dialoge. Dort kommen wir einander nahe. Dort erzählen wir uns Witze, tratschen, streiten und erzählen manchmal sogar, was wir am Tag erlebt haben. Dort prahlen wir mit unseren Erfolgen, dort findet das Gefühl der Leere nach einem Scheitern oder nach einer unerwiderten Liebe die liebevolle, wenn auch vorübergehende Seelennahrung, mit der wir den nächsten Tag überstehen.

Ja, alle großen Ereignisse im Leben finden hier, zwischen dem Brot und der Butter, statt. Hier ziehen wir Grimassen und ändern den Gang der Begebenheiten. Hier sehen wir das Glitzern im Auge von jemandem, der uns liebt – nicht für das, was wir tun, nicht einmal weil wir sind, wer wir sind, sondern einfach, weil wir da sind, so wie wir es jeden Tag waren, weil wir hierhin gehören und nirgendwohin sonst. Wie Raymond Chandler einmal über das Brechen des Brotes schrieb: Es ist »eine kleine, gute Sache«. Wo findet man das sonst noch?

Fast nie hört man jemanden am Tor des Todes bereuen, er hätte mehr Geld verdienen, mehr Überstunden machen, mehr Feinde töten, mehr Bücher schreiben oder mit mehr Leuten schlafen sollen. Nichts davon ist wirklich wichtig. Wir bereuen nur das ungelebte Leben, die unbedeutenden Augenblicke, die verlorengingen durch die Jagd nach Unsterblichkeit, die wir ohnehin irgendwann einmal aufgeben müssen.

In einer Zeit, in der immer mehr Familien nicht nur nicht zusammenbleiben, sondern auch nicht mehr gemeinsam essen, wird das Leben mit jeder ausgelassenen gemeinsamen Mahlzeit kälter und ärmer. Wir alle könnten viel Schlimmeres tun, als uns heute abend mit der ganzen Familie an den Tisch zu setzen. (Wem das sehr schwerfällt, der darf eine Magentablette nehmen.)

Zen-Partyandenken

Die Feier des ewigen inneren Kindes

Wie alt wäre man, wenn man nicht wüßte, wie alt man ist?

SATCHELL PAIGE

Auf dem großen Tisch stehen zehn Gedecke, bestehend aus Papptellern und -bechern mit dem Motiv kleine Meerjungfrau. Hinter jedem Teller befindet sich eine formlose Sammlung aus Maoam, M&Ms, Bonbons mit Kaugummifüllung, Luftballons, einer Art aufblasbarem Schleim sowie Andenken, die für jeden der zehn Partybesucher speziell ausgewählt wurden. Im Erkerfenster sieht man einen imposanten Geschenkeberg, die Sachen sind eingepackt in Tweety-und-Sylvester-Papier, darunter große rechteckige Kleidungspappschachteln, vielleicht ein paar Bücher, etwas, was Kassetten sein könnten und ein paar Spielsachen, die nur in Geschenkpapier eingeschlagen wurden.

Auf dem Hackklotz neben dem Küchentresen steht eine schiefe, fast schöne, selbstgebackene Schokoladentorte mit

Glasur. Sie ist mit blauen und rosafarbenen Blumen und Wellenlinien und dünnen gelben Kerzen dekoriert. Auf dem Büfett liegt ein automatischer Fotoapparat. Ein Farbfilm mit sechsunddreißig Bildern ist bereits eingelegt.

Alles ist perfekt. Ein ideales Bild.

Bestimmt denken Sie, daß es sich um Elizabeths Party zum siebten Geburtstag handelt. Falsch. Es ist Addies Geburtstag. Sie wird zwanzig.

Bei uns wird jedem die gleiche Geburtstagsparty ausgerichtet: Thementeller, jede Menge Süßigkeiten, Geburtstagsüberraschungen, ein selbstgebackener Kuchen und zu viele Geschenke. Caels sechsundzwanzigster Geburtstag in diesem Sommer verlief, zumindest vor dem Auspacken der Geschenke, nicht anders als Bays neunter oder Dannys sechzehnter Geburtstag. Und alle sind auf Zelluloid gebannt.

Ich bin der Familienvater und somit der offizielle Fotograf der Familienfeiern. (Deshalb sieht man mich auch so selten auf Familienfotos.) Ich spähe durch den Sucher, entscheide mich für ein besonders herzerwärmendes Motiv, betätige den Auslöser, das Blitzlicht leuchtet auf, der Motor surrt. Bay, Danny, Addie und Addies Freund, Nate, werden für immer mit ihrem Geburtstagslächeln festgehalten.

Bleiben noch fünfunddreißig Fotos.

Als nächstes kommen die Gäste auf der anderen Tischseite an die Reihe: Clovers Freund Jeffrey, Clover, Nancy, Patti, Elizabeth Bayou-Grace. Blitzsurr. Nancys Freund, Michael, geht lächelnd in die Küche. Er kommt gerade von der Arbeit. Er hat ein Geschenk in der Hand. Blitzsurr.

Ein Foto zeigt Nate, wie er den Schleim aufbläst. Ein anderes Addie, die Jeffrey böse ansieht. Danny langweilt sich. Elizabeth kichert. Nancy und Mike küssen sich. Blitzsurr. Das Telefon läutet. Es ist Cael, er ruft aus North Carolina an und möchte dem Geburtstagskind gratulieren. Blitzsurr.

Der Kuchen. Blitzsurr.

Die Mutter des Geburtstagskindes. Blitzsurr.

Sie zündet die Kerzen an, geht durch das abgedunkelte Zimmer zum Tisch und setzt die glasierte Torte vor dem Geburtstagskind ab. Blitzsurr. Addie hat einen Wunsch frei, sie pustet die Kerzen aus, schneidet den Kuchen an. Blitzsurr. Sie ist zwanzig, doch hinter dem kultivierten schönen Schein hat sie Angst, sich falsch zu verhalten. Im Grunde ist sie wieder eine Sechsjährige, die sich riesig freut, daß alle gekommen sind, sie ansehen und – das ist das beste daran – Geschenke mitgebracht haben. Blitzsurr. Blitzsurr. Blitzsurr.

Patti ist die Architektin dieser Feiern zu Ehren der Jugend und meint, am Geburtstag sind wir alle wieder kleine Kinder. Jeder einzelne von uns verdiene nicht nur eine *echte* Party – nicht irgendeine gedämpfte »Erwachsenenveranstaltung« in einem der örtlichen Schickimicki-Restaurants –, sondern im tiefsten Herzen sehnten wir uns nach einer Geburtstagsparty mit Süßigkeiten, Geschenken, einer klebrigen Torte und, natürlich, Partygeschenken. Es ist fast unmöglich, sich dieser Logik zu entziehen. Man sehe sich nur die Fotos an.

Drei Tage später werde ich die Fotos abholen und sie mir benommen lächelnd ansehen, noch ehe ich das Fotogeschäft verlasse. Wie immer werde ich staunend erkennen, daß ich auf keinem der Fotos abgelichtet bin. Im Auto werde ich mir sie noch einmal ansehen, und noch einmal zu Hause, über Patties Schulter, wobei ich mich Bild für Bild über die schlechte Farbqualität beklagen werde.

Ein halbes Jahr später werde ich nicht mehr mit absoluter Sicherheit sagen können, welchen Geburtstag die Bilder darstellen. Auf 10x15-Fotos sieht ein Geburtstag fast wie der andere aus. Addie aber kann man trotz ihres selbstzufriedenen Kleinmädchenlächelns beim Öffnen der goldenen Ohrringe *(echter Schmuck!)* als Collegestudentin erkennen – oder als zu alt, um noch von Tweety-und-Sylvester-Tellern zu essen und mit komisch riechenden Luftballons zu spielen.

Patti würde sagen, daß solche Leute die Grenzen der Wirklichkeit nicht verstehen.

Ein Zen-Geburtstag

Der Nichtgeburtstag-Geburtstag

Heilige Kühe ergeben prima Hamburger.

ROBERT REISNER

Nancys alter Freund und Klassenkamerad Whitney, der in der High-School Addies »Schwarm« wurde, ein äußerst beeindruckender junger Mann, der ungewöhnlich viel Zeit bei uns verbrachte und im Keller mit Danny und Bay spielte, auch wenn er mit meiner Tochter verabredet war, lehrte mich etwas über den Nichtgeburtstag-Geburtstag – oder genauer gesagt: das Zen-Koan, daß ein wahrhaft erleuchteter Mensch tatsächlich den Kuchen essen und behalten kann.

Ich kommandierte einen Großraumwagen voller High-School-Kids nach Charlottesville, die sich die Universität von Virginia ansehen wollten. Ich mag diese Collegefahrten bis heute. Man fährt auf freien Straßen bei lauter Musik, wohnt in Motels, spaziert auf diesen wunderschönen Universitätsgeländen umher und trödelt mit schlauen, witzigen, schrulligen Siebzehnjährigen herum, die mich aus erster Hand erfahren lassen, wie lächerlich die Vorstellungen der Erwachsenen den Jugendlichen vorkommen.

Wir saßen in dem Rundbau, nahmen an der Führung durch *Mr. Jefferson's Academical Village* teil, rieben die Hände an den schiefen Mauern, schlenderten durch die schönen, bezaubernden Viertel und kauften die obligatorischen College-T-Shirts. Schließlich kehrten wir in einem College-Eßlokal ein, wo die Kellner und Kellnerinnen den Gästen, die Geburtstag haben, eine Gesang-und-Tanz-Nummer darbieten. Amüsiert und ein wenig erschrocken sahen wir zu, wie das Bedienungspersonal durch die Schwingtür aus der Küche herausgestürmt kam, so etwas wie Häschenhüpfen um den Anführer veranstaltete, der die Geburtstagstorte in Händen hielt, und eine höchst schräge Version von einem Beatles-Song sang: »They say it's your birthday«.

Während sie immer näher kamen, bis zum Zieltisch, beobachteten wir, wie sie die Torte vor den verblüfften, peinlich berührten und manchmal verängstigten Jungen oder Mädchen abstellten und alle Gäste ein rauhes »Happy Birthday to You« intonierten. Sehr komisch. Ziemlich scheußlich.

Jedenfalls aßen wir, lachten über die Geburtstagspolonaise, die noch dreimal auftauchte, aßen noch ein bißchen, sprachen über Collegezulassungen, tratschten. Wir machten uns über die anderen Gäste lustig und benahmen uns überhaupt wie die Kinder – selbstverständlich außer mir.

Gerade als ich mich nach unserem Kellner umsah und bezahlen wollte, stürmte die Conga-Schlange, Torte in der Hand, erneut singend in den Eßsaal: »They say it's your birthday...«. Wir stöhnten, lachten, sahen, wie sich die Tänzer durchs Restaurant schlängelten, und überlegten, welche arme Seele wohl als nächste in Verlegenheit stürzen würde. Ich rutschte auf meinem Stuhl herum und war verärgert, weil ich endlich aufbrechen wollte, wir aber die Rechnung erst bekamen, wenn die kleine Feier vorüber war.

Die Sängertruppe tanzte zwischen den Tischen umher, stoppte einen Augenblick – doch nur um uns an der Nase herumzuführen und wieder mit dem Häschenhüpfen anzufangen. Auf einmal steuerte die Truppe auf die Seite des Saals zu, wo wir saßen.

Ich warf einen Blick über die Tische rechts und links von uns und versuchte herauszufinden, wer »dran« war. Als ich den Blick hob, sah es so aus, als käme die Truppe direkt auf uns zu, wie ein von Kalypsorhythmen getriebener Tornado. Sie umringte unseren Tisch und stellte die Torte direkt vor mir, *mir!*, auf den Tisch. Alle lachten und sangen – all diese lächelnden Gebisse, diese auf mich weisenden Finger. Plötzlich sprang

Whitney Smith auf und rief: »Happy Birthday, Dad, du bist der Größte!«

Alle Anwesenden jubelten und stimmten grölend in das Lied ein. Ich lief puterrot an und unterdrückte den Wunsch, unter den Tisch zu kriechen und Whitneys Bein am Knie abzubeißen.

Natürlich verschwieg ich meinen Mitfeiernden, daß ich nicht am 30. April, sondern erst am 22. Oktober Geburtstag habe. Außerdem behielt ich für mich, daß Whitney nicht mein Sohn war, er aber so viel Zeit bei uns zu Hause verbrachte, daß ich ihn schon zum Mitglied der Familie erklären wollte. Schließlich sagte ich auch nicht, daß ich die transzendente Art und Weise respektierte, mit der Whitney eine Methode ersonnen hatte, wie man den Kuchen essen und behalten kann.

Und einen anderen die Zeche bezahlen läßt.

Das alljährliche Ostereiersuchen

Addies Freund, Nate, Zahnmedizinstudent, gesellt sich den Erst- und Drittklässlern zu und macht beim alljährlichen Eiersuchen in unserem Garten mit

Bei der sitzenden Meditation ist man das gegenwärtige Selbst, das, was man war und was man sein wird, und zwar alles gleichzeitig.

PETER MATTHIESEN

Zu den bemerkenswerteren Klischees, die ans Tageslicht kommen, wenn man merkt, daß ich sieben Kinder habe, zählt der stereotype Satz: »Das hält Sie bestimmt jung.«

Wer so etwas sagt, dürfte vorübergehend von der wundervollen Vorstellung geblendet sein, wie es wäre, mehr Kinder zu haben, als man an einer Hand abzählen kann. Aber man sehe mich doch nur an: das wilde graue Haar, die expandierende kahle Stelle, die sich auf der Stirn ausbreitet, die Falten um die tiefliegenden Augen, die darauf hinweisen, daß ich zu viele Nächte aufgeblieben bin, bis die Teenager nach Hause kamen.

Das Wort »jung« scheint mir zur Charakterisierung meiner gegenwärtigen Lebensumstände reichlich ungeeignet und eine sehr eingeschränkte Sicht der Dinge zu verraten.

Ich betrachte mein Alter eher im Sinne von Matthiesens Bild der sitzenden Meditation, wonach alle Dinge auf einmal geschehen. Es gibt Augenblicke mitten am Tag, in denen ich mich so ermattet fühle, weil ich an neun Orten gleichzeitig sein muß, daß ich mich älter fühle als meine achtzigjährigen Eltern. Doch ein paar Minuten später benehme ich mich wieder wie ein Zweijähriger und will mein Spielzeug (Kleider, Auto, Essen, usw., usw., usw.) mit keinem anderen teilen. Mit *niemandem!*

Wenn ich mit Elizabeth eine Teezeremonie feiere, habe ich manchmal das außergewöhnliche Gefühl, gleichzeitig sechs und sechsundsechzig Jahre zu sein. Bei anderen Gelegenheiten, wenn ich mir mit Danny oder Clover in der Küche die Zeit vertreibe und mich mit ihnen über Konzerte, Filme und wer was mit wem hat unterhalte, fühle ich mich wieder wie mit achtzehn und bin bereit, am Wochenende auf ein Schulfest zu gehen und bis zum frühen Morgen zu feiern. Und wenn ich mit Bay Baseball spiele, könnte ich genausogut wieder neun sein, bin staubbedeckt und lache und erinnere mich an Baseballszenen aus meinen Lieblingscomics.

Das letzte Ostereiersuchen liefert ein besonders anschauliches Beispiel für Matthiesens Grundsatz. Patti wies die Kleinen an, in den Keller zu gehen. Die Älteren und Erwachsenen auf Besuch fungierten als Hilfspersonal auf dieser alljährlichen Großveranstaltung. Dann versteckten sie im Garten die gefärbten Eier, Schokoladenküsse und andere köstliche Dinge, die die Zahnärztevereinigung auf die Bäume verbannt, unter Steinen, im Netz der Hängematte – überall, wo der schokoladensüchtige Hund sie nicht erschnüffeln konnte.

Dann rief Patti, die Kinder – vielleicht waren es zwanzig –, sollten »auf Deck« kommen und ihre letzten Anweisungen für die Operation Ostern entgegennehmen: Erstklässler dürfen überall suchen; Drittklässler nur hinter der Schaukel; Fünftklässler und alle anderen haben die Suche auf den Vorgarten, den Fluß und den Wald zu beschränken.

Hinter und über den Kinderscharen auf Deck stand Nate, Addies Freund: 22 Jahre alt, 1,90 groß, angehender Zahnarzt, Studium an einer Elite-Universität. Zuerst dachte ich, er wolle Addie helfen, Ordnung unter den Kleinen zu schaffen. Dann aber bemerkte ich den gleichen strahlenden, erwartungsvollen Blick, der auch die Gesichter der sechsjährigen Zoe und des zehnjährigen Craig aufhellte – vom rosa-gelb-blauen Korb, den er in den Händen hielt, will ich gar nicht reden. Als er dann noch rief: »Wohin gehen die Sechzehntklässler?«, war mir klar, daß er Zeit und Raum verlassen und Matthiesens Reich betreten hatte.

Kaum hatte Patti das Signal gegeben, nach den hübschen Sachen zu suchen, die der Osterhase versteckt hatte, rannte Nate, wie eine Giraffe zwischen Zwergschimpansen, mit dem Rest der Kinder los, und da fielen mir der Zehntklässler Danny und die Zwölftklässler Clover und Jeffrey auf, mit Körben in den Händen, Nate dicht auf den Fersen. (Einige Minuten später ertappte Patti sie, wie sie die soeben gefundenen »guten« Süßigkeiten gegen die bereits gefundenen »schlechten« Süßigkeiten eintauschten.)

Aber sie waren nicht die einzigen großen Kinder. Kathleens Großmutter stibitzte einen Marshmallow-Hasen, als sie sich unbeobachtet fühlte. IBM-Manager Joe Ferri stopfte sich die Süßigkeiten in den Mund, die er eigentlich für die Kinder verstecken sollte, und sah dabei seiner Sechsjährigen, Dara, sehr ähnlich. Und ich wurde sogar auf frischer Tat ertappt, denn Elizabeth wollte wissen, wieso ich soviel Schokolade um den Mund hätte.

Sie ist noch jung, deshalb weiß sie noch nicht, daß alles gleichzeitig geschieht. Ich antwortete ihr, ihre Mutter hätte mich geküßt.

9

Zen-Ferien auf der Straße des Lebens

Outer Banks bei Nacht

Man bekommt nie das, was man sieht.

Wenn du den Buddha auf der Straße triffst, dann töte ihn!

ZEN-SPRICHWORT

Eine beliebte Ansichtskarte, die man in vielen Urlaubsgegenden findet, ist völlig schwarz. Eigentlich ist sie glänzend schwarz, und die Bildunterschrift in kleiner weißer Schrift lautet: »Outer Banks (oder Big Sur oder Cape Cod oder...) bei Nacht«.

Manche Leute, die diese Karte zum erstenmal sehen, während sie den Ansichtskartenständer im Strandladen des Ortes drehen, ziehen sie lächelnd heraus und zeigen sie den Umstehenden. Dann lachen sie verschwörerisch. Das ist komisch. Und dumm.

Aber es ist auch ein trockener, subtiler Schlag gegen den Haufen Zeit, Geld und Energie, den man beim Sammeln künstlicher Beweise in Gestalt von Schnappschüssen der Achheit des Reisens versetzt. Noch bemerkenswerter ist vielleicht die Tatsache, daß die meisten Leute, Fünfjährige wie Fünfundsiebzigjährige, die Pointe verstehen. Die Postkarte ist eine fast perfekte Darstellung des Zen eines Urlaubs mit der ganzen Familie. Die schöne Ansichtskarte – wie auch das schöne Foto – zeigt genau das, was diese Form der Reisen ausmacht, und alles, was es nicht ausmacht.

Wir alle verstehen im tiefstem Herzen die besondere Verlogenheit des Fotos. Der blaue Himmel ist oftmals weicher und blauer, als er tatsächlich war. Die gefährliche Unterströmung in der schäumenden Brandung bleibt unsichtbar. In der eindimensionalen Aufnahme findet man weder einen Hinweis auf die Hitze noch die Schwüle noch auf die Stechmücken in der Luft. Das Lächeln der sonnengebräunten Familienmitglieder suggeriert die reine Harmonie und verdeckt nicht selten die Furcht vor andauernden familiären Scharmützeln. Und nie hört man, wie der Familienvater hinter dem Sucher brüllt: »Lächeln, verdammt noch mal!«

Meinen erfolgreichsten Urlaub, was die Zen-Fotografie betrifft, verbrachte ich 1968. Den Beweis kann ich deshalb antreten, weil ich die Schnappschüsse tatsächlich nicht mehr habe. Sie befinden sich in keinem unserer Fotoalben. Dennoch waren die Aufnahmen perfekt. Das müssen sie gewesen sein, denn ich hatte das, was man wohl am besten als Bewußtseinslücke bezeichnet, und ging deshalb ein wenig zu forsch vor, als ich die Essenz eines Urlaubs mit der Familie in einem einzigen Augenblick einfangen wollte.

Ich befand mich mit mehreren unserer Kinder auf der Island Convenience, einer Tankstelle, die zugleich Angelgeschäft, Lebensmittelladen, Imbißbude und Souvenierladen war. Geleitet wurde die Station von Mac und Marilyn Midgett, und plötzlich hatte ich Lust, den alljährlichen »Kind, das Benzin zapft«-Schnappschuß zu machen. Es war die letzte Aufnahme auf dem Film, den die Kamera anschließend surrend zurückspulte. Und dann, so plötzlich wie die automatische Abschaltung, klickte der Benzineinfüllstutzen.

Ich stellte den Fotoapparat auf die hintere Stoßstange, nahm dem Kind – welchem auch immer – den Zapfhahn aus der Hand und tröpfelte noch etwas Benzin in den Tank. Dann schraubte ich den Tankverschluß zu und ging barfuß zurück in die kühle Tankstelle. In der Schlange vor der Kasse kaufte ich noch ein paar Süßigkeiten, unterhielt mich mit einem Angler über das Wetter, bezahlte, trat in den grellen Sonnenschein und schwang mich hinters Steuer. Ich betätigte die Zündung, ließ die Kupplung kommen, legte mit Schwung den Rückwärtsgang ein (vor mir stand ein Wagen). Dann drehte ich mich – weit – um, um sicherzugehen, daß ich nichts und niemanden anfuhr, und setzte vielleicht ein, zwei Meter zurück, als ich ein Knacken, ein Knirschen und irgendeine Art kleinerer Explosion vernahm.

Ich wußte sofort Bescheid. (Man kann diesen Vater nicht über Tatsachen hinwegtäuschen.) Und auch wieder nicht.

Wenn ich darüber nachdenke, enthielt die Filmrolle sicherlich mehr schöne Aufnahmen, als ich jemals zuvor machte oder seitdem gemacht habe. Sie gingen unter im Nichts des verdrehten Metalls, des gesplitterten Plastiks und des zerrissenen Zelluloids unter den Hinterreifen. So blieben sie ein ideales Abbild dessen, was ein Strandurlaub immer sein sollte: die Ferien mit der ganzen Familie, dargestellt in vollkommener Dunkelheit.

Die unbeschreibliche Leichtigkeit von Ferien mit der ganzen Familie

Die Qual der Lust

Das einzige Zen, das du auf Berggipfeln findest, ist das Zen, das du dorthin bringst.

ROBERT M. PIRSIG

Als unverdrossener Überlebender zahlreicher Nachtfahrten nach Outer Banks in North Carolina in einem VW-Bus mit sieben Kindern (einem Hund, einem Dachgepäckträger, einem Ziehharmonikadach, vier Fahrrädern und genug Bungee-Leine, um erfolgreich von der George-Washington-Brücke springen zu können) wie auch eines Reinfalls im Ferienort Martha's

Vineyard, eines Wagenbrands im Staat Dalaware, defekter Bremsen in Virginia, verpfuschter Reservierungen in Florida, kotzender Kinder im Staat New Jersey, dreier Hurrikans auf der Insel Hatteras, eines mitternächtlichen Anrufs seitens eines Schutzmanns in London, von Röteln im Gebiet der Hampton-Kanäle, Fieberhalluzinationen in Neapel, Inselhüpfen in Hawaii, verpaßten Flügen, falschen Routen, vergessenen Brieftaschen, verschwundenen Kindern, verlorener Geduld, verlorenen Nerven und enttäuschten Erwartungen besitze ich intime Kenntnisse der düsteren Fallen eines Urlaubs mit der ganzen Familie.

Dennoch sehne ich mich nach nichts mehr, als mein Vater-Ich in den Bus zu hieven und mit den Meinen zum nächsten Abenteuer aufzubrechen.

Aus einem distanzierten Blickwinkel betrachtet, sind Ferien für Väter das Zen in seiner reinsten Form: die Qual der Lust. Die meisten Menschen freuen sich das ganze Jahr (abzüglich zweier Tage) – keine Übertreibung – auf die Zeit, wenn sie sich zurückzulehnen und ein wenig ungestörte Zeit mit der Familie verbringen können. Keine Arbeit, kein Chef, keine Schuhe, keine Unterhosen, kein Rasieren, einfach nur Drachen steigen lassen, Sandburgen bauen und mit den Kindern angeln – und nachts die heiße Liebesaffäre mit jener Frau erneuern, die das Verlangen auslöste, mit diesen Kindern Drachen steigen zu lassen, Sandburgen zu bauen und zu angeln.

Das merkwürdige Wunderbare am *männlichen Ferienneid* ist, daß er einzig auf dem matschigen Fundament des Mythos vom Zusammenhalt der amerikanischen Familie ruht und nur vom zeichentrickartigen Streß erweicht wird, der aufgrund des TV-Familienlebens und der überlebenskleinen Werbeanzeigen für die »Kleinen Fluchten für die ganze Familie« zur künstlichen Wirklichkeit gerinnt.

Von dem Tag an, da ein Mann aus dem Urlaub an den Arbeitsplatz zurückkehrt (und auf wundersame Weise die undifferenzierte Angst vergessen hat, die man weniger als zwei

Tage zuvor spürte), bis zum Morgen fast ein Jahr später, an dem er den Wagen mit genügend Ausrüstung und Kleidung vollpackt, um eine Dritte-Welt-Nation auszustatten, glaubt er tief im Inneren, daß er nie wieder in die Ferien fahren will.

Das Ganze ist so sublim wie das Wachsen des Grases. Es hat etwas ewig Schönes, daß Väter, während die Wochen und Monate vergehen, aufgrund einer zunehmend lückenhaften Erinnerung an die Litanei der Desaster aus dem Vorjahr immer glücklicher werden. Da sie sich nichts mehr wünschen, als einmal aus allem herauszukommen – und dabei von der schlechterdings lächerlichen Vorstellung ausgehen, ein schlechter Tag mit Angeln (Surfen, Jagen, Vögel beobachten undsoweiter undsofort) sei besser als ein guter Tag bei der Arbeit –, sind sie jedes Jahr von neuem mit den drei universellen unangenehmen Wahrheiten des Reisens mit der ganzen Familie konfrontiert:

1. Der Alltag geht weiter. Man läßt ihn nicht zurück. Kinder streiten, quengeln, wachen zu früh auf oder zu spät, werden krank, langweilen sich, verlaufen sich, gehen einem auf die Nerven und bringen das ganze Geld durch.
2. In der Woche vor der Fahrt in die Ferien gibt man in nur 27 Minuten alles Geld aus, das man in einer 54-Stunden-Woche verdient hat.
3. Familienrestaurants sind ein Beschiß.

Der Geist eines Urlaubs in Mexiko

Die Rache des Montezuma

Wer weiß, der spricht nicht;
Wer spricht, der weiß nicht.

LAOTSE

Als der Vorschuß (für ein Schulbuch, an dem ich zu der Zeit schrieb) eintraf, hätten wir das Geld auf der Stelle aufs Konto legen sollen. Aber es war eine so schöne runde Summe, die Frühjahrsferien standen vor der Tür, und das Pauschalangebot für eine Familienreise nach Cancún anzunehmen erschien mir preiswerter, als zu Hause zu bleiben. Außerdem fand ich, daß der Urlaub den Kindern ein einmaliges Kulturerlebnis bieten würde. Und in New Paltz waren es minus zwanzig Grad.

Hastig wurden Pläne geschmiedet und Reservierungen bestätigt. Zwar bekam ich auf der Strecke zum Kennedy-Flughafen einen Strafzettel wegen Geschwindigkeitsüberschreitung, aber sonst war alles zum besten bestellt. Nach unserer Ankunft in Cancún wurden wir neun (fünf Kinder, zwei Eltern, zwei Großeltern) zu einem der glitzernden Hotels an der Strandpromenade gefahren. Die Gegend erinnerte einen zwar kaum an Mexiko – sie wirkte eher wie ein schickes Miami Beach –, aber die Leute sahen mexikanisch aus, sprachen spanisch und – hey! – der Himmel war genauso blau wie in den Prospekten.

Das erste Problem war, daß ich den Angestellten hinter der Rezeption kaum verstehen konnte. Das zweite zeigte sich, als ich schließlich begriff, warum er mir die Zimmerschlüssel vorenthielt: Das Hotel war überbucht.

Während Patti die Badeanzüge aus den Koffern hervorkramte und die Kleinen mitten im Foyer aus- und anzog (die Älteren versteckten sich in tödlicher Verlegenheit hinter den Topfpalmen) bekam ich einen ungeheuer amerikanischen Wutanfall. Ich schrie, fluchte, flehte, drohte mit gerichtlichen Maßnahmen, versuchte es sogar mit Bestechung. Alles vergebens. *No comprendo, Señor.*

Ich rief das inkompetente Reisebüro zu Hause an, das mir mitteilte, man könne für uns »ganz da unten« leider nichts tun. Dann rief ich den Reiseveranstalter an, aber das Büro wurde erst am Montagmorgen um neun Uhr geöffnet. Schließlich versuchte ich sogar das US-Konsulat zu erreichen, aber niemand hob ab.

Außerdem rief ich jedes Hotel am Strand von Cancún an, aber alle waren ausgebucht. Am Nachmittag war ich erschöpft vom lauten Reden und fürchtete, daß wir das Foyer nie mehr verlassen würden. Da bot die Hotelleitung an, uns eine Nacht im Zentrum des Ortes unterzubringen. Wir hatten keine andere Wahl. Es reicht hier zu sagen: Da das Ersatzhotel mitten in einem dreckigen, von Ungeziefer verpesteten Viertel lag, sah man nur wenig vom weißen Sandstrand. Dafür fanden wir im Bad irgendwelche Medikamente ohne Etikett und unter dem Bett eine steife Männerunterhose. Ich blieb die ganze Nacht wach, um meine Familie vor üblen *hombres* mit gekreuzten Patronengürteln zu beschützen. Am nächsten Morgen rief ich jedes Hotel auf der Yucatán-Halbinsel an, um die bereits verkürzten Ferien noch zu retten.

Rückblickend hätte ich stutzig werden müssen, als ich das einzige Hotel in der Region mit freien Zimmern ausfindig machte. Aber ein paar Stunden später befanden wir uns auf der exotischen Insel Cozumel, das Hotelfoyer sah gar nicht so übel aus, und die außergewöhnlich blaue Karibik war noch schöner als in Cancún. Zwar empfing uns beim Betreten der Halle ein etwas beunruhigender Geruch, auch rochen die Zimmer etwas schimmelig, doch alles würde bestimmt ganz prima werden. Das war das echte Mexiko, nicht irgendeine Hochglanzversion fremder Länder. Hier konnten die Kinder tatsächlich eine andere Kultur aus nächster Nähe erleben.

Das taten sie denn auch. Nachmittags schnorchelten wir. Wir sprachen zögerlich spanisch mit den Einheimischen, aßen echtes mexikanisches Essen (wir achteten sehr darauf, kein Wasser zu trinken, aßen auch kein frisches Obst und Gemüse) und gingen auf dem wunderschönen Platz in San Miguel spazieren. Als wir zu Bett gingen, erfüllte uns der Geist Mittelamerikas.

Als erste verlor Clover, die das Bett mit Patti, Danny und mir teilte, den Geist. Ich möchte den Bericht hier auf hohem literarischen Niveau fortsetzen. Deshalb will ich nur sagen, daß es ein paar Schritte vor Erreichen des Bades geschah.

Augenblicke später überfiel sie ein beinahe unbeherrschbarer Drang, den Geist von einer anderen, tieferen und dunkleren Seite ihres Daseins zu verlieren.

Während ich der armen Clover im Badezimmer half und Patti sich um den verlorenen Geist auf dem Teppich kümmerte, verlor auch Patti plötzlich ihren Geist. Eine Minute später verlor ich meinen. Kurze Zeit später verlor Clover den ihren noch einmal – diesmal im Bett. Dann Patti. Dann ich.

Grade als wir dachten, daß das große Geisterfestival vorüber sei, begann Montezuma sein Grummeln tief im Schlund der Eltern. Zuerst rannte ich, dann Patti zum Porzellanaltar, so als hätte sie soeben den Maya-Teufel erblickt.

Unterdessen schlummerte der fünfjährige Danny, den wir wegen seiner Abscheu vor den Hilfsmitteln der gängigen Körperhygiene liebevoll »Dirty Dan« nannten, so ruhig und ungestört, als läge er am Busen der Götter.

Inzwischen war ich praktisch ohne Geist. Trotzdem brachte ich genug Kraft auf, rasch ein paar Sachen überzuziehen, und begab mich ins Nachbarzimmer, um nachzusehen, wie es Cael, Nancy und Addie ergangen war. Als ich die Tür öffnete, machte Addie einen prima Eindruck, aber Cael war bereits hellgrün im Gesicht und lag stöhnend auf seinem Bett. Abwechselnd drohte und bat er Nancy, sie möge endlich aus dem Bad herauskommen, wo sie offenbar seit einer Viertelstunde über den Verlust ihres Geistes meditierte.

Doch erst jetzt wurde das Ganze, wie ich anfügen muß, wirklich unangenehm.

Denn ohne vorherige Benachrichtigung und ohne Erklärung – *No hablo inglés, Señor* – drehte die Hotelleitung plötzlich das Wasser im Hotel ab! Weit geöffnete Wasserhähne, die kein Wasser spendeten; Toiletten, die man nicht spülen konnte; das wunderbar gewandelte Aroma des irdischen Geistes wehte durch die Luft.

Ich möchte hier nicht im einzelnen erzählen, wie uns die Handtücher ausgingen und wir die Bettlaken und die Hemden vom Vortag benutzten, um hinter uns sauberzumachen. Der ultimative transzendente Augenblick kam aber einige Minuten später, als Addie die Tür zu unserem Zimmer aufschob, einen Blick auf das Chaos warf, leise murmelte: »Es geht mir nicht so gut« und den Göttern eine Gabe darbot, die überall auf den Vorhängen landete.

Und Danny schlief weiter.

Schließlich gelang es mir, mich zu einer Bodega zu schleppen. Dort kaufte ich sechs Flaschen eines rosafarbenen Zeugs, kippte den Inhalt der einen Flasche wie ein kühles Bier und kehrte zurück, um meinen ent-geisterten Familienangehörigen den Nektar zu verabreichen. Am Nachmittag, nachdem das Wasser wieder angeschaltet worden war, es uns allen halbwegs gutging und wir am tollen weißen Sandstrand saßen, sahen wir Danny, wie er allein in der Brandung umhertollte.

Wie sich herausstellte – alle Heimwerkerväter haben das ganz bestimmt schon erkannt –, hatte es ein Problem mit dem Abwasser gegeben, das in das hoteleigene Versorgungssystem eingedrungen war. Am Ende spielte es keine Rolle, daß keiner aus der Familie das Wasser getrunken hatte. Und niemand rohes Obst oder Gemüse gegessen hatte. Die ganze Familie hatte sich strikt an die Weisungen gehalten, auch hatte keiner

Eis zu den Getränken bestellt. Aber alle hatten sich die Zähne geputzt.

Alle erkrankten, bis auf den fünfjährigen Dirty Dan, der in jener Zeit alles tat, um nicht zu baden oder sich die Zähne zu putzen. Er hatte den ganzen Nachmittag am Korallenriff gespielt und am Abend noch ein opulentes Abendessen zu sich genommen. So hatte er in Mexiko den idealen Ort gefunden, an dem er seinen Geist – und seinen Verstand – durch die Verweigerungshaltung gegenüber kulturellen Gepflogenheiten behalten hatte.

Da sein – und nicht da sein

Ausflug ins Magische Königreich

Wenn man Bay Steven nachts ins Bett bringt, steigt er in ein Raumschiff, das ihn zu seinem Heimatplaneten bringt.

RICHARD GAYNOR, ZEN-MEISTER

Wie alle Eltern wissen, sind Kinder transzendente Wesen. Ihre Wahrnehmung wird weder von den fünf Sinnen noch der genormten Man-bekommt-was-man-sieht-Realität begrenzt. Sie sind überlebensgroß. Und viel, viel kleiner.

Tatsächlich ähneln sie dem reinen Geist, so wie Engel. Sie haben (sogenannte) imaginäre Freunde und sprechen mit Bäumen, Tieren, unbelebten Gegenständen. Sie führen Gespräche über alles und jedes, die so wenig Sinn ergeben, daß die alten Erwachsenen das Leben plötzlich in völlig neuen Dimensionen sehen. Sie verfügen über eine derart außergewöhnliche Vorstellungs- und Wahrnehmungskraft, daß sie sich Phantasievorstellungen als reine Wirklichkeit ausmalen.

Auf einem Ausflug mit der ganzen Familie kann das zu einem echten Problem werden.

Bestimmt haben Sie schon einmal bemerkt – oder entsinnen sich des Gefühls aus der eigenen, unvergessenen Kindheit: Egal, wohin Sie die Kinder zum erstenmal mitnehmen, egal, wie sehr sie sich darauf freuen, egal, wie oft sie Pipi machen müssen, ehe sie dorthin kommen, oder wie oft Sie sie ermahnen müssen, sie sollen nicht immer auf dem Rücksitz des Familienbusses herumhüpfen und dabei wie im Delirium schreien, während Sie sich dem Palast ihrer Träume nähern – stets drücken ihre Augen oder der Klang ihrer Stimme eine tiefe Enttäuschung aus, sobald man schließlich dort angekommen ist. Wo immer das auch sei. Im Zirkus. Auf Hawaii. Im Stadium der Yankees. Beim New Yorker City-Ballett. In Disneyland. Wo auch immer. Wie Peggy Lee vor Jahren sang: »Und das ist alles?«

Für die Eltern ist das ein furchtbarer – ja furchterweckender – Moment existenzieller Bewußtheit. Aber man hat so viel in das Glück unserer Kinder investiert und hegt so zärtliche verborgene Erinnerungen an die eigenen, ähnlich tiefreichenden Enttäuschungen der Kindheit, daß man ständig danach strebt, den Lichterglanz der reinen Freude in die Augen der Kinder zu bringen.

Warum sonst würde irgend jemand mit seinen Kindern nach Disney World fahren?

Als Patti und ich beim Essen also ankündigten, wir dächten daran, mit der ganzen Familie einen Ausflug ins Magische Königreich zu machen, hätte man meinen können, eine Marschkapelle wäre der Tapete entstiegen, während Stroboskoplichter an der Zimmerdecke erschienen und Tausende Kinder lachten und applaudierten, und zwar den wundervollsten Eltern auf der Welt.

So vergöttlicht, flogen wir zunächst nach Tallahassee, wo wir Cael im College besuchen wollten. Anschließend fuhren wir nach Orlando – auf den Rücksitzen des Mietbusses glühte und glänzte die Elektrizität –, glitten dann über den Interstate-Highway-75 und kamen schließlich durch Kissimmee, wo es offenbar mehr Plakatwände als Bewohner gibt.

Auf dem »Goofy«-Parkplatz parkten wir den Wagen, nahmen »die kleine Eisenbahn, die konnte« und stiegen in die Einschienenbahn um, die uns schweigend in die Dimension der transzendenten Vergnügungen entführte, dann enteilten wir raschen Schrittes durch die Pforten des Magischen Königreichs. Mit weit aufgerissenen Augen und weißen Handknöcheln legten die Kinder eine kurze Pause ein und sogen den Zauber auf, der da vor ihren ungläubigen Blicken erschienen war.

Im selben Augenblick sah ich das archetypische Blitzen der Enttäuschung über die weichen Gesichter der älteren Kinder huschen. Hätte man diesen Gesichtsausdruck übersetzen können, hätte er vermutlich bedeutet: *Das ist unglaublich, aber das ist ja bloß ein schicker Freizeitpark. Das übertrifft ja gar nicht meine kühnsten Erwartungen.*

Bei Bay Steven war es anders. Er ist von undurchsichtiger Selbstzentriertheit und durchsichtiger Selbstlosigkeit, das einzige Kind unter unseren Sieben, das sich scheinbar kaum in die verdammenswerte Realität verstrickt. Überschwang spricht aus all seinem Tun. Er ist wie ein Geschenk des Kosmos und öffnet die Pforten unserer Wahrnehmung.

Während seine Geschwister also kurz innehielten, damit sie sich an die nicht ganz so magische Wirklichkeit gewöhnen konnten, rannte Bay im Kreis herum und rief, er könne Mickey und Donald und Dumbo sehen. Wir vertrauten uns seiner beherzten Führung an, klammerten uns nicht mehr an die diversen Enttäuschungen und amüsierten uns prächtig. Wir stiegen in jedes Karussell, kauften alberne Souveniers und aßen genug Hot dogs, Pommes, Schmalzgebäck, Cola, Süßigkeiten und Eiskrem, daß keinem von uns mehr wohl im Magen war.

Als es schließlich Zeit war, ins Motel zurückzukehren, hatten wir unser ganzes Geld, unsere ganze Energie, unseren gesunden Menschenverstand – und unsere kollektive Enttäuschung eingebüßt.

Ich war völlig und vollkommen geschafft, als ich hinter Patti und den Kindern in »die kleine Bahn, die konnte« einstieg. Aber ich war glücklich wegen des schönen Tages, den wir verbracht hatten, und hoffte, nie wieder einen so schönen Tag wie diesen verbringen zu müssen. Auf der Rückfahrt durch den Goofy-Parkplatz lehnte ich mich mit geschlossenen Augen im Sitz zurück. Ich dachte an nichts als das Bett im Motelzimmer.

Im selben Augenblick zerrte Bay an meinem T-Shirt und sagte: »Also, Daddy, wann fahren wir nach Disney Wörl?«

Ich war sprachlos: »Wohin?«

»Wann fahren wir nach Disney Wörl?« Mehrere hundert Dollar, acht verschmutzte Hemden und einige ernste Verstopfungen, das war das Resultat nach einem ganzen Tag im Magischen Königreich, und Bay wollte wissen, wann wir nächstes Mal Disney World besuchten ...

Plötzlich öffneten sich die Pforten meiner Wahrnehmung einen Spalt. Bay kann damals erst drei Jahre alt gewesen sein, aber er wußte schon, daß die große, übelriechende Maus nicht Mickey ist, die lächerliche Filzente nicht Donald und der »Space-Mountain« einen nicht wirklich ins All befördert. Natürlich nicht.

Er hatte sich königlich amüsiert, aber er wollte das »wahre«, das *wirkliche* Magische Königreich sehen.

Wir hatten ihn nicht in die Irre führen können. Wald Disney hatte ihn nicht für dumm verkaufen können.

Was sollte ich antworten? Ich schloß erneut die Augen und sagte ihm, was alle Eltern im gesamten Sonnensystem ihren Kindern erzählen: Wir fahren wieder hin ... irgendwann einmal.

Die Straße des Lebens

Wie aus einer neunstündigen sonntäglichen Autofahrt eine dreizehnstündige Marathonfahrt mit Boxenstopps wird

Ströme mit allem dahin, was auch immer geschehen mag, und laß deine Gedanken frei: Bleibe in der Mitte, und bejahe alles, was du auch tust. Das ist das Höchste.

DSCHUANG DSI

Paul Ruff ist der Mario Andretti des Familienkombis. Er bewältigt die 840 Kilometer lange Fahrtstrecke vom Staat New York zur Insel Hatteras in ungefähr neun Stunden. Ich staune über seine Macht und seinen Einfluß, die Fähigkeit, sich in einem Käfig voller Kinder zu konzentrieren, das Vermögen, mit Geschwindigkeiten unmittelbar unterhalb der Radarkontrolle durch den Raum zu jagen. Er fühlt sich nicht nur am wohlsten unter Männern, er ist auch noch ein guter Familienvater.

Wie man mir geschildert hat, packt Paul die Familie (vier Kinder, ein, zwei Freunde und seine Frau Lynn) in den Chevrovlet-Kombi, setzt sich hinters Cockpit, schließt die Türen, dreht die Klimaanlage auf und fährt mit Bleifuß die rund 480 Kilometer bis in den Staat Delaware hinein. Dort hält er gerade so lange an, daß alle zu den Toiletten rennen, schnell einen Bissen essen und zum Wagen zurücklaufen können, ehe der Benzinanzeiger auf null gesunken ist, dann schließt er erneut die Türen und jagt über die Delmarva-Halbinsel, durch den Chesapeakebai-Brücken-Tunnel und an der Küste entlang bis nach Outer Banks. Das war's. Neun Stunden. Eine höllisch gute Leistung.

In auffälligem Gegensatz dazu steht meine dreizehnstündige

Stop-and-go-Fahrt entlang der natürlichen und menschengemachten Pissoirs an der Atlantikküste. Ungefähr zur gleichen Zeit, da die Ruffs in Rodanthe eintreffen, dürfte sich das Lewis-Clownmobil irgendwo bei Onancock an der Ostküste von Virginia befinden und die vierte oder fünfte Tankstelle anfahren, und dann laufen Patti und die Kinder mit halsbrecherischer Geschwindigkeit zu den Toiletten, und ich überprüfe die Stricke, Bungee-Seile und Klebebänder, die alles zusammenhalten sollen.

Mag sein, daß es sich um einen Fall genetisch bedingter verkleinerter Blasen, um chronische Harnweginfektionen oder nur um mangelnde presbyterianische Selbstbeherrschung handelt, vielleicht auch um das überwältigende Verlangen, den Körper von Giftstoffen zu reinigen. Wie auch immer: Meine Familie ist offensichtlich unfähig, mehr als 119 Minuten im Auto zu sitzen, ohne daß sie sich in die Hosen machen. (Soll heißen, alle bis auf Nancy und mich, die nicht nur am selben Tag Geburtstag hat wie ich, sondern auch die gleiche Konstitution, einschließlich einer gallonengroßen Blase.)

Der Rest der Gruppe hat offenbar Pattis Körperorgan von der Größe dreier Teelöffel geerbt. Addie kann – beispielsweise – die vierstündige Fahrt zum Penn State College nicht bewältigen, ohne daß man wenigstens einen Stopp einlegt, und Cael schafft die 300 Kilometer von Durham zur Insel Hatteras auf dem Highway 64 nur, wenn er ein-, zweimal jenseits der Baumgrenze umherstolpert. Sogar die nur 145 Kilometer lange Strecke von unserem Haus in den Shawagunk-Bergen bis nach New-York wird häufig durch mindestens eine Pause unterbrochen. Und wenn Bay mitfährt, müssen wir womöglich zweimal anhalten.

Das Gute an Bay ist, daß er, so wie die meisten Jungen, fast überallhin verschwindet – in die Büsche, hinter einen Baum, hinter ein Schnellrestaurant, in die Dünen, neben die Veranda, überallhin. Wie jemand mal gesagt hat: »Das Tolle an der freien Natur ist: Sie ist eine große Toilette.« Bay sieht das auch so.

Patti, die Erdmutter, ist genau wie Bay, zumindest was ihre Bereitschaft betrifft, Bedürfnisse der Natur auf natürliche Weise zu erledigen. Sie hockt sich hinter jeden verfügbaren Baum am Rand fast jeder Straße, die nicht in die Bronx oder nach Brooklyn führt. Leider halten die drei älteren Mädchen in der Familie die Vorstellung, ihre Notdurft irgendwo am Straßenrand zu verrichten, für eine Abscheulichkeit. Lieber würden sie alles durch die Rippen schwitzen, als im Wald Pipi zu machen. Sie weigern sich total.

Also halte ich an der ersten öffentlichen Toilette am Highway an. Kaum sind zwei Stunden vergangen, da muß ich schon an der nächsten stoppen. Und dann an noch einer. Und noch einer.

Diese außerplanmäßigen Toilettenstopps sind jedoch nicht der einzige Grund, weshalb mich das Familienoberhaupt Paul Ruff auf der Strecke nach Hatteras um vier Stunden schlägt. Fünf, sechs, sogar sieben Toilettenstopps am Straßenrand würden die Fahrtzeit nur um ungefähr eine Stunde verlängern. Da wir aber einen Ort mit einem sauberen Klosett finden müssen – andere werden verweigert –, enthält jeder Stopp auch ein Einkaufselement und unweigerlich ein Getränk (»Dad, ich sterbe vor Durst.«).

Wenn ich mich dagegen sträube, sehen mich alle, auch Patti, an, als ob man den Notruf alarmieren müßte. Natürlich kaufen die Kinder nicht nur Getränke, sie bekommen auch Pommes frites und Chips und was sonst noch *absolut* nötig ist. (»Schließlich sitzen wir auch dreizehn Stunden in diesem Bus fest.«) Und 119 Minuten später muß man wieder anhalten, und alle wollen eine neue Runde Mineralwasser, weil die vielen Chips, die sie in den dazwischenliegenden zwei Stunden gegessen haben, sie so durstig gemacht haben, daß sie vor Durst *sterben,* wenn sie nicht noch etwas zu trinken bekommen ... und so geht das immer weiter.

Schon vor Jahren habe ich aufgehört, gegen diese biologische und psychische Wirklichkeit anzukämpfen. Wenn die

Fahrt dreizehn Stunden dauert, dann soll es so sein. Leg eine Kassette mit Musik von Bob Marley, Van Morrison oder Lou Reed ein, komm in eine gute Reisestimmung und paß dich dem unendlichen Strom des karmischen Verkehrs an. Vielleicht schaffe ich es ja nie in neun Stunden nach Hatteras, aber im letzten Jahr strömten meine Gedanken, als wir durch Temperanceville, Virginia, rumpelten, so frei dahin, daß ich eine Vision der Klarheit des Weges der Linie, des Einsseins mit der Maschine und der spirituellen Verbindung mit der Straße hatte, die Paul Ruff in jedem August erreicht: ein Tankstopp auf dem Weg zum Nirwana.

Zen – oder wie man auf dem Lande sauber davonkommt

Geschlechterdiskriminierung in den Männerduschen auf einem Campingplatz

Gott ist in den Details.

MIES VAN DER ROHE

Trotz der Straßenschilder, die entlang der alten Landstraßen, die sich durch das liebliche Connecticut schlängeln, auf reizend primitive Weise an die Bäume genagelt oder in die weichen Randstreifen gesteckt sind, mußten wir mehrmals zum Ausgangspunkt zurückkehren, ehe wir schließlich auf dem Campingplatz eintrafen. Eigentlich hätte die Fahrt ganz einfach sein müssen, so wie das Schlafen unter freiem Himmel: Route 202 zur Milton Road, dann zur Maple Road und zur

Hemlock Road, aber wie diejenigen unter Ihnen, die zum Ende der Amtszeit Ronald Reagans das mittlere Lebensalter erreicht haben, verstehen, ist Einfaches nie einfach.

In der Annonce im *Woodall's* hieß es, man werde »freundliche Menschen, eine wunderschöne Umgebung und gut gepflegte, moderne Sanitäreinrichtungen« vorfinden. Das stimmte sogar, als wir am Ende der ungepflasterten Straße ankamen: freundliche Menschen in einer wunderschönen Umgebung, auch wenn diese weiter unten in der Nähe unseres Stellplatzes ein bißchen sumpfig war.

Und dabei wär's geblieben, hätte es da nicht dieses merkwürdige Mißverständnis gegeben, was die Duschen betraf. Zwar waren sie einigermaßen neu und in ziemlich gutem Zustand. Doch nach einer unruhigen Nacht, die von brüllenden Ochsenfröschen und einer Baumwurzel unterbrochen wurde, die jedem meiner Ausweichmanöver folgte, sowie einem Tag, an dem ich im kalten, tauigen Zelt von einem der benachbarten Stellplätze eine Stimme hörte, die nach meiner Tochter Clover rief, beziehungsweise, wie sich herausstellte, nach einem Hund desselben Namens, hätte ich mich auch mit einem tröpfelnden Gartenschlauch zufrieden gegeben. Ich wollte nur eines: Wasser auf den Kopf.

Nancy hatte den Treck zu den Duschen als erste erspäht, kehrte aber kurz danach mit der Neuigkeit zurück, daß Duschen einen viertel Dollar für sechs Minuten kostete. Prima. Wir suchten den Boden des VW-Busses nach Vierteldollarmünzen ab. Die stillschweigende Familientradition diktierte, daß ich mit dem Baby und den Jungen (die ohnehin keinen Gedanken ans Duschen verschwendeten) wartete, bis die Frauen zurückkamen.

Endlich kam ich an die Reihe. Seife, Handtuch, Zahnbürste, Kleidung zum Wechseln, einen Vierteldollar in der Hand, strebte ich den angenehm campartigen, leicht schimmeligen Männerduschen zu, wie ein Pistolenheld in eine Bar. An einem der Waschbecken stand ein Mann, der um seinen bleistiftdünnen Schnurrbart herumrasierte. Ich erwies diesem uralten Ritual die Ehre, nickte kurz in den Spiegel und betrat die Duschkabine.

Bald hatte ich bis auf den Vierteldollar nichts mehr am Leibe. Ich sah hoch. Ich sah runter. Ich drehte mich um. Dann drehte ich mich erneut um die eigene Achse, konnte aber nirgends einen Münzschlitz entdecken. Eine weitere Umdrehung in der winzigen Kabine, dann schlang ich mir das Handtuch um die Hüfte und trat ins Waschbeckenareal hinaus. Der Apparat war bestimmt dort angebracht. Fehlanzeige.

Der Mann, der sich rasierte, beobachtete mich im Spiegel. Schweigend und mit verdrießlicher Miene sah er mich an. Ich schwieg desgleichen, betrat abermals die Kabine und suchte die Wände, die Decke, den Boden noch einmal nach dem Münzapparat ab. Wieder Fehlanzeige.

Natürlich kam ich mir wie ein Dummkopf vor, denn ich übersah ja etwas, das ganz offensichtlich sein mußte. Aber als ich das Handtuch noch einmal um mich schlang und heraustrat, weil ich wissen wollte, wo das verfluchte Ding war, blieb mir keine andere Wahl, als den Mann, der sich rasierte, zu fragen.

Achselzuckend antwortete er: »Ich bin schwimmen gegangen«, als schuldete er mir eine Erklärung.

Auch ich zuckte mit den Schultern und ging, da ich nirgendwo sonst hingehen konnte, in den Gang. Ich bin mir nicht sicher, was ich dort finden wollte, denn dort gab es nur eine Waschmaschine, einen Trockner, ein Brett mit Ankündigungen der örtlichen Attraktionen und eine hektographierte Liste mit den Veranstaltungen. Zwei Frauen sortierten Wäsche, verstummten, betrachteten argwöhnisch mein Handtuch und wandten sich ab.

Ich wußte nicht mehr weiter. Sollte ich zum Stellplatz zurückgehen und meine Frau oder eine meiner Töchter bitten, mir zu sagen, wo der Münzapparat verborgen war? Da man diese Frage ganz bestimmt mit Gelächter und spöttischen Bemerkungen quittiert hätte, beschloß ich, der Dusche noch eine Chance zu geben. Als ich im Türrahmen auftauchte, hob der Mann eine Braue. Ich schüttelte den Kopf, verschwand erneut hinter dem Vorhang, ließ das Handtuch fallen und suchte die weiße Kabine ab. Verzweifelt beschloß ich, die Armatur zu betätigen und abzuwarten.

Und was geschah? Das Wasser lief. Ich schrie fast auf, so heiß war das Wasser, aber da ich nicht allein war, unterdrückte ich den Schrei. Aber ich fand doch, daß ich dem Mann eine Erklärung schuldete; ich schob den Plastikvorhang ein wenig zur Seite und rief: »Sie funktioniert! Sie ist umsonst! Bestimmt müssen nur die Frauen bezahlen.« Langsam begriff ich, wie absurd die Situation war.

Er stand an der Tür und drehte sich lächelnd um. Der Bogen des Schnurrbarts flachte sich zu einem breiten, zahnlosen Grinsen ab: »Wird auch mal Zeit, daß wir Männer was umsonst bekommen.«

Aus purer Gemeinheit nahm ich eine zwanzigminütige brühheiße Dusche und ließ das Wasser laufen, während ich mich abtrocknete, mich anzog und meine Empörung für das Gespräch mit dem Platzmanager probte. Als ich den Campingplatzladen betrat, war niemand da. Zunächst überlegte ich, ob ich aus den aufgerissenen Kartons ein paar Riegel stibitzen sollte, sozusagen als Kompensation für die Bezahlung der Frauenduschen, nahm dann aber nur die örtliche Tageszeitung vom Tresen und wartete.

Auf Seite drei sah ich eine Überschrift, darunter einen Bericht über Geschlechterdiskriminierung: STUDIE BESAGT: FRAUEN MACHEN KAUM FORTSCHRITTE AN DER LOHNFRONT. Ich nickte. Wir lassen sie für alles bezahlen.

10

Mehr ist weniger: Zen – oder das Leben mit einer großen Familie auf einem kleinen Planeten

Zahlenspiele eines Vaters

Die Errechnung der Freiheit

Das Wort Freiheit besagt doch nur, daß man nichts zu verlieren hat.

KRIS KRISTOFFERSON

In den Wochen nach Nancys Geburt im Jahr 1973 ging ich manchmal spät am Abend im Wohnzimmer, mit unserem wunderschönen, dicken, *schreienden* Töchterchen in meinem müden Armen, auf und ab. Bei einer dieser langen, quälenden, ziellosen Wanderungen stellte ich fest, daß ich meine Frustration beherrschen und meinen Verstand behalten konnte, wenn ich mir ausrechnete, wie lange es dauern würde, bis die von Koliken geplagte Kleine erwachsen – und ich wieder frei sein würde.

Wenn Nancy achtzehn – und Cael zweiundzwanzig – wäre, würde ich frei sein. Endlich frei, um ich sein zu können. Ich, der angesehene, vom Schicksal erkorene Schriftsteller und Lehrer. Sobald Nancy das Haus verlassen und aufs College gehen würde, ihrer Bestimmung entgegen, würde ich mich auf den Weg der Selbstverwirklichung begeben. Dann wäre ich fünfundvierzig Jahre alt und immer noch jung genug, um die sich mir bietenden Freiheiten zu nutzen, dann könnte ich meine Rolle als Kümmerer und Beschützer – und spätabendlicher Auf-und-ab-Geher – aufgeben, weil Nancy mir diese Rolle nicht mehr abverlangen würde. Wir wären befreundet, würden gemeinsam in der realen Welt des Jahres 1991 leben, ich wäre nicht mehr Dada, der eine verschmutzte Windel wechselt, auch nicht Daddy, der seinem Töchterchen einen Fußball zukickt, nicht einmal Dad, der nachts im Wohnzimmer auf und ab geht und darauf wartet, daß die Scheinwerfer auf der Einfahrt erscheinen. Wir wären Freunde, würden uns bei einem Bier in Tony's Tavern über Politik oder Literatur oder was immer unterhalten.

An jenem Abend halfen mir meine simplen Rechenspiele, Nancys Kolik zu überstehen. Ich sah ein erfülltes Leben vor mir, in dem ich wieder auf meine Bedürfnisse achtete. Ich würde ausgehen, wann ich wollte, exotische Orte bereisen, ausschlafen, lange schlafen, ich sein. Das Vatersein für zwei Kinder glich der Zeit des Studiums, das ich auf dem Weg zu etwas anderem absolvierte. Meine *echte* Identität lag tiefer, war komplizierter. Ich mußte nur ein paar Kalkulationen anstellen.

Achtzehn Jahre später wachte ich eines Morgens auf – Nancy war zum erstenmal vom College nach Hause gekommen – und erinnerte mich an meine schlichten Zahlenspiele. Müde gähnend begriff ich, daß ich völlig falsch gelegen hatte. Unsere vierköpfige Hippie-Familie hatte sich, wie Sie wissen, zu einer großen Familie mit sieben Kindern entwickelt, die das Leben und die Freiheit auf eine Art bestimmten, wie ich es mir an jenem Abend im Jahr 1973 nicht vorstellen konnte.

Doch die Jahre sind vorübergezogen, schimmernd wie Sternschnuppen. Immer noch wache ich mitten in der Nacht auf und bin bei Elizabeth, die ebenfalls schlecht geträumt hat, schnauze Bay und seinen Freund Luke an: »Geht jetzt endlich schlafen!« oder lausche atemlos, bis ich höre, daß Danny vorm Zapfenstreich nach Hause kommt.

Weil die Kinder immer da sind, kenne ich mich heute ein wenig besser als damals, in jener längst vergangenen Zeit, als ich mit Nancy im Haus auf und ab wanderte. Heute erkenne ich meine Bestimmung klarer, auch wenn es mich auf unaussprechliche Weise zum Unendlichen hinzieht. Wenn man mich fragt, was ich denn so mache, antworte ich manchmal immer noch aus Gewohnheit oder Bequemlichkeit – oder aufgrund irgendeines Anflugs aus jenen Tagen in der North Newhall Street –, daß ich Schriftsteller und Lehrer bin, weil ich meinem Dasein auf Erden wohl etwas unnützes Gewicht verleihen möchte. Doch im Kern meines pulsierenden Herzens bin ich weder Schriftsteller noch Lehrer.

Ich bin Vater. Ich war es bereits, als ich das Haus meines Vaters ein paar Schritte verlassen hatte. Ich war länger Vater, als John Keats brauchte, bis sein Leben zu Ende war und er Unsterblichkeit als Dichter erlangt hatte.

Ich bin Vater, wenn ich vor einer Klasse stehe, wenn ich vor einem Monitor sitze, eine Jugendmannschaft trainiere, den Rasen mähe, die Toilette spüle, ein Gedicht lese, ein Lied singe, am Strand sitze ... während ich weine und über das alles lache. Vermutlich werde ich auch noch wachliegen, auf und ab gehen, paradoxe Argumente voll Kinderlogik vorbringen, wenn ich schon längst Großvater bin.

Ich bin Vater. Das ist alles.

Essen ist Liebe

Der Preis der Speisung der zehntausend

Man kann nur gut denken, gut lieben, gut schlafen, wenn man gut gegessen hat.

VIRGINIA WOOLF

Eines Abends im vergangenen Sommer, nach einem besonders heißen und anstrengenden vierzehnstündigen Arbeitstag, schlich ich in die Küche und steuerte geradewegs auf die Obstschale zu. Ich sehnte mich danach, den schweren Rucksack abzuwerfen, einen kühlen, runden Pfirsich in der Hand zu halten, ins Wohnzimmer zu gehen, mich auf die Couch fallen zu lassen und in etwas hineinzubeißen, das mir vom Kinn hinabrinnen, meine Geschmacksknospen wiederbeleben und meine trockene Kehle befeuchten würde.

Aber die Obstschale aus Holz auf dem Küchentresen war leer, da waren nur ein paar struppige Reben ohne Weintrauben, zwei verschrumpelte, fleckige Weintrauben, einige Pfirsichstengel und eine zwei Wochen alte braunfleckige Banane.

Verloren blickte ich zu Patti hinüber und sagte mit meiner verständnisvollsten und verschlagensten Stimme: »Hast du es heute zum Wochenmarkt geschafft?«

Als hätte sie meine dünne Schicht der Sensibilität glatt durchschaut, entgegnete sie scharf: »Ja!« Vergebliche Liebesmüh sprach aus ihren Worten. »Ich habe sechsundvierzig Dollar ausgegeben, und das ist übriggeblieben – natürlich bis auf die verfluchte Banane. Warum essen die Kinder bloß nie die letzte Banane?«

Ich erwog das Unwägbare. »Ich weiß es nicht.« Dann fiel mir wieder das vorliegende Problem ein. »Wie konnten die an einem Nachmittag Obst im Wert von sechsundvierzig Dollar vertilgen?« fragte ich ungläubig, als wüßte ich es nicht bereits. In finanziellen Fragen übernimmt Pattie den realistischen Part. Es wundert mich immer wieder, wie viele Lebensmittel in einer neunköpfigen Familie konsumiert werden.

Dünnlippig klärte Patti mich auf. »Als ich nach Haus kam, saßen die hungrigen Mäuler am Küchentresen und beschwerten sich, es sei kein Essen im Haus. Die meisten Weintrauben hatten sie schon verschlungen, bevor ich sie überhaupt in die Schale legen konnte.«

Craig, Bays bester Freund, war zu Besuch. Danny und sein Kumpel waren im Keller und wachten aus einem vom Nintendospielen bewirkten Rauschzustand auf, als sie Essen in der Luft schnupperten. Nate, Michael und Jeffrey (Freunde der Töchter) tauchten kurz vor dem Abendessen auf. Und Elizabeth machte, was sie immer tat: Sie nahm einen Bissen von irgendeinem Stück Obst, legte es hin und vergaß es im Nu wieder. Dann holte sie sich noch ein Stück, biß hinein und legte es wieder weg. Am Abend fand ich vier Stücke vergammelndes Obst im ganzen Haus.

Ich nickte und versuchte auszurechnen, wie lange ich für eine Entlohnung von 46 Dollar arbeiten mußte, aber mein Hirn war wie ausgetrocknet. Ich öffnete den Kühlschrank und schnappte mir das einzige noch verbliebene Bier aus der Sechser-Packung, die ich am Abend vorher gekauft hatte. Ich war schon dankbar, daß man mir wenigstens etwas Kaltes und Nasses zurückgelassen hatte.

Wendete man reine Logik an, würde man erwarten, daß wir jetzt, da Cael erwachsen und aus dem Haus ist, also nur noch zu acht im Haus sind, genau doppelt soviel konsumieren wie eine vierköpfige Durchschnittsfamilie.

Falsch. Essen kennt keine Logik. Lebensmittel werden exponentiell konsumiert. Patti sagt, daß das Kochen für acht oder neun, was eigentlich nicht mehr Arbeit oder Vorbereitungen erfordern sollte, mühelos doppelt so zeitaufwendig und vielleicht dreimal so kostspielig ist wie das Kochen für vier. Ich weiß, es rechnet sich nicht.

In jeder Familie gibt es folgende zwei Einheiten bei der Kostenrechnung: Konsumgüter und auftragbare Güter. Zur letzteren Kategorie gehören Schuhe, Kleider, Sportausrüstung, Mäntel usw. Sie sind zwar manchmal Herzinfarkt-auslösend teuer, aber zumindest kann man die Kosten reduzieren, wenn man im Schlußverkauf einkauft und die Sachen auftragen läßt. Bay, der an die 40 T-Shirts in Gebrauch hat (keine Übertreibung), besitzt wahrscheinlich nur fünf, die vom Standpunkt des Kaufs ausschließlich ihm gehören. Elizabeth trägt heute Kleider, die 1973 gekauft und von allen drei älteren Schwestern aufgetragen wurden. Die ständigen Nutznießer der Plünderung meines Kleiderschrankes sind Danny – und die großen Mädchen. Sogar Autos werden weitergegeben: Pattis kastanienbraunen Reliant übernahm erst Cael, dann Nancy, danach

Addie, und Clover fuhr ihn schließlich in den Graben. Abgeschleppt wurde der Wagen von Nancys Freund Mike.

Aber Lebensmittel kann man natürlich nicht wiederverwerten. Sie werden einverleibt und ausgeschieden. (Und für jene mit Sickergruben: Überlegen Sie einmal, welche Belastung es für meine Klärgrube bedeutet, wenn unsere Toilette in einem Zeitraum von 24 Stunden Dutzende Male gespült wird.)

Aber ich will nicht klagen. Es ist nicht nur entscheidend, gut zu essen und einen vollen Bauch zu haben, man muß auch einen vollen Küchenschrank haben, wenn die Kinder die Tür öffnen und Nahrung der einen oder anderen Form suchen. Wichtiger als ein neues Spielzeug, ein schickeres Auto, ein Swimmingpool im Garten oder eine Reise mit Club Med sind ein gefüllter Kühlschrank und ein gut bestückter Küchenschrank. Das Zuhause muß (Seelen-)Nahrung bieten, ein Ort der Erholung von der weit verbreiteten spirituellen Dürre des modernen Lebens sein. Das Elternhaus ist ein Refugium vor den Naturgewalten. Dort bricht man das Brot mit jenen, die unsere lebenshungrigen Kämpfe teilen, löschen wir unseren stechenden Durst und erzählen, was wir am Tag erlebt haben.

In der Hip-Hop-Psychologie der Neunziger gilt allgemein, daß Liebe nicht durch den Magen geht. Aber das stimmt nicht. Essen ist Teil der Liebe zu unseren Kindern, die wir nähren, bis sie gesund und klug genug sind, um zu wissen, wie man sich selbst ernährt. Um welchen Preis auch immer.

Innehalten

Die bereichernden Eigenschaften menschlicher Schwachheit und menschlichen Kummers

Darum scheint mir das, was ist, gut, es scheint mir Tod wie Leben, Sünde wie Heiligkeit, Klugheit wie Torheit, alles muß so sein.

HERMANN HESSE

Vor mehr als 150 Jahren ließen die literarischen Giganten Edgar Allen Poe, Henry Wadsworth Longfellow und Nathaniel Hawthorne die Lesewelt mit ihren leidenschaftlichen Büchern über die *condition humaine* aufhorchen. Inzwischen sind solche Autoren ausgestorben und vergessen. Ihre Werke sind zu behäbig, zu umständlich, zu voll von anscheinend sinnlosen Beschreibungen, die wir Heutigen nicht mehr verstehen.

Heute nähern wir uns dem Jahr 2000, und wir tun alles im Laufschritt und gleichzeitig. Wir essen im Gehen, fahren Auto, während wir ins Handy plappern, lesen auf der Toilette. Wir halten ein Schläfchen im Flugzeug, auf dem Wege zu Terminen in Städten, die wir dauerend anfliegen, aber nie besuchen. Für die Lektüre von – beispielsweise – Poes ergreifendem Langgedicht »Tamerlane« bleibt da natürlich keine Zeit.

Das moderne Leben gleicht auf merkwürdige Weise einem Tag in Disneyland. Man beginnt zum Preis des Eintrittsgeldes die Fahrt zur College-Ehe-Karriere-Elternschaft-Camcorder-Restaurant-Kino-Midlife-Krise und steigt in Condoland aus, wo Olive Oyl den Videorecorder anschaltet und Szenen aus einem Leben zeigt, von dem man nicht mehr weiß, daß man es gelebt hat. Wir machen Aerobic-Übungen zu Entspannungsmusik, joggen zur Arbeit, rennen zu Yoga-Kursen, hasten zu Psychiatern, machen uns mit Kindern und Hunden und alternden

Eltern schnell ein paar »schöne Stunden« und erwachen nach schlaflosen Nächten, um für Chefs zu arbeiten, die erwarten, daß wir an drei Orten gleichzeitig sind. Das reicht, daß sich alles in uns dreht.

Was mich zu Hawthornes Roman *Der scharlachrote Buchstabe* und der ewigen Frage meiner Studenten bringt, die viel zu mager sind für ihr Alter, warum ich ihnen den Roman zu lesen gebe. Ganz einfach, weil man ihn nicht beim Laufen, nicht einmal beim Dauerlaufen lesen kann.

Nein, man muß sich schon hinsetzen, wenn man die vielschichtige Geschichte verstehen möchte. Es ist ein nachdenkliches, sich wiederholendes, schwer begreifbares, peinlich genaues Buch, in dem allerdings, wie ich gern zugebe, kaum etwas passiert. Zweihundertfünfzig Seiten über die Frage der Sünde und darüber, was manchmal mit unserem zerbrechlichen und manchmal kummervollen Leben geschieht. Das Buch macht einen demütig, sowohl weil die Botschaft versteckt ist als auch weil es eine unausweichliche Wahrheit enthält. Es fordert uns auf innezuhalten.

Vor fünf Jahren beobachtete ich einmal die vierzehnjährige Clover, wie sie eines Nachmittags vom Fußballtraining nach Hause kam. Als sie aufschloß, klingelte das Telefon. Sie riß Addie den Hörer aus der Hand, und nach einigen kodierten Teenager-Präliminarien, wobei sie den Kühlschrank durchstöberte und in den Versandhauskatalogen blätterte, die auf dem Tresen lagen, machte sie hastig Pläne, um sich am Abend mit irgendwelchen Freundinnen zu treffen.

Sie sprang schon die Treppe hinauf, als Elizabeth, unsere Zweijährige mit den Leder- und Metallstützen an den winzigen Beinchen, ihre große Schwester wissen ließ, daß sie da andere Vorstellungen habe. Mitten im Flur setzte sie sich vor Clover auf den Boden und reckte die rosa Ärmchen. Und wartete.

Die Botschaft war klar. Clover hielt inne, bremste den Schwung, der sie fast nonstop vom ersten Schritt in einen gelben Schulbus im Jahr 1981 begleitete. Es war dieselbe Kraft, die sie und ihre ansteckende Lebenslust die Treppe hinauf und mindestens einen weiteren Tag aus Elizabeths Griff entfernt hätte.

Aber sie hielt inne.

Sie nahm ihr Schwesterchen in den Arm, führte das wundervoll weiche Gesicht an die Wange, küßte es und sagte ein paar alberne Worte, holte die Puppe, die Elizabeth haben wollte, und setzte sie kurz darauf wieder ab. Es war nicht viel geschehen, aber Clovers Leben hatte sich wieder einmal für immer verändert: durch ein kompliziertes kleines Mädchen, das den Verkehr unseres rasenden Lebens dirigiert wie ein korpulenter Polizist.

Es dauerte noch ein halbes Jahr, bis die zweijährige Elizabeth ihre ersten wackligen Schritte unternahm. Doch wenn sie fragte oder greinte, weinte oder forderte, krakelte oder sich einfach nur an unseren Beinen rieb, entwickelte sie enorme Kräfte. Außerdem bewahrte sie ihren unerschütterlichen Glauben, daß einer aus der Familie immer innehalten würde.

Immer wenn sie die Arme hochhielt, hielten wir inne.

Wir hielten inne, um sie im Arm zu halten. Blieben stehen, um sie umzuziehen oder auf der Hüfte zu tragen, während wir andere Dinge taten, die erledigt werden mußten Wir hielten inne, um sie vom Boden aufzuheben, einfach um ihre wundersame weiche Haut zu berühren, ihren reinen Atem zu riechen: nur weil wir tun wollten, was wichtig war, und weil wir uns daran erinnern wollten, daß wir alle den Verstand bewahren mußten.

Wenn man eine Zweijährige trägt, die ein Metallgestell an den Beinen hat, geht das ziemlich auf den Rücken. Da Elizabeth die Beweglichkeit fehlte und sie in der Sprachentwicklung hinterherhinkte, wiederholte sie sich ständig. Hatte man einen ganzen Tag mit ihr verbracht, wußten alle, daß nichts geschehen war, aber unser Gehirn war um mehrere Millionen grauer Zellen ärmer. Trotzdem wurde sie zum machtvollen Mittelpunkt unseres Lebens.

Elizabeth Bayou-Grace hat uns immer daran erinnert – und wird es weiter tun: Auch wenn der Globus mit Bildern unserer aufgeblähten Bedeutung überflutet wird, es geht im Leben nicht immer so zu, wie der Mensch erwartet. Denn manchmal entsteht ein unvermeidlicher Kummer in unserem zerbrechlichen Dasein. Und immer erleben wir eine seltene, herrliche Form der Freude, wenn wir erkennen, wie hilflos wir angesichts von alledem sind.

Deshalb gebe ich meinen Studenten Hawthorne zu lesen.

Zur Verteidigung großer Familien

Mehr ist weniger

Jedermann weiß, daß der Tropfen im Meer verschwindet, doch kaum jemandem kommt zu Bewußtsein, daß das Wasser des Meeres im Tropfen sich auflöst.

KABIR

Kurz nach Clovers Geburt fiel uns auf, daß man uns im Freundeskreis gelegentlich argwöhnisch beäugte. Schließlich hatten wir bereits drei Kinder: Warum weitere bekommen?

Als dann zwei Jahre später Danny zur Welt kam, hörten wir die ersten »Scherze« über unser Liebesleben. Nach Bays Geburt kamen die ersten ablehnenden *»Tsts«*, die frei übersetzt lauteten: »Wann fangt ihr endlich an zu leben?«. Meistens lachte ich darüber. Zu den großartigen Lektionen des Lebens in einer Großfamilie gehört, daß man vieles nicht mehr so persönlich nimmt.

Seit Elizabeth vor sieben Jahren in unser Leben kam, sind die gelegentlich kritischen Anmerkungen, man lebe »auf großem Fuße«, schärfer geworden. Sie lassen sich auch nicht mehr leicht mit einem Lächeln abtun. Die vorwurfsvollen Zeigefinger werden auf unterschiedliche sprachliche und nichtsprachliche Weise erhoben, doch die Bedeutung ist immer die gleiche: *Durch eure Selbstsucht fördert ihr den Hunger und das Leid in der Welt.*

Was soll man auf einen solchen Vorwurf antworten, zumal wenn er unausgesprochen bleibt?

Hin und wieder bin ich deshalb stundenlang ziellos durch unsere kleine Stadt gefahren. Dabei habe ich vor mich hin gemurmelt, habe auf Anschuldigungen geantwortet, meine Ankläger beschuldigt und versucht, die perfekte Antwort auf die scharfzüngigen Bemerkungen der Leute aus der Ökologiebewegung zu finden, nach deren Meinung Großfamilien – vor allem amerikanische Großfamilien – in unverhältnismäßig hohem Maße die sich rapide vermindernden natürlichen Ressourcen der Erde aufbrauchen.

Besonders problematisch war, daß mir die Beschuldigungen auf den ersten Blick zutreffend erschienen: Denn täglich wird die überbevölkerte Erde kleiner, werden die Verheerungen größer. Man braucht sich nur die Wachstumsrate der Weltbevölkerung anzusehen. Und es ist schwer, ein Gegenargument zu finden. Auch läßt sich ja nicht bestreiten, daß Amerikaner mehr nehmen, mehr verbrauchen, mehr wegwerfen, mehr verschmutzen und letztlich mehr Umweltzerstörung produzieren als Menschen irgendwo sonst auf der Welt. Die Dinge scheinen also ganz einfach zu liegen.

Dem ist aber nicht so. Ein weiteres ausgesprochen wichtiges Axiom, das sich aus dem Leben in einer großen Familie ergibt, lautet: Nichts ist jemals einfach. Das kam mir kürzlich wieder einmal zu Bewußtsein, als ich in einem scheinbar unbedeutenden Augenblick die zwanzigjährige Addie sah. Sie schalt die kleine Elizabeth, sie habe den Kühlschrank offen gelassen – so wie ich es oder ihre Mutter getan hätte. Danach flocht sie ihrer kleinen Schwester Zöpfe, und die beiden gingen gemeinsam nach draußen zur Schaukel. Keine große Sache, doch das Leben war weiter, größer geworden. Ein erstaunliches metaphysisches Ereignis, durch das sich eine Jugendliche in eine Erwachsene verwandelte und kurz darauf in ein kleines Kind.

Heute abend dachte ich über meine Kinder nach, die in unserem großen Haus und über die ganzen Vereinigten Staaten verstreut sind. Und auf einmal begriff ich, daß es im seelenvollen Ort jenseits des Verstehens eine Dimension im Leben gibt, die über das Reich der Zahlen, der Heller und Pfennige und der Bilanzen, ja selbst der vorsehbaren psychischen Phänomene hinausweist.

Unter unserem Dach findet sich, in einem Übermaß, das sich der Vernunft entzieht, die Essenz des Geistes auf dieser Erde. Da ist der Geist des So-laut-daß-man-nicht-mehr-denken-kann-Essens, der Geist der Thunfischkasserolle, der Geist der unter dem Tisch und hinter geschlossenen Türen ausgefochtenen Geschwisterkriege, der Geist heimlich geborgter Kleidungsstücke, des ständig verweigerten gerechten Anteils, der glücklichen Wendung oder der Geist dessen, was einem zusteht. Und dann wiederum entstehen inmitten dieses ganzen Furors, der Menschen und Länder in den Krieg treibt, zahllose Akte der Güte und Liebe, die das Universum, in dem wir leben, befördern, bewahren, erlösen und letztlich erweitern.

Mag sein, daß es allen Gesetzen der Physik widerspricht, aber meine Kinder geben, so wie viele Kinder in großen Familien, der Erde mehr, als sie ihr nehmen. Tief im Inneren verstehen sie, was es heißt, mit vielen Menschen auskommen zu müssen. Besser als die meisten Erwachsenen verstehen sie die Ökonomie des Teilens. Aufgrund zahlreicher Mahlzeiten wissen sie, daß es sich nicht gehört, mehr zu nehmen, als man essen kann. Nachdem sie ihr Leben lang hinterhergegangen sind, wissen sie, wie man folgt. Und nachdem sie jahrelang die Kleinen bei der Hand genommen haben, können sie sehr gut führen.

Ich kann das zwar nicht untermauern, doch wird der künftige Forscher – oder Psychologe, Sozialingenieur oder Kellererfinder –, der schließlich das Problem der Überbevölkerung löst, aus einer Großfamilie stammen. (Wahrscheinlich wird es das unglaublich eingezwängte mittlere Kind sein.) Nur wenige andere Menschen auf diesem Planeten verstehen die Fragen des engen Zusammenlebens auf so intime und mitfühlende Weise.

Nur wer einer unter vielen ist, kennt die mystische Algebra, die an dem Beweisgang beteiligt ist, daß nämlich mehr weniger ist – und daß das Meer tatsächlich im Tropfen aufgeht.

Lächeln – damit man nicht drüber reden muß

Was vom Tage eines Vaters übrigbleibt

Es gibt dreierlei Schweigen: Das erste ist das Schweigen der Sprache; das zweite das des Verlangens, das dritte das des Gedankens.

HENRY WADSWORTH LONGFELLOW

Es ist schon lange her, daß ich den Film *Was vom Tage übrigblieb* gesehen habe. Aber das Gesicht von Mr. Stevens, dem Butler, den Anthony Hopkins spielt, mit den verschatteten Augen und dem schmalen Mund verfolgt mich auf Schritt und Tritt. Ich habe es in Vorortzügen gesehen, in Cafés, wie es sich aus Autofenstern lehnte. Einmal hat mir der Mann im Traum das Essen serviert.

Ich möchte Ihrem Gedächtnis auf die Sprünge helfen: In diesem behutsamen, zurückhaltenden Film geht es um einen Butler, der nach einem Leben der Hingabe an das Dienen allein, leer und unerfüllt zurückbleibt. Er ist ein Mann, dessen Würde man in unserer zutiefst würdelosen Epoche wohl weniger als tragischen Mangel, sondern eher als Charakterfehler ansehen würde. Am Ende seines Tages bleiben nichts weiter als leere Absichten zurück.

Eigentlich hätte man den Film vergessen müssen, doch ich kann meinen Erinnerungen nicht entfliehen.

Dabei geht es um meinen Vater, der sein Leben seinem Geschäft widmete. Um meinen guten Freund Steve, einen Bauunternehmer, der sein Geschäft weiterführte während der schrecklichen Finsternis nach dem Tod seines Vaters; um meinen Neffen Jake in Kalifornien, der eine Geschichte über die schmerzliche Unfähigkeit eines Jungen schrieb, einem Mädchen seine Liebe einzugestehen; meinen besten Kumpel, einen Fotografen, der seinen berühmten Filmstarfreund nie um einen Auftrag bitten würde. Und um meine geliebten Söhne, die mit zunehmendem Alter immer weniger wegen des furchtbaren Schmerzes im Leben aufschreien, ja mehr noch: die sich immer seltener biegen vor Lachen über das Absurde im Leben.

Der Film handelte vom Schweigen der Männer und davon, daß Väter und ihre Söhne einander nie sagen, was sie meinen.

Deshalb ging es darin natürlich auch um mich. Wenn man mein rauhes, nicht privates Leben mit sieben Kindern, einer sinnlichen Frau und einem gesunden Mangel an Respekt für Regeln betrachtet, hätte man allerdings meinen können, ich hätte einen ganz anderen Film gesehen als die anderen. Das stimmt aber nicht.

Was ich hier erzählen will, erscheint mir ebenso lächerlich wie unreif, ebenso ernsthaft wie langweilig, ja sogar ein wenig ältlich und ein bißchen durcheinander. Die Anekdote ist mir peinlich, denn sie zeigt, wie kleinlich und gefangen das Schweigen mich macht.

Vor einiger Zeit kaufte ein recht bekannter Verleger ein Wochenendhaus in der Nähe unseres Hauses, das auf dem Land liegt, am Ende einer Sackgasse. Das gab Anlaß für eine Menge Klatsch im Ort, nicht nur weil wir plötzlich einen berühmten Mann in der Nachbarschaft hatten, sondern auch weil alle meinten, nun würden die Grundstückspreise steigen. Und ich war insgeheim begeistert, denn ich arbeite als freier Autor. Das Glück, einen berühmten Verleger als Nachbarn zu haben, kam mir vor wie der plötzliche Wechsel von der Fliegenfischerei in einem tobenden Gebirgsbach zum Angeln in einem Fischteich.

Logik und Vernunft – und meine liebe Frau – rieten mir, daß ich mich einfach wie ein Nachbar verhalten sollte: rübergehen und mich vorstellen. Wäre ich vor seiner Tür, so dachte ich mir, würden wir eine Seelenverwandtschaft entdecken. Er würde meine Arbeiten faszinierend finden und seinen Lektoren mit *Anweisungen* weitergeben. Ruhm und Vermögen würden einen Auftrag entfernt liegen.

Doch es vergingen mehrere Monate, und ich ging nicht die paar hundert Meter durch den Wald bis zu seinem Haus – ich wußte nicht einmal, wie der Mann aussah. Immer wenn ich meinen nachbarlichen Besuch im Geist durchspielte, kam ich mir kriecherisch vor. Bestimmt würde er mich für einen Schwindler halten, weil ich meine Freundlichkeit als Mittel zum Sprung in meiner Karriere einsetzte. (Natürlich hätte ich genau das getan.) Außerdem war mir der Gedanke, daß die Kinder merkten, daß ich antichambrierte, absolut zuwider.

Also tat ich nichts. Einige Jahreszeiten später lernte ich den Mann zufällig kennen. Ich rammte mit meinem Jeep (vollbeladen mit Müll) seinen Mietwagen! – und konnte nicht einmal diesen Zufall zu meinem Vorteil nutzen. Wir lachten, weil wir uns zufällig unfällig getroffen hatten. Er nahm meine wortreiche Entschuldigung an, und dann gingen wir wieder unserer Wege. Keiner von uns beiden hatte gesagt, was er beruflich machte.

Rückblickend hätte eigentlich nichts dagegen gesprochen, wenn ich mich als Schriftsteller vorgestellt hätte. Es wäre wohl auch in Ordnung gewesen, wenn im Film jemand für den Butler das Wort ergriffen und dem Zimmermädchen gesagt hätte, daß er sie liebt. Wahrscheinlich. Aber im Grunde auch nicht.

Nach der Kinovorstellung im letzten Winter saßen wir noch mit ein paar Freunden in einem Café zusammen. Alle Frauen waren enttäuscht und wütend, weil der Butler nicht bereit war, seinen Gefühlen nachzugeben, diesen einen Schritt zu wagen, diesen einen Satz auszusprechen, durch den die von Emma Thompson gespielte Figur sein Leben vervollkommnet hätte. Später beugte sich allerdings der Bauunternehmer in unserer Mitte vor und sagte, er hätte sich gewünscht, der Film wäre noch Stunden weitergegangen.

Auch ich hätte mir das gewünscht. Ein Licht war im geheimen Korridor meines Schweigens angegangen, und in diesem Halbschatten sah ich die Gesichter aller Männer, die ich kannte. Und dort, in diesem stillen Raum wollte ich noch ein wenig länger verweilen.

Seit meine Erinnerung Wurzeln schlug – in der zunehmenden Düsternis meiner Jugend –, hatte ich jeden Tag das Gefühl, ich müsse mich durch einen durchscheinenden Vorhang drängen, der mich von allem trennt, wonach ich mich sehne: Freundschaft, Liebe, Akzeptiertwerden, Zustimmung, Freude.

Selbst heute noch, fast vier Jahrzehnte später, muß ich mich durch diesen dünnen Schleier drängen – ja, ihn an düsteren Tagen zerreißen –, wenn ich abends nach der Arbeit zu meiner Familie zurückkehre, die ich von ganzem Herzen liebe. Aber ich spreche mich aus, und zwar, weil ich es muß. Es nicht anders kann. Auch wenn die Gefahr besteht, übermäßig dramatisch zu erscheinen (und etwas weniger männlich): Immer geschieht es mit dem Gefühl, ich könnte meine Identität verlieren, mein Pflichtgefühl und meine Würde einbüßen, meine stur geschützte Privatsphäre.

Es scheint, als ob ich, wie es so vielen Vätern ergeht, durch das Nachhausekommen eine Bühne meiner liebsten Träume betrete, wo die Lichter plötzlich zu hell sind und der Boden zu rutschig ist, das Lachen zu laut und das Leben zu wild.

Aber ich tue es, auch wenn es mir sicherer erscheint, hinter der Zeitung zu verschwinden. Oder mich im Bad zu verstecken. Oder Trost in der Arbeit zu suchen. In dem, was von einem Tag im Leben eines Vaters übrigbleibt.

Wenn unschuldigen Kindern schlimme Dinge zustoßen

Was Kinder wirklich verstehen

Ich verschiebe den Tod durch Leben, durch Leiden, durch Fehler, durch Risiken, durch Geben, durch Verlieren.

ANAÏS NIN

Vor einiger Zeit – wir saßen bei Tisch und aßen Nudeln – fragte mich Elizabeth, warum jemand eine Kindertagesstätte voller Kinder in die Luft sprengt. Sie meinte den Bombenanschlag in Oklahoma City im April 1995.

Es verschlug mir die Sprache. Ich lächelte verlegen und bemühte mich, weise, beruhigende väterliche Worte aufzuspüren, mit denen man dem entsetzlichen Bösen Paroli bieten konnte, das sich in ihr Bewußtsein eingeschlichen hatte. Etwas, das die schrecklichen Bilder eines blutenden Kindes verwischte (einer aufgegebenen Puppe oder eines zerbeulten Tretrollers), die noch lange im Gedächtnis haften bleiben würden, nachdem der Fernsehbildschirm schwarz geworden war.

Zwar ging der jungen Elizabeth an diesem Abend der Anschlag in Oklahoma City durch den Kopf. Doch als ich ihre Frage hörte, wurde mir klar, daß Siebenjährige, die voller Fragen an das Leben – und an den Tod – sind, täglich über einen neuen Alptraum nachgrübeln. Wäre das möglich, hätte ich die ganze furchtbare Episode sofort aus Elizabeths Gedächtnis gelöscht, so wie man ein altes Video überspielt und den Stephen-King-Film durch einen Zeichentrickfilm ersetzt. Ich bin ihr Vater. Ihr Daddy. Ihr Beschützer. Das ist meine Aufgabe, vor allen anderen. Wenn ich könnte, würde ich sie vor den vielen schrecklichen Bildern des zeitgenössischen Lebens schützen. Ich würde den Fernseher aus dem Haus werfen, das Radio, die Zeitungen und Zeitschriften. Kein O.-J.-Simpson-Mordprozeß mehr, kein Blut von Jugendlichen auf den Straßen der Großstädte, keine Opfer von fleischfressenden Viren, keine Feuerwehrleute, die die Opfer aus ausgebombten Gebäuden tragen.

Die erschreckenden Szenen in den Fernsehnachrichten führen uns allen, Kindern wie Erwachsenen, täglich vor Augen, daß wir den Ungerechtigkeiten des Lebens, den dunklen Wahrheiten, die jenseits der lächelnden Gesichter und Regenbogen existieren, die an die Fenster unserer Grundschulen gemalt sind, nicht entfliehen können.

Ebendies wollte Elizabeth wissen: die Wahrheit. »Warum, Daddy?«

»Ich weiß es nicht, Elizabeth«, antwortete ich und nahm ihre Hand mit den weichen, zarten Fingern und hoffte, das würde reichen.

Nein, es reichte nicht. »Hat man die bösen Männer nicht gefangen? Kann es wieder passieren?«

Ich öffnete den Mund, wollte ihre Ängste mit einer Notlüge zerstreuen (»Ich werde nicht zulassen, daß irgend etwas dir weh tut, Baby«). Aber Patti eilte mir zu Hilfe und sagte schlicht und leise, daß es gute und böse Menschen auf der Welt gibt und die Erwachsenen sich sehr anstrengen, die Bösen zu bestrafen und die Guten zu belohnen.

Ich beobachtete Elizabeths schönes Gesicht genau. Denn ich befürchtete, Patti könnte ihr mehr sagen, als sie verkraften konnte – oder vielleicht nicht genug. Aber unser erstaunliches Töchterchen nickte bloß und spießte ein paar Nudeln auf. Und das war's. Sie plauderte weiter über Kinderspiele und ihre beste Freundin Kathleen, wodurch ich einen Blick in die einfache Wahrheit erhaschte, daß die Unschuld eines Kindes großenteils eine Erfindung der Erwachsenen ist. Natürlich. Wer weiß besser als ein Kind, wie klein und machtlos man sich in unserer nicht selten kalten, furchteinflößenden Welt fühlt.

Als Elizabeth noch ein Kind war, reiste sie durch Keats' »Tag der Seelen-Bildung«. Sie wußte Bescheid, schon damals. So wie Millionen anderer Kinder geht sie in eine Schule, in der es Kinder mit glattrasierten Schädeln nach einer Krebserkrankung gibt, Kinder, die keine Eltern mehr haben, Kinder, die mißbraucht wurden. Und wenn sie jeden Nachmittag in ihr sicheres, warmes Zuhause zurückkehrt, befindet sie sich mitten im Wald mit Mokassinschlangen im Gras, schnappenden Schildkröten im Teich und dem furchterregenden Kreischen der natürlichen Auslese, das jeden Tag aufs neue das Leben überschattet. Sie weiß Bescheid.

Nach dem Essen drückte ich meine Tochter eng an mich, und dabei überlegte ich, ob sie vielleicht das Schlagen meines unverwüstlichen, angsterfüllten Herzens hörte. Dann aber gingen wir kurz vor Einbruch der Dunkelheit in den Garten, denn wir beide verstanden, daß man lachen und spielen muß, solange es geht, und daß es ungeheuer wichtig ist, einer liebenden Familie anzugehören, auch wenn sie uns nicht vor dem Leid bewahren kann, das bei uns bleibt, bis es schließlich ganz fortgeht.

Ausschau halten nach Nummer eins, zwei drei …

Heimkehr

Der Eine ist nichts anderes als Alle –
und Alle sind nichts anderes als der Eine.

SENG TSAN

Viele Leute neigen den Kopf und fragen in leicht unbehaglichem – etwas beschuldigendem – Tonfall: »Wie schafft ihr es nur, bei so vielen Kindern auf dem laufenden zu bleiben?«

Sie lächeln schelmisch und wollen wissen, ob ich mich eigentlich immer an die Namen der Kinder, die Geburtstage, die Lieblingsspeisen, die Hausaufgaben erinnere. (Ja.) Manche erkundigen sich verlegen lächelnd, ob wir jemals ein Kind vergessen hätten, so wie im Film *Kevin allein zu Haus.* (Na ja, manchmal.) Andere haben sogar die Kühnheit, im Flüsterton zu fragen, ob jedes unserer Kinder geplant war. (Nein.)

Aber im Grunde wollen die Leute wissen: Kann man sieben Kinder lieben und für sie sorgen – oder, genauer gesagt: Hat man denn genügend Liebe. *»Wird die Liebe nicht ganz aufgebraucht, wenn man zwei oder drei (oder höchstens vier) Kinder hat?«* Das ist keine Frage, sondern eine Herausforderung.

Meistens lächle ich und reiße einen Witz. Ich berichte, daß ich manchmal eines der Kinder mit vier, fünf Namen anrede, bevor ich den richtigen erwische – »He, Cal – Nancy – Addie – Clover – wie heißt du noch? – Danny, gib mir mal bitte das Brot.« Erzähle (zum x-tenmal in diesem Jahr) von dem Abend, als wir Clover bei den Vermilyes vergaßen, was mir erst auffiel, als ich ein paar Kilometer gefahren war und die Köpfe im VW-Bus zählte. Oder schildere den Nachmittag, als Patti vergaß, daß Cael darauf wartete, zur Schule gefahren zu werden, sie aber mit Clover und Nancy zum Einkaufen ins Einkaufszentrum fuhr.

Aber das wollen die Leute gar nicht hören. Und ganz bestimmt wollen sie keinen längeren philosophischen Monolog über die Logistik des Kindermanagements anhören, die erforderlich ist, sobald die Kinderzahl im Verhältnis zu den Eltern die Relation von drei oder mehr zu eins übertrifft. Sie wollen die Bestätigung, daß sie das Richtige taten, als sie nach ein, zwei oder drei Kindern aufhörten.

Die Leute möchten ihre Meinungen über große Familien bestätigt wissen. Denn so nett die Fernsehgroßfamilien in den Serien auch sein mögen – man weiß ja, daß große Familien ihr Leben nicht mehr im Griff haben: Wir sind sexsüchtig, verstecken uns hinter den Kindern, sind unverantwortliche, arrogante Verschwender der Ressourcen der Welt. Und außerdem können wir – das einzige, worauf es wirklich ankommt – die Liebe, die man für so viele Kinder benötigt, gar nicht aufbringen.

Doch in Wahrheit ist die Liebe in einer Großfamilie der unproblematischste Teil im Zusammenleben mit sieben Kindern. Liebe hat nichts Magisches oder Metaphysisches. Es ist ja nicht so, daß einem Individuum bei der Geburt eine endliche Menge elterlicher Liebe mitgegeben wird, die es später unter den Kindern aufteilen muß – oder daß man die kostbare Liebe irgendwie aus einem Basismaterial erschaffen muß, damit man damit auskommt. Überhaupt nicht. Man liebt jedes Kind von ganzem Herzen. Das ist alles. Jedes Kind bekommt die gleiche Menge Liebe: unser ganzes Herz. (Was nicht heißen soll, daß man alle ständig – oder die meiste Zeit – gut leiden kann, es heißt nur, daß man sie fraglos liebt.)

Vor zwei Jahren kam Cael aus Hudson Valley in North Carolina für einen Kurzbesuch nach Hause. Derselbe Junge, der es 1987 nicht erwarten konnte, den nervtötenden kleinen Plagegeistern und den depressiven Eltern zu entkommen, und deshalb 1500 Kilometer entfernt in Florida studierte, kaufte ein billiges Flugticket, nur um ein paar Tage nach Hause zu kommen – um dem achtjährigen Bay bei einem Baseballspiel der Jugendliga zuzusehen; um sich die Steptanzaufführung der sechsjährigen Elizabeth anzusehen; um bei Dannys fünfzehntem Geburtstag »die Anstandsdame« zu spielen; um der siebzehnjährigen Clover großbrüderliche Ratschläge über deren Freund, Jeffrey, zu geben; um eine Runde Golf mit dem alten Herrn zu spielen; um sich mit Nancy und Addie, die soeben vom College zurückgekehrt waren, in den örtlichen Clubs herumzutreiben; um bei Muttern zu essen; um sich auf der Couch zurückzulehnen und sich ein Baseballspiel anzusehen (Bay und Elizabeth stellten seine Geduld auf eine harte Probe, weil sie andauernd vor dem Fernsehgerät auf und ab gingen).

Er wollte dort sein, wo ihn alle lieben, ohne Wenn und Aber.

Zugegeben, nach dem Wochenende war ich fix und fertig. Caels Besuch erinnerte mich daran, daß sich mit jedem zusätzlichen Kind die Kinderzahl nicht um eins, sondern exponentiell erhöht. Auf allen drei Stockwerken in unserem großen Haus waren Kinder – meine Kinder, die Kinder anderer Leute, Kinder, die ich nicht einmal kannte. Kinder auf den Veranden, im Kühlschrank, in den Bädern, am Telefon, in meiner Brieftasche, im Wald, im Ehebett. Knaben im Teenageralter, die vor der Kellertür heimlich eine rauchten, sechzehnjährige Mädchen, die den Gartenschlauch die ganze Nacht laufen ließen, siebzehnjährige Mädchen, die leere Obstsaftpackungen in den Kühlschrank zurückstellten, erwachsene Jungen, die die Luft, die Couch, den Fernseher, den CD-Spieler, das kalte Bier, ja den Raum im Wohnzimmer aufbrauchten.

Keiner konnte dem anderen aus dem Wege gehen. Und darum geht es hier. Eine große Familie unterscheidet sich grundsätzlich von einer kleinen, sogar einer »normalen« Familie (die wir einen kurzen Zeitraum zwischen 1969 und 1974 waren). In unserem Haus geht es nie um einen allein, es geht um alle. Das Großziehen von Kindern ist kein Teil eines größeren Lebensplanes. Es ist keine »Reise« oder eine Phase, es ist nicht einmal der beste Teil des Lebens. In der Zeit, die Patti und ich auf Erden verbringen, wird es keine sauberen Unterteilungen geben, die Zeit mit den Säuglingen und den Kleinkindern, die Teenagerzeit, die Zeit des leeren Nestes, die Zeit als Großeltern. Für uns ist alles alles auf einmal. Für uns gibt es da draußen in der Welt nichts als unsere große Familie.

Da mir das soviel Zeit abverlangt – es so unausweichlich ist –, verstehe ich heute, daß alle meine Träume von Ruhm (ungeheurem Reichtum, fabelhaften Abenteuern etc.) nichts weiter als flüchtige Ablenkungen von der täglich neuen Aufgabe der väterlichen Verantwortung für meine außergewöhnlichen Kinder darstellen. Im schwindenden Licht meines fünfzigsten Lebensjahres zeichnet sich deutlich ab, daß alles kommt und geht – bis auf meine Familie, der ich nie entkommen werde.

In unserer implodierenden Welt, in der man immer öfter erlebt, daß man auf sich allein gestellt ist, und in der unser Überleben von der Fähigkeit abhängt, sich einzig nach der Nummer eins zu richten, kümmern sich unsere Kinder umeinander. Und sie kommen nach Hause, weil in einer großen Familie immer jemand auf uns wartet.